Organizadoras
Lurdes Caron | Carmen Lucia Fornari Diez

História Artística Cultural da Serra Catarinense
UM OLHAR PARA O FUTURO

Lurdes Caron
Carmen Lucia Fornari Diez
(Organizadoras)

HISTÓRIA ARTÍSTICA CULTURAL DA SERRA CATARINENSE:
um olhar para o futuro

Editora CRV
Curitiba – Brasil
2021

Copyright © da Editora CRV Ltda.
Editor-chefe: Railson Moura
Diagramação e Capa: Designers da Editora CRV
Revisão: Marcia Vidal Candido Frozza

DADOS INTERNACIONAIS DE CATALOGAÇÃO NA PUBLICAÇÃO (CIP)
CATALOGAÇÃO NA FONTE
Bibliotecária responsável: Luzenira Alves dos Santos CRB9/1506

H673

    História artística cultural da serra catarinense: um olhar para o futuro / Lurdes Caron, Carmen Lucia Fornari Diez (organizadoras) – Curitiba: CRV, 2021.
278 p.

    Bibliografia
    ISBN Digital 978-65-5868-782-5
    ISBN Físico 978-65-5868-779-5
    DOI 10.24824/978655868779.5

    1. Artes visuais 2. Música 3. História artística e cultural – Santa Catarina I. Caron, Lurdes. org. II. Diez, Carmen Lucia Fornari. org. III. Título IV. Série

CDU 316.72   CDD 306.98164

Índice para catálogo sistemático
1. Santa Catarina – cultura 306.98164

ESTA OBRA TAMBÉM ENCONTRA-SE DISPONÍVEL
EM FORMATO DIGITAL.
CONHEÇA E BAIXE NOSSO APLICATIVO!

2021
Foi feito o depósito legal conf. Lei 10.994 de 14/12/2004
Proibida a reprodução parcial ou total desta obra sem autorização da Editora CRV
Todos os direitos desta edição reservados pela: Editora CRV
Tel.: (41) 3039-6418 - E-mail: sac@editoracrv.com.br
Conheça os nossos lançamentos: www.editoracrv.com.br

Conselho Editorial:

Aldira Guimarães Duarte Domínguez (UNB)
Andréia da Silva Quintanilha Sousa (UNIR/UFRN)
Anselmo Alencar Colares (UFOPA)
Antônio Pereira Gaio Júnior (UFRRJ)
Carlos Alberto Vilar Estêvão (UMINHO – PT)
Carlos Federico Dominguez Avila (Unieuro)
Carmen Tereza Velanga (UNIR)
Celso Conti (UFSCar)
Cesar Gerónimo Tello (Univer .Nacional Três de Febrero – Argentina)
Eduardo Fernandes Barbosa (UFMG)
Elione Maria Nogueira Diogenes (UFAL)
Elizeu Clementino de Souza (UNEB)
Élsio José Corá (UFFS)
Fernando Antônio Gonçalves Alcoforado (IPB)
Francisco Carlos Duarte (PUC-PR)
Gloria Fariñas León (Universidade de La Havana – Cuba)
Guillermo Arias Beatón (Universidade de La Havana – Cuba)
Helmuth Krüger (UCP)
Jailson Alves dos Santos (UFRJ)
João Adalberto Campato Junior (UNESP)
Josania Portela (UFPI)
Leonel Severo Rocha (UNISINOS)
Lídia de Oliveira Xavier (UNIEURO)
Lourdes Helena da Silva (UFV)
Marcelo Paixão (UFRJ e UTexas – US)
Maria Cristina dos Santos Bezerra (UFSCar)
Maria de Lourdes Pinto de Almeida (UNOESC)
Maria Lília Imbiriba Sousa Colares (UFOPA)
Paulo Romualdo Hernandes (UNIFAL-MG)
Renato Francisco dos Santos Paula (UFG)
Rodrigo Pratte-Santos (UFES)
Sérgio Nunes de Jesus (IFRO)
Simone Rodrigues Pinto (UNB)
Solange Helena Ximenes-Rocha (UFOPA)
Sydione Santos (UEPG)
Tadeu Oliver Gonçalves (UFPA)
Tania Suely Azevedo Brasileiro (UFOPA)

Comitê Científico:

Afonso Cláudio Figueiredo (UFRJ)
Andre Acastro Egg (UNESPAR)
Andrea Aparecida Cavinato (USP)
Atilio Butturi (UFSC)
Carlos Antônio Magalhães Guedelha (UFAM)
Daniel de Mello Ferraz (UFES)
Deneval Siqueira de Azevedo Filho (Fairfield University, FU, Estados Unidos)
Jane Borges (UFSCAR)
Janina Moquillaza Sanchez (UNICHRISTUS)
João Carlos de Souza Ribeiro (UFAC)
Joezer de Souza Mendonça (PUC-PR)
José Davison (IFPE)
José Nunes Fernandes (UNIRIO)
Luís Rodolfo Cabral (IFMA)
Patrícia Araújo Vieira (UFC)
Rafael Mario Iorio Filho (ESTÁCIO/RJ)
Renata Fonseca Lima da Fonte (UNICAP)
Sebastião Marques Cardoso (UERN)
Simone Tiemi Hashiguti (UFU)
Valdecy de Oliveira Pontes (UFC)
Vanise Gomes de Medeiros (UFF)
Zenaide Dias Teixeira (UEG)

Este livro passou por avaliação e aprovação às cegas de dois ou mais pareceristas *ad hoc*.

APOIO

Congregação das Irmãs Catequistas Franciscanas
Província Imaculado Coração de Maria
Rua São Francisco de Assis, 193 – Itoupava Norte
89052-520 – BLUMENAU – SC
Telefone: (47) 3323 1789

SUMÁRIO

APRESENTAÇÃO 13
Lurdes Caron

PRÓLOGO 15
Lurdes Caron
Carmen Lucia Fornari Diez

PARTE 1
EDUCAÇÃO MUSICAL

APRESENTANDO AS PESQUISAS EM MÚSICA E EDUCAÇÃO 19

INFLUÊNCIA DA MÚSICA CONTEMPORÂNEA NA IDENTIDADE
PESSOAL E SOCIAL DE CRIANÇAS E ADOLESCENTES 25
Rauoni Fernando Borba dos Santos
Larissa Ribeiro

FORMAÇÃO DE PROFESSORES EM MÚSICA PARA O ENSINO
FUNDAMENTAL 33
Jayson Ribeiro

A MÚSICA NA ESCOLA E A CULTURA REGIONAL 43
Antonio Horalcidio Andrade Schlischting
Lurdes Caron

DESPERTAR DA PULSAÇÃO RUMO AO SABER MUSICAL 49
Alexandre Bittencourt Bueno

MÚSICA POPULAR, VIOLÃO E VOZ NA EDUCAÇÃO MUSICAL DO
ENSINO FUNDAMENTAL 63
Marcos Antônio Alves da Rosa

PANORAMA HISTÓRICO DA MÚSICA EM SÃO JOAQUIM-SC 73
Guilherme da Rosa Seifert
Lurdes Caron

APONTAMENTOS PARA UMA HISTÓRIA DA MÚSICA
DE SÃO JOAQUIM 99
Jeferson da Rosa Seifert
Lurdes Caron

PLANTAR E COLHER ÁRVORES NATIVAS PARA CONSTRUIR O PRÓPRIO INSTRUMENTO MUSICAL.......... 121
Vando Roberto de Oliveira
Lurdes Caron
Andrey Garcia Batista

BANDAS DE MARCHINHA: um resgate do passado 129
Rafael Machado

EDUCAÇÃO MUSICAL PARA A CIDADANIA: relato de experiências no Hospital Infantil Seara do Bem 137
Josias Zanqueti Alves
Rodrigo José de Oliveira

PARTE 2
ARTES VISUAIS

APRESENTANDO AS PESQUISAS EM ARTES VISUAIS E EDUCAÇÃO.......... 149

FORMAÇÃO CONTINUADA DO PROFESSOR E O ENSINO DE ARTES VISUAIS.......... 155
Doriane Mendes da Silva
Gisele de Brito Prestes Neto

O ENSINO DE ARTES VISUAIS NA EDUCAÇÃO INFANTIL NO MUNICÍPIO DE LAGES.......... 163
Alessandra Marques Machado
Cristiane Rodrigues da Silva

ARTES VISUAIS NO CURRÍCULO DO ENSINO FUNDAMENTAL.......... 173
Luciane das Graças Ribeiro da Silva Paim

ARTES VISUAIS E INTERDISCIPLINARIDADE NO ENSINO FUNDAMENTAL 181
Franciele da Silva Amarante dos Passos
Mayco Elvis dos Passos

ARTES VISUAIS NO CONTEXTO EDUCACIONAL 191
Anderson Eduardo de Barros

VIVENCIANDO O MACULELÊ EM SALA DE AULA 199
Ionara Waltrick Abreu
Karine Miranda Pinheiro
Léo da Luz Moreira
Roseceli Martinhago Vieira

MUSEU DE ARTES EM SÃO JOAQUIM: espaço para
educação não formal 205
Lucilene Terezinha de Souza
Rosemery da Silva Melo

A ARTE DA CERÂMICA NA EDUCAÇÃO BÁSICA COM O ARTISTA
CATARINENSE JOSÉ CRISTÓVÃO BATISTA 217
Fabiana Marques da Rosa

HISTÓRIA DA VIDA E OBRA DE ROSA WERNER 223
Geise Aparecida Antunes
Nilceia dos Santos Amaral

CLÊNIO SOUZA E A ARTE MODERNA NO MUNICÍPIO DE LAGES 231
Geandria Corrêa
Lurdes Caron

ANEXO
PROJETO GERAL 255

ÍNDICE REMISSIVO 267

SOBRE AS ORGANIZADORAS 273

SOBRE OS AUTORES E AUTORAS 275

APRESENTAÇÃO

É com imensa alegria que faço a apresentação deste livro tão sonhado por nós, professores e acadêmicos/as. Minha experiência profissional na educação, e com a educação, fez crescer em mim o compromisso, a exímia responsabilidade e a preocupação com a produção científica dos/as acadêmicos/as. Assim aconteceu com a turma de música e artes visuais que assumi no primeiro semestre de 2013 e continuei até 2015, ministrando a disciplina Pesquisa e Prática Pedagógica.

Preocupada com o envolvimento de acadêmicos/as com projetos de pesquisa, em uma das viagens de Florianópolis para Lages, mentalmente criava possíveis estratégias para ajudá-los/as a compreenderem como fazer um projeto de pesquisa que fosse do interesse de cada um/a e de apoio à sociedade do Planalto Serrano. Assim surgiu a ideia de construir em conjunto, na sala de aula e passo a passo, um Projeto de Pesquisa que servisse como uma espécie de guarda-chuva. Socializada a ideia, os/as acadêmicos/as de Música (11) e Artes Visuais (17) a acolheram com interesse e garra.

Definimos, então, como objetivo pesquisar aspectos da *"Vida Artística do Planalto Catarinense: do passado ao presente, um olhar para o futuro"* e a ideia foi sendo colocada em prática com a participação de todos/as os/as acadêmicos/as. Da construção coletiva, o Projeto Guarda-Chuva foi intitulado **História Artística Cultural do Planalto Catarinense: um olhar para o futuro**, também o título deste livro. Com o apoio do Prof. Mestre Andrey Garcia Batista, Coordenador dos dois Cursos, Música e Artes Visuais (até 2018), e dos/as professores/as, foi possível concretizar o Projeto Geral com a contribuição de cada acadêmico/a que elaborou o projeto específico. A partir de 2018, continuamos com o apoio da coordenadora Profa. Roseceli Martinhago Vieira, também coordenadora de Música e Artes Visuais, que acreditou no trabalho em desenvolvimento.

Assim, durante as aulas de Pesquisa e Prática Pedagógica, cada acadêmico/a construiu seu projeto de pesquisa sobre aspectos culturais e artísticos da Serra Catarinense. O projeto **História Artística Cultural do Planalto Catarinense: um olhar para o futuro** tem a participação de pesquisadores/as – os acadêmicos e as acadêmicas de Artes Visuais e Música do Curso -, do Fundo de Apoio e ao Desenvolvimento da Educação Superior (FUMDES), da Universidade do Planalto Catarinense, e foi desenvolvido como Trabalho, individual e/ou em duplas, de Final de Curso (TCC – Artes Visuais) e Relatório (Música).

Os/as acadêmicos/as pesquisadores/as do curso de Artes Visuais e Música da turma de 2012-2015 são oriundos de cinco municípios da Serra Catarinense, entre eles: Lages, São Joaquim, Bocaina, Otacílio Costa e São José do Cerrito. Suas pesquisas tiveram como público-alvo artistas e suas contribuições artístico-culturais dos municípios de origem dos/as acadêmicos/as.

O campo das pesquisas contempla: artistas plásticos (arquitetura, designer, xilogravura, cerâmica, fotógrafos...), artes cênicas (dança, contadores de histórias, teatrólogos, dramaturgos, cenógrafos, atores...); musicistas, corais, regentes, luthieres, instrumentistas, compositores, educadores, entre outros.

As pesquisas são de abordagem qualitativa e algumas também com dados quali-quantitativos. Adotaram-se metodologias historiográficas, narrativas, entrevistas semiestruturadas, busca em fontes bibliográficas e documentais, análise crítica e outras modalidades.

Hoje, temos a alegria de possibilitar, em especial, à sociedade da Serra Catarinense conhecer, em síntese, aspectos culturais destacados por acadêmicos/as dos cursos de graduação em Artes Visuais e Música e que fazem parte da *História Artística Cultural do Planalto Catarinense: um olhar para o futuro*. Temos a certeza de que a contribuição cultural e artística dos/as acadêmicos/as que participaram desta obra, com suas pesquisas de iniciação científica, vem colorir o mundo da arte e da música da Serra Catarinense e, por extensão, da sociedade Serrana e sociedade em geral, testemunhando e estimulando que mais jovens estudantes socializem com a sociedade suas pesquisas acadêmicas. Parabéns jovens pesquisadores e pesquisadoras.

Boa Leitura!

Lages, 25 de agosto de 2019

Lurdes Caron
Irmã Catequisa Franciscana (ICF)
Profa. Orientadora, Pesquisadora e Coordenadora do Projeto e Grupo de Pesquisa: Formação de Professores: Políticas Curriculares e Práticas Inclusivas para a Cultura da Paz na Educação – FORPAZ.

PRÓLOGO

Este livro resultou de um projeto iniciado nas licenciaturas de Artes Visuais e de Música da Universidade do Planalto Catarinense – UNIPLAC, para o qual os/as acadêmicos/as tiveram patrocínio do FUMDES[1]. Foi desenvolvido na disciplina de Pesquisa e Prática Pedagógica (PPP), ministrada pela Profa. Dra. Lurdes Caron, também orientadora do referido projeto. Este, incluiu a produção discente na disciplina durante o curso e um seminário de encerramento das atividades. O percurso foi iniciado no terceiro semestre letivo de 2013.

Inicialmente, os acadêmicos estudaram diferentes formas de fazer pesquisas, conheceram autores, pesquisadores e modalidades de pesquisa para, então, elaborarem os projetos individuais. Como ponto de partida, durante as aulas de PPP, para aprendizagem de como fazer um projeto de pesquisa, elaboraram, em conjunto, um Projeto de Pesquisa Global que serviu como espécie de "Guarda Chuva" para a formulação dos projetos individuais, em dupla ou equipes.

Assim, teoria e prática foram sendo intercaladas até a fase final, que culminou com a apresentação dos resultados da pesquisa no Curso de Extensão e no Seminário de Pesquisa denominado: "Entre o imaginado, o possível e o real: Artes Visuais e Música".

O encerramento das atividades aconteceu no dia 21 de novembro de 2015, sob a coordenação dos Professores Dra. Lurdes Caron e Mestre Andrey Garcia Batista. Foram convidados para a mesa avaliadora as/os docentes: Profa. Dra. Carmen Lucia Fornari Diez, Profa. Elza Maria Netto Bernardi, Profa. Roseceli Martinhago Vieira, Profa. Kareenn Cristina Zanela Diener, Profa. Isabel Nercoline. O evento contou com apoio e parceria dos/as professores/as: Prof. Mestre Andrey Garcia Batista, com a disciplina História da Música, Profa. Mestre Nanci Alves da Rosa, na disciplina de História da Arte, e Profa. Paula Karine Ortiz, de História, com a metodologia historiográfica.

Desta trajetória, selecionamos e organizamos em duas partes os artigos resultantes das pesquisas realizadas pelos acadêmicos e acadêmicas[2]. Na primeira, constam os textos dos universitários e das universitárias da área de Música, na segunda, dos/das estudantes de Artes Visuais.

Lurdes Caron
Carmen Lucia Fornari Diez

---

1 Programa do Governo do Estado de Santa Catarina de Apoio à Manutenção e ao Desenvolvimento da Educação Superior.
2 Todos os textos que integram este livro foram autorizados por seus(suas) autores(as) e os termos de autorização estão em posse de Lurdes Caron, organizadora deste livro.

PARTE 1
EDUCAÇÃO MUSICAL

Que a música que eu ouço ao longe
Seja linda, ainda que tristeza;
Que a mulher que eu amo seja pra sempre amada
Mesmo que distante;
Porque metade de mim é partida
Mas a outra metade é saudade...

Oswaldo Montenegro

APRESENTANDO AS PESQUISAS EM MÚSICA E EDUCAÇÃO

Os acadêmicos e as acadêmicas da licenciatura em Música, sob a orientação e colaboração da Profa. Dra. Lurdes Caron, pesquisaram sobre temáticas e eventos importantíssimos e inovadores da Serra Catarinense.

Rauoni Fernando Borba dos Santos e Larissa Ribeiro investigaram sobre a influência da música contemporânea nas identidades de crianças e adolescentes, nos âmbitos social e pessoal. Partiram da premissa de que a música é algo presente na vida das pessoas desde a antiguidade, desenvolvendo diversas funções na sociedade e diferentes ações na vida das pessoas ao longo dos tempos. Durante a infância, a criança é marcada pelo que é produzido no contexto em que está inserida. Dentre os fatores que mais a influenciam, estão as canções de ninar que ficam em sua memória. Quando adolescentes e jovens, a música tem outras formas de interagir no seu comportamento e pensamento, estando efetivamente presente em suas vidas, imprimindo, na sua forma de pensar, novos valores identitários individuais e sociais. Assim, Rauoni e Larissa tiveram como objeto de pesquisa a influência da música na vida das pessoas, isto é, da infância até a adolescência, por meio da busca de estudos científicos sobre o tema, visando traçar uma linha do desenvolvimento da pessoa e de como a música se faz presente no comportamento de crianças e adolescentes, perante a sociedade e individualmente. Elegeram como problemática: "Como é que se dá a influência da música na identidade social e pessoal dos indivíduos durante a infância e adolescência?" Sob a abordagem qualitativa, a metodologia baseou-se em fontes bibliográficas, especialmente artigos, teses e livros de autores que abordam o tema. A partir da visão desses autores, os/as acadêmicos/as obtiveram ideias mais abrangentes sobre as fases do ser humano e como a música se faz presente em cada uma dessas fases e exerce sua influência sobre elas.

Jayson Ribeiro focalizou a formação de professores de música para o ensino fundamental, sob a premissa de que a música na escola contribui para a socialização, a criatividade e o desenvolvimento da ética e da estética do educando. A música tem função socializadora com todos os seres humanos, independentemente de sua condição e classe social. Ela é sem fronteiras, absorve todos os gostos e todas as culturas da história humana. A escola viabiliza que a criança, por meio da educação musical, exercite o saber ouvir música de uma forma analítica, identificando os ritmos existentes de acordo com as palavras dos textos relacionados à poesia, literatura, aos diálogos, entre outros. A educação musical possibilita ao/à aluno/a fazer a associação do conhecimento social da música com a linguagem musical e, com autonomia e iniciativa, pode escolher livre e conscientemente seus estilos musicais, favorecendo o desenvolver da consciência crítica e do entendimento da música como arte necessária na formação humana. Para o ensino da música, é de suma importância que professores/as, na formação inicial, obtenham conhecimentos teóricos, práticos e pedagógicos. A Universidade do Planalto Catarinense – UNIPLAC, da cidade de Lages – SC, oferece o curso de Licenciatura em Música. Assim, no período de quatro anos do curso, os/as acadêmicos/as recebem formação teórica, prática, individual e coletiva, com base no que está descrito no Projeto Político Pedagógico desse curso. O pesquisador partiu do problema "Como o curso de licenciatura em música, da UNIPLAC, desenvolve a formação de professores para atuação no ensino fundamental?" Destarte, propôs conhecer o curso de licenciatura em música da UNIPLAC no que tange ao desenvolvimento da formação de professores/as para o ensino fundamental. Para tanto, projetou identificar o currículo de formação de professores/as em música, descrever a prática pedagógica dos/as acadêmicos/as de licenciatura em música na educação musical e verificar a relação entre músico instrumentista e músico professor de educação musical com base na formação acadêmica.

Perceber as possibilidades da música na escola em relação com a cultura regional constituiu a proposta de Antonio Horalcidio Andrade Schlischting e Lurdes Caron, desde o pressuposto de que a música é um fenômeno universal e presente na história de todos os povos e civilizações, de todo o globo terrestre, desde a pré-história até a contemporaneidade. Ela faz parte do dia a dia das pessoas e comunidades, se manifestando de diversas maneiras, em ritos, em festas e celebrações. Sendo assim, cada cultura possui sua manifestação musical englobando estilos, linguagens e costumes. Na escola, um dos papéis da música é trabalhar em favor da valorização e do enriquecimento da cultura de cada região, portanto, conforme o contexto em que o ambiente escolar se encontra. Partindo dessa ideia, os/as autores/as pesquisaram a respeito da música na escola como ferramenta de práticas pedagógicas que trabalhem a cultura regional e que possa fazer parte do cotidiano das pessoas. O questionamento que deu norte à investigação foi: Como trabalhar música na educação básica preservando a cultura regional? O objetivo geral foi desenvolver a música na escola visando a formação do cidadão e a preservação da cultura. Os objetivos específicos consistiram em trabalhar a educação musical na educação básica como parte integrante da formação do educando; contribuir, por meio da música, para o desenvolvimento da sensibilidade, o aprimoramento do senso estético e refletir sobre o papel da música na escola, resgatando músicas de diferentes culturas musicais, estilos, épocas e tendências. A expectativa da busca teórica foi de compreensão a respeito do ensino de música nas escolas, e que esse ensino contenha elementos que contribuam para a preservação e a valorização da cultura regional do Planalto Serrano.

Alexandre Bittencourt Bueno apostou na contribuição da música para o desenvolvimento humano integral, especialmente quando praticada com crianças e adolescentes, pois ela favorece a aprendizagem, o despertar da consciência e a socialização do ser humano, ativando-o como agente da própria história, no exercício da cidadania e no cultivo do Planeta Terra, a fim de gerar qualidade de vida para si e para a sociedade que o cerca. Todavia, o autor discorda dos métodos convencionais de ensino de música, envolvendo a premissa da teoria musical como ponto de partida. Entende, inversamente, que é mais profícuo despertar da pulsação rumo ao saber musical. Pensar a música a partir da pulsação interior de cada indivíduo é colaborar para que este possa expressar sua interioridade e posteriormente exteriorizá-la. A partir da prática progressiva, com acompanhamento pedagógico do professor, o/a educando/a agrega conhecimentos sonoros, harmônicos e rítmicos, além de um contexto panorâmico da música na sociedade de todos os tempos. Esta pesquisa foi desenvolvida a partir da problemática: "Como no ensino de música trabalhar práticas pedagógicas que possibilitem ao educando o despertar da pulsação musical?" Entende, o autor, que a pulsação musical está no interior de cada ser humano e que, ao despertá-la, o/a educando/a vai adquirindo o senso ético e estético e o amor à arte musical. O/A educando/a passa de mero/a reprodutor/a musical a um/a gerador/a de música alegre, viva e dinâmica. O despertar da pulsação musical colabora para abandonar paradigmas tradicionais que já não surtem efeitos no ensino da música na contemporaneidade.

Música popular, violão e voz na educação musical no ensino fundamental foi a temática à qual Marcos Antônio Alves da Rosa se dedicou, pois, entende o grande desafio que ensinar música nas salas de aula tem sido, uma vez que atingir o gosto musical do/a aluno/a é a grande tarefa do/a educador/a da arte musical. Quando o diálogo entre professor/a e aluno/a atinge a plena socialização do conhecimento, a música cumpre o seu papel fundamental, que é, acima de tudo, praticar o canto, o ritmo, a melodia e o poema das letras. Marcos Antônio garante que a música popular é o importante veículo para se trabalhar a educação musical com as crianças no ensino básico. A música popular brasileira é altamente espontânea e acessível a todos/as e esse fator auxilia, ao nosso ver, a interação professor-aluno. Cada região do Brasil possui música regional, e o próprio samba e a música brasileira em si são fortes lastros de cultura que precisam chegar as novas gerações. A problemática móbil do estudo foi a seguinte: Como preparar o/a aluno/a para o aprendizado da música popular com o uso do violão exercitando voz na educação musical em seu contexto social? Em tempos de globalização e da eletrônica dominando o mercado e a atenção, a dificuldade de se expressar musicalmente está cada vez mais ampla. Assim, o que em tempos passados era tão simples, como cantar músicas folclóricas e infantis, tornou-se uma atividade rara, ocasionando, certamente, um déficit cultural no quociente intelectual dessa criança quando adulta.

Guilherme da Rosa Seifert e Lurdes Caron optaram por uma pesquisa sobre o panorama histórico da música em São Joaquim, SC, cientes de que a música faz parte da vida e da cultura dos povos e de que todas as culturas estão marcadas por motivações musicais. A cidade de São Joaquim tem uma cultura musical cultivada pela tradição oral e precisa de registros para torná-la conhecida e valorizada. Músico há doze anos, Guilherme apenas conhecia a história da música joaquinense por meio de informações obtidas oralmente com colegas músicos que, por sua vez, as conheceram com outros músicos. Sua curiosidade o levou a obter um conhecimento prévio da música e, em pesquisa no museu do município, encontrou alguns registros desorganizados. Cursando licenciatura em música na UNIPLAC, e com visões acadêmicas mais elaboradas em relação à cultura local, intencionou pesquisar e embasar cientificamente as informações sobre o tema, especialmente aquelas colhidas junto à população. Muitas histórias perderam-se no tempo por falta de registros e o acesso à informação histórica em um município de interior do Estado de Santa Catarina, como São Joaquim, ocorre, geralmente, por meio da comunicação oral, testemunho vivo de familiares e, ainda, possivelmente de registros em jornais e fotos. Tratando-se de música não é diferente, pois as partituras e os áudios, ou seja, as gravações passam de avós aos pais, dos pais aos filhos e assim por diante. A pesquisa partiu do problema: "Quais os registros históricos musicais, quem foram os músicos e suas respectivas obras e há registros organizados no município de São Joaquim em seu histórico musical?" Autor e Autora investigaram, então, as manifestações e os registros musicais de São Joaquim, organizando-os, de modo que, em um panorama histórico, possam contribuir para a cultura do município e da região serrana.

A história também cativou a atenção de Jeferson da Rosa Seifert e Lurdes Caron no texto intitulado "Apontamentos para uma história da música de São Joaquim: características e influências". Autor e Autora entenderam que conhecer a história da música compreenderia um estudo das origens e evolução dessa arte da cultura de diferentes povos ao longo do tempo, pois todas as civilizações, segundo a história, desenvolveram algum tipo de manifestação musical com diferentes formas de expressão. Em seu estudo, autor e autora afirmam que cada povo foi criando o seu legado, a sua cultura e este só chegou até nós por meio de textos escritos e da tradição oral. Isso aconteceu pelo interesse pesquisadores e pesquisadoras/artistas que tinham o propósito de registrar suas aptidões e os fatos acontecidos no seu presente. Com o passar do tempo, outras pessoas com propósitos idênticos também passaram a organizar tais fatos. Sendo assim, essa pesquisa traz à tona as influências musicais do município de São Joaquim e é de suma relevância para que se conheça as influências da cultura musical no Brasil e na sociedade joaquinense. A história musical da cidade estava desprovida de registros de forma organizada, o que ocasionou a perda de muitos fatos musicais históricos. Diante desse problema, as novas gerações não têm em que se embasarem para manter ou divulgar a cultura musical. Esse problema reflete no crescimento da indústria cultural, que traz informações fragmentadas, colocando essas gerações à mercê de um padrão, geralmente orientado pela mídia, por falta de conhecimento da sua cultura ou de algum estímulo que fomente a curiosidade sobre esse histórico musical. O objetivo da pesquisa foi descobrir, e trazer à tona, os valores que permeiam a cultura em geral, especificamente da música em São Joaquim. Jeferson e Lurdes partiram de três possíveis vertentes musicais que tiveram manifestações no sul do Brasil e estão ligadas ao cenário joaquinense: as Bandas de músicas civis com expressão militar, a formação *Jazz* de música regional e a música gauchesca.

"Plantar e colher árvores nativas para construir o próprio instrumento musical", este foi o ideal perseguido por Vando Roberto de Oliveira e que o levou a associar-se a Lurdes Caron e a Andrey Garcia Batista para a pesquisa de iniciação científica que resultou no presente texto. Articulando Arte e Música: Plantar, Colher e Tocar é um projeto de pesquisa/extensão iniciado em 2014, no município de São Joaquim, e que atendeu três escolas estaduais de educação básica: São José, Manuel Cruz e Martinho de Haro de São Joaquim, SC. Em média, foram 40 estudantes por escola, resultando em 120 estudantes atendidos. O projeto continuou em 2015 com alunos/as das mesmas escolas e trabalhando com a "*Arte da lutheria*", entendida como a manifestação artística por meio da construção artesanal de instrumentos de corda, como, por exemplo: violino, viola, violoncelo ou contrabaixo. A fabricação de instrumentos musicais por meio da *arte da lutheria* é trabalhada usando técnicas herdadas de grandes construtores de instrumentos musicais de corda do século XVII e XVIII. Para esta arte, a Serra Catarinense tem plantas nativas próprias e seu cultivo contribui na educação do meio ambiente. São elas: cedro vermelho, ipê-amarelo, canela, pinho-bravo e araucária. A pesquisa partiu da pergunta: Como, com alunos de educação básica, cultivar árvores nativas do Planalto Serrano, articulando arte e música e aprendendo com a construção do seu instrumento musical? Esta pesquisa/extensão teve como objetivo articular arte e música com alunos da educação básica, plantando e tocando a partir da construção do próprio instrumento musical para oportunizar aos/às educandos/as conhecimentos fundamentais sobre a lutheria na construção do instrumento musical; possibilitar aos/às alunos/as o acesso e compreensão sobre as técnicas do plantio de mudas de plantas próprias para a arte da lutheria; viabilizar aos/às alunos/as conhecimentos a respeito de instrumentos musicais de corda, com noções fundamentais sobre música. Para alcançar os objetivos propostos, trabalhou-se com a organização e realização de oficinas, palestras e orientação aos/às alunos/as da arte lutheria, educação ambiental e musical. Como resultado, estudantes obtiveram conhecimentos necessários para a produção do instrumento musical e participação na orquestra de cordas. Aprenderam fazendo a experiência do plantio e o cultivo das árvores próprias, cuja madeira é mais maleável para o entalhe do instrumento musical e, ao mesmo tempo, aprenderam música, desenvolvendo suas potencialidades artísticas e o respeito ao meio ambiente. Além disso, o trabalho contribuiu com os/as educandos/as no resgate e cultivo das tradições culturais artísticas do município, proporcionando espaço de desenvolvimento de suas potencialidades artísticas e colaborando para o resgate da cidadania e realização pessoal.

O olhar de Rafael Machado também privilegiou o percurso histórico, tendo por foco o resgate de Bandas de Marchinhas na cultura lageana. Considerando que Bandas e Fanfarras se constituem espaço importante de ensino-aprendizagem na educação musical, e que contribuem para a socialização, interação e criatividade dos/as educandos/as e de participantes de bandas e fanfarras, Rafael acredita que estas são como uma escola não formal de música. Assevera que, apesar de Bandas e Fanfarras não mais fazerem parte de nossa cultura musical, seu potencial inclusivo precisa ser lembrado, recuperado. Contemplando uma parte da sociedade que não tem acesso ao ensino musical nas escolas de música, com aulas particulares, as bandas de marchinha são uma forma mais pura e funcional que oportuniza a aplicação da prática musical e a participação social. Elas são como um meio de exteriorizar a música que se encontra inibida em cada um nós. Sob o ponto de vista social, esses grupos fortalecem práticas musicais, valorizando e realçando a autoestima dos membros que os integram. No século passado, na região, havia grupos musicais carnavalescos atuantes, com bandas e fanfarras, nas sociedades carnavalescas que saíam às ruas ou animavam bailes nos clubes sociais, abrilhantando e alegrando o carnaval. Era de puro encanto, brilhantismo e beleza. Nesse contexto, o objeto da pesquisa com esse projeto foi a recuperação da cultura de bandas de marchinhas.

Finalmente, Josias Zanqueti Alves e Rodrigo José de Oliveira se debruçaram em trabalho de extensão desenvolvido no "Hospital Infantil Seara do Bem", abordando a educação musical para a cidadania. Eles partem da perspectiva de que a educação musical com crianças e jovens os ajuda a formar a identidade social. No cotidiano, a música é de suma importância para o desenvolvimento integral do ser humano e colabora para a convivência harmônica em sociedade. Sabendo que o ambiente hospitalar pouco contribui para a convalescença dos pacientes, visto o clima árido de alegrias e motivações contidos nesse espaço, a música tem a capacidade de abstrair os ouvintes da realidade e propiciar momentos de alegria jamais imaginados em ambiente hospitalar. Sabendo a força que a música tem no ensino-aprendizagem e na formação do ser humano, Josias enfatizou a Arte como um instrumento facilitador da socialização, preparando o indivíduo para o bom convívio, musicalizando crianças e jovens através da apreciação e do fazer musical, ressaltando o importante papel da música no desenvolvimento cognitivo, da coordenação motora e psicossocial.

INFLUÊNCIA DA MÚSICA CONTEMPORÂNEA NA IDENTIDADE PESSOAL E SOCIAL DE CRIANÇAS E ADOLESCENTES

Rauoni Fernando Borba dos Santos
Larissa Ribeiro

A música está presente na vida das pessoas desde a antiguidade, desenvolvendo diversas funções nas sociedades e diferentes ações na vida das pessoas ao longo dos tempos.

Uma das ações da música na contemporaneidade é a influência que ela exerce na identidade pessoal e social do ser humano, mais precisamente no comportamento e no círculo de amizades influenciados pelo gosto musical. Nos dias de hoje, é notório que a música está presente em todos os lugares, que sua influência se dá desde a infância e se fortalece entre os jovens, em seu círculo de amizades, principalmente na escola ou nas tribos que se caracterizam por um gosto musical em comum.

Levando esses fatores em conta, essa pesquisa partiu da seguinte problemática: como se dá a influência da música na identidade social e pessoal dos indivíduos durante a infância e a adolescência?

Teve como objetivo geral conhecer como se dá a influência da música na identidade e nas relações sociais de crianças e adolescentes. Como objetivos específicos, delineou-se: investigar a influência da música na infância; investigar a influência da música na adolescência; compilar as ideias pesquisadas, sistematizando-as e concluindo a pesquisa.

Caracterizou-se como pesquisa de abordagem qualitativa, fundamentada em autores que, por meio de artigos, livros e dissertações, refletem sobre o tema em questão. Além disso, diálogos foram estabelecidos com Oliveira (2012), Ilari (2009), Souza (2009) e Andreo (2013), cujas ideias permitem fácil entendimento da influência musical em três estágios da vida humana: o nascimento, a infância e a adolescência.

A pesquisa tem sua relevância nas ideias mais precisas sobre a influência da música na vida de um indivíduo, partindo da infância até a adolescência. A importância também se dá por ser parte de nossa experiência enquanto músicos e como educadores musicais que trabalham na educação de crianças e adolescentes, oportunizando melhor compreensão de como a música exerce suas influências sobre esses sujeitos.

A música durante a infância é marcada pelo que é produzido no contexto em que a criança se insere. Seja por meio da canção de ninar que a mãe canta ou pela música que se faz ao redor dela, a criança, direta ou indiretamente, se familiariza com a música que ouve e isso a marcará durante a infância e a adolescência.

Para Oliveira (2012, p. 2), a música "[...] representa uma linguagem local e global, na medida em que se difunde pela sociedade, valendo-se de sua capacidade de traduzir os sentimentos, atitudes e valores". Essa representação, citada por Oliveira, pode ter início logo no período da infância, pois o que a criança ouve se atrela ao seu desenvolvimento e pode exercer influências em sua vida até a adolescência.

Um dos fatores que influenciam as crianças são as canções de ninar que, quando executadas, ficam na memória e, mais tarde, podem remeter a lapsos da época em que as ouviam. Sobre isso, Nogueira (2003) diz que,

> [...] a eficácia das canções de ninar é prova de que música e afeto se unem em uma mágica alquimia para a criança. Muitas vezes, mesmo já adultos, nossas melhores lembranças de situação de acolhimento e carinho dizem respeito às nossas memórias musicais (NOGUEIRA, 2003, p. 1).

Com isso, se torna evidente que a canção de ninar, ligada ao afetivo do indivíduo, traz lembranças do período da infância e comprova uma das formas pela qual a música pode exercer influências ainda nessa fase. Outro contato que a criança tem com a música é por meio do que os pais, ou as pessoas com quem convive, ouvem. Sobre isso, Ilari (2009) afirma que pode ser por meio de,

> [...] uma mãe que sussurra uma canção enquanto amamenta seu bebê, uma babá que dança com a criança ao som do último *hit* de Ivete Sangalo, uma avó que embala o neto entoando uma canção de Frank Sinatra ou um menino pequeno que segura um cabo de vassoura e imita seu pai cantando um *rock* (ILARI, 2009, p. 27).

Sendo assim, com esses pequenos exemplos, é possível vislumbrar que através de coisas pequenas relacionadas à música já é possível influenciar a criança musicalmente. Isso pode ocasionar tanto o interesse em alguma atividade musical quanto interferir futuramente (mais precisamente na adolescência) nas opções e gostos musicais, influenciados pelo que ouviam ao seu redor quando crianças.

Ainda na infância, a música também é responsável por trazer uma espécie de iniciação da criança como indivíduo pertencente a uma determinada sociedade. Conforme Nogueira (2003), a música produzida no Brasil difere daquela de outros países, ou seja, não só marca a questão de comportamento ou afetividade da criança, mas também constitui uma marca cultural, desenvolvendo o pensamento infantil de acordo com seu grupo social.

Enquanto na infância a música exerce suas influências do que é produzido no contexto do indivíduo, é na adolescência que a música terá outras formas de influenciar seu comportamento e pensamento. Seja por via dos meios de comunicação (TV, rádio, celulares etc.) ou pelos círculos de amizades, a música sempre exercerá influência na vida dos indivíduos.

Oliveira (2012), baseado em Abramo (2007), coloca a adolescência como

> [...] uma fase de função social de maturação e de preparação para a vida adulta, cujas consequências implicarão tanto o próprio sujeito, como também a sociedade, salientando que esta etapa é marcada por fatores *biopsicossociais* que incluem, em geral, rituais de passagem, mudanças de *status* se ingresso em esferas específicas, como o mercado de trabalho, a constituição de família e o pertencimento a grupos (OLIVEIRA, 2012, p. 4).

Com base nessa colocação, é nesse período em que o cotidiano dos jovens é influenciado pela música que se fará presente de várias formas e isso afetará em todo seu comportamento, pensamento e identidade, tanto individual quanto social.

Andreo (2013), fazendo uso das palavras de Ilari, descreve o meio social e suas atividades no coletivo como algo que

> [...] permite ao indivíduo interpretar os diversos significados da música de maneira independente e individual, sem com isso afetar a integridade do fazer musical coletivo. E, é claro ao reforçar a identidade social, reforça-se também a identidade individual (ILARI *apud* ANDREO, 2013, p. 6).

É nesse meio social que o jovem desenvolverá suas atividades e terá mais contato com a música, moldando, então, sua verdadeira forma de pensar e ver o meio no qual está inserido.

Cabe ressaltar, no entanto, que o contato com a música se dá não só por intermédio dos meios de comunicação, mas porque ela (a música), em sua essência, é "[...] um recurso artístico que permite, além da experiência estética, a expressão de sentimentos que permeiam nossa vida e a compreensão que temos de nós mesmos e das coisas" (BEZERRA, 2009, p. 12).

Por ter essas qualidades e evocar os sentimentos nos jovens, a música começa a ser parte do cotidiano deles, fazendo com que, segundo a afirmação de Souza, os adolescentes dediquem uma parte do tempo que têm à música e tenham envolvimento com o que é veiculado pelos meios de comunicação

(SOUZA, 2009, p. 40). Em outras palavras, a música se faz presente na vida dos jovens das mais variadas formas, seja por meio de aparelhos eletrônicos, como o rádio, ou digitais, como televisão, celulares e computadores, e até mesmo pela mídia, que usa esses meios para que a música chegue até os jovens ou, ainda, por intermédio de atividades musicais realizadas nas escolas ou conservatórios, sendo que, nestes últimos, se dá o contato dos jovens com instrumentos musicais.

A afirmação de Souza corrobora o pensamento de Valdívia (1999), para quem a mídia acaba sendo companheira dos adolescentes, substituindo o pai e a mãe como influências maiores. E assim, ouvir música para os adolescentes nada mais é do que "[...] uma de suas atividades de relaxamento e dispersão rotineiras, que não alteram, portanto, o projeto de vida que constroem para si mesmos" (BEZERRA, 2009, p. 16).

Com isso, fica claro que o contato com a música é significativo para os adolescentes e acontece com frequência. Isso também ocorre devido ao contato com a mídia, assim, acabam desenvolvendo ideias e gostos que lhes permitem, de certo modo, um espaço no mundo. Segundo Arnett, "[...] o consumo da mídia pode dar aos adolescentes uma sensação de estarem conectados a um grande grupo de amigos, os quais se unem por certos valores específicos e interesses da juventude". Afirma, também, que "[...] a música normalmente acompanha o lazer de adolescentes, desde dirigir por aí, sair com os amigos, até isolarem-se na privacidade de seus quartos para meditar" (ARNETT, 1995, p. 521, 524-525).

As afirmações de Arnett são reforçadas pela ideia de Ilari (2009) de que o gosto por certo artista ou gênero também acarreta o fazer musical quando muitos jovens ambicionam algum instrumento, como guitarra, violão ou piano e bateria, e buscam até mesmo imitar um ídolo.

Maheirie (2003), fazendo menção a Vygotsky, coloca a música como "[...] uma forma de comunicação, de linguagem, pois por meio do significado que ela carrega e da relação com o contexto social no qual está inserida, ela possibilita aos sujeitos a construção de múltiplos sentidos singulares e coletivos" (MAHEIRIE, 2003, p. 148). E é com esses sentidos que os jovens vão desenvolvendo seus gostos e preferências referentes ao estilo, a artistas específicos etc. E é por esse gosto que o comportamento, o pensamento e os ideais dos jovens passam a sofrer influências de acordo com o que isso lhes proporciona.

Comprova-se, desse modo, que a música está efetivamente presente na vida dos adolescentes e jovens, seja influenciando a forma de pensar, por conta das mensagens que os estilos musicais trazem, seja pelo fazer musical, que pode ser uma tentativa de se espelhar em algum artista. É dessa forma que a música vai realmente exercendo sua influência e imprime valores na identidade pessoal e social dos jovens.

Em relação à música e ao seu caráter mais intimista e cada vez mais presente na vida de crianças e adolescentes, há um fator que faz uso dessa influência. Esse fator é a mídia, que ora usa a música para propagar ideias ou expor conceitos ora para impor modos de vida.

Durante a infância, a criança ainda não é capaz de ter ideias ou conceitos próprios, sendo este um período em que a personalidade começa a ser moldada e a mídia (principalmente a televisiva), sabendo disso, é capaz de criar essas ideias ou conceitos. Fazendo uso de personagens de desenhos animados, a mídia atrai as crianças para seus conceitos, que são impostos através de propagandas ou atrações de televisão, associando a imagem dos personagens à música, criando na criança uma familiaridade com o que se lhe é apresentado, gerando aceitação do produto ou da ideia veiculada por essa união entre a musicalidade e o visual (SILVA, s. d., p. 1-02).

Essas ideias podem ser o incentivo ao consumo de tudo o que for relacionado àquele personagem, já que esse caráter influenciador, não só da música na propaganda, mas também aliada à imagem, faz com que a criança sinta a necessidade de adquirir aquele produto. Já nos desenhos, estes podem impor valores morais e estéticos ou até mesmo padrões de comportamento e beleza, isso tudo também baseado nas afirmações de Silva (s.d.), já referenciadas.

Com os adolescentes, a mídia apresenta outro caráter, que se produz por meio dos ídolos. Se olharmos ao nosso redor, é fácil notar que a música que está no gosto da maioria das pessoas está diretamente ligada a quem canta essa música. Seja por seu jeito de vestir, de pensar, pela voz ou pelo carisma com o público, se tem forte apelo da mídia, tem maior aceitação de boa parte do público.

Quanto à mídia e à música de massas, promovidas pela imagem de ídolos, Bezerra (2009) afirma que a mídia funciona como "[...] um palco onde as manifestações musicais tornam-se suscetíveis a aprovação por uma audiência ampla, genericamente classificada e dissipada em contextos de espaço e tempo remotos" (BEZERRA, 2009, p. 15).

É nesse palco onde serão colocados os artistas que, através da imagem que eles têm, exercerão influências sobre os jovens, seja pela vestimenta, seja pelo comportamento ou até por conta do apelo aos produtos relacionados a eles (os artistas), do mesmo modo que como se influencia as crianças através dos desenhos animados.

E é a partir deste ponto, das propagandas relacionadas aos ídolos, que os jovens passam a entrar no consumismo, na ideia de ter aquilo que o ídolo tem, legitimando sua apreciação e expondo isso perante o meio social, surgindo, então, as chamadas tribos. Tribos estas caracterizadas por pensamentos, visuais, modos de falar e hábitos em comum e, em alguns casos, até mesmo desrespeito a outros gêneros musicais ou artistas. Por ter esse senso estético em comum, as tribos consomem tudo o que estiver relacionado à imagem do estilo musical ou a um ídolo, fazendo que objetos, como vestimentas, revistas ou outros materiais, tenham uma significação tão forte quanto a música em si, ganhando notoriedade entre outros jovens e, assim, difundindo o que a mídia quer através da imagem que o estilo/ídolo passa aos demais (BEZERRA, 2009, p. 15-18).

Outro fator que a mídia causa é a necessidade de inserção dentro de um grupo de jovens. Ouvir a música da mídia, ter determinado produto relacionado a um artista ou pensar de tal forma como o estilo musical determina faz com que

> [...] o adolescente sinta-se inserido no cenário musical que está em voga, ignorá-lo pode denotar aos colegas retrocesso, pouca afinidade e conexão com a cultura musical atual e culminar na exclusão nas rodas de conversa (BEZERRA, 2009, p. 24).

É com essa afirmação que se pode chegar à conclusão do quanto a mídia é atuante na vida dos jovens. Isso chega ao ponto de que, se um jovem não estiver por dentro do que está em evidência, ele será deixado fora do grupo. E isso, para o adolescente, é algo terrível, já que há essa necessidade de estar inserido em algum contexto. Isso é fortemente delimitado pela apreciação da música, que quase sempre é controlada pelos meios de comunicação que estão subordinados ao que a mídia lhes impõe.

Claramente há as exceções. Hoje, com o recurso da Internet, muitos jovens buscam outros estilos musicais e artistas e passam a se espelhar nesses por sua imagem, também difundida. A gama de possibilidades por meio da Internet é muito maior do que as disponíveis na TV ou no rádio, mas ainda assim essas últimas seguem imperantes na vida das pessoas. Basta ver ao redor o quanto ainda há pessoas apreciando e consumindo os estilos musicais impostos pela mídia, por intermédio do rádio e da televisão.

Desde o início dos tempos a música já se fazia presente entre as pessoas, seguindo ao longo da história humana. Sua função foi mudando, mas sem deixar de influenciar direta ou indiretamente a vida das pessoas.

Na atualidade, a música teve um papel considerado fundamental para o desenvolvimento do ser humano, principalmente no desenvolvimento da identidade. Desde a infância, ou melhor, ainda no ventre da mãe, a criança já recebe influências da música e isso se passa em todo o seu período de crescimento de forma direta, ouvindo músicas que ela mesma escolhe, ou indiretamente, ouvindo o que outras pessoas ouvem. Ouvir indiretamente é um processo que está mais presente na infância, seja pelos pais, que cantam uma música, seja pelo que passa na televisão ou pela música escutada no lugar onde se vive.

Quando se chega na adolescência, começa o desenvolvimento de um gosto próprio, influenciando, então, as escolhas do jovem. As escolhas têm a ver com um estilo próprio e acarreta a forma de pensar e até mesmo nas companhias que se venha a ter ao longo da vida.

Tendo em mente essa influência no gosto e nas formas de se relacionar com pessoas e o meio social, surgiu a ideia de pesquisar como ocorre essa influência. Para isso, foram buscados autores que tratassem do tema para fundamentar a investigação sobre como a música está presente desde a infância até a adolescência.

Foi possível obter as respostas esperadas nesta pesquisa, já que os autores pesquisados trouxeram com precisão e com ideias fundamentadas tudo o que tem a ver com a influência da música na identidade dos jovens.

Além de exercer influências através da música em si, existe também o fator mídia, que, por meio de desenhos animados e propagandas com o uso de música, seduz as crianças e as atrai para seus pensamentos, criando e impondo conceitos. Nos adolescentes, ela faz com que os pensamentos e ideias relacionados a um estilo musical ou a um artista possibilitem a criação de tribos e grupos com um gosto em comum, gerando consequências, como a exclusão de quem não está por dentro e a intolerância ao diferente.

Após finalizada a pesquisa, ficou notório a importância desta para entender todos os processos e ter uma ideia mais ampla de como essa influência da música ocorre, tornando-se bastante significativa para nós, futuros docentes de música.

REFERÊNCIAS

ABRAMO, H. Considerações sobre a tematização social da juventude no Brasil. *In:* FÁVERO, O. (org.). **Juventude e contemporaneidade**. Brasília: UNESCO/MEC/ ANPED, v. 16, 2007.

ANDREO, M. M. R. **Funções sociais da música e influências na formação da identidade musical dos indivíduos**. Maringá: s./e., 2013.

ARNETT, J. J. Adolescents' uses of media for self-socialization. **Journal of Youth and Adolescence**, v. 24, n. 5, p. 519-533, 1995.

BEZERRA, P. D. P. **A influência da mídia no consumo musical de adolescentes**. 2009. f. 46. Monografia. Bacharelado em Comunicação Social. Universidade do Rio Grande do Norte, Natal-RN.

ILARI, B. **Música na infância e na adolescência**: um livro para pais, professores e aficionados. Curitiba: Ibpex, 2009.

MAHEIRIE, K. Processo de criação no fazer musical: uma objetivação da subjetividade, a partir dos trabalhos de Sartre e Vygotsky. **Psicologia em Estudo**, Maringá, v. 8, n. 2, p. 147-153, 2003. Disponível em: http://www.scielo.br/pdf/pe/v8n2/v8n2a15. Acesso em: 20 fev. 2015.

NOGUEIRA, M. A. A música e o desenvolvimento da criança. **Revista da UFG**, v. 5, n. 2, dez. 2003. Disponível em: http://www.proec.ufg.br/revista_ufg/infancia/G_musica.html. Acesso em: 14 set. 2015.

OLIVEIRA, V. P. de. **A influência do gosto musical no processo de construção da identidade na juventude**. Belo Horizonte, 2012.

SILVA, W. P. da; LEITE, I. N. **A influência da mídia televisiva sobre o processo de formação infantil**. Universidade Federal da Paraíba (UFPB). João Pessoa, s.d.

SOUZA, J. (org.). **Aprender e ensinar música no cotidiano**. 2. ed. Porto Alegre: Sulina, 2009. p. 39-56.

VALDÍVIA, A. N.; BETTIVIA, R. S. "Gender, generation, space and popular music". McCARTHY, C.; HUDAK, G.; SHAWN, M.; SAUKKO, P. (org.). **Sound Identities**: Popular music and the cultural politics of education. New York: Peter Lang Publishing, 1999, p. 430-445.

FORMAÇÃO DE PROFESSORES EM MÚSICA PARA O ENSINO FUNDAMENTAL

Jayson Ribeiro

A música na escola contribui para a socialização, a criatividade e o desenvolvimento da ética e da estética do educando. A escola viabiliza que a criança, por meio da Educação Musical, exercite o saber ouvir a música de uma forma mais analítica, identificando os ritmos existentes de acordo com as palavras dos textos relacionados à poesia, à literatura, aos diálogos, entre outros, associando com a linguagem musical e com a autonomia e a iniciativa para poder escolher livre e conscientemente seus estilos musicais. A música favorece ao educando o desenvolver da consciência crítica, por isso é compreendida como ciência disciplinar necessária para a formação humana. A música proporciona aos indivíduos uma ligação espontânea na comunicação e convivência social, conforme estilo e preferência musical de cada um. A mídia, por sua vez, fornece à sociedade um padrão musical e, assim, em razão da popularidade, fácil uso e acesso à transmissão com o auxílio da tecnologia, divulga músicas consideradas "obras-primas" para toda uma região de um país, podendo envolver todas as nações a ouvirem esse novo sucesso.

Através da Educação Musical, os estudantes conseguem, por meio de análise, fazer uma revisão completa sobre a música, distinguindo a sua estrutura, envolvendo a tonalidade, a sequência de acordes, o estilo rítmico, o que a letra está propondo, entre outras coisas, de modo a perceber se o que está por trás da "música nova" é algo que já existe e resulta ou não de uma fusão com outra. Esse processo amplia o conhecimento do futuro cidadão, por isso, conforme as demais ciências propostas no currículo escolar, a música faz parte da vida e da formação humana.

Para o ensino da música na escola é de suma importância que professores, na sua formação, obtenham conhecimentos teóricos, práticos e pedagógicos sobre a música e, assim, que a educação musical possa ser ensinada por um professor licenciado em música e se espera uma formação pedagógica e musical competente para que possa lecionar com entusiasmo, dinâmica, didática e competência.

Este trabalho, portanto, visou investigar como funciona a formação dos professores de música, em específico no curso de Licenciatura em Música da Universidade do Planalto Catarinense (UNIPLAC), e se esta, de fato, atende às necessidades da Educação Musical nas escolas de ensino fundamental. O estudo partiu da problemática: como o curso de licenciatura em música da UNIPLAC desenvolve a formação de professores para o ensino fundamental?

O objetivo geral envolveu conhecer como no curso de licenciatura em música da UNIPLAC é desenvolvida a formação de professores de música para atuar no ensino fundamental. Os objetivos específicos foram: identificar o currículo de formação de professores em música; descrever a prática pedagógica dos acadêmicos de licenciatura em música na educação musical e verificar a relação entre músico instrumentista e músico professor de educação musical com base na formação acadêmica.

A abordagem desta pesquisa é qualitativa e tem como fundamentação teórica o estudo em documentos e produções bibliográficas de autores que refletem sobre formação de professores e música, dentre eles, Penna (2014), Beyer e Kebach (2009), Mateiro e Ilari (2011), Deckert (2012), Chizzotti (2005), Papi (2005), Perrenoud (2000) e o Projeto Político Pedagógico da UNIPLAC (2012).

Sua relevância está em compreender como o curso de Licenciatura em Música da UNIPLAC funciona e se sua grade curricular está de acordo com as necessidades do exercício da docência por meio da Educação Musical. Serve para que também os futuros profissionais que buscam passar pelo curso tenham uma noção do que é trabalhar com a música.

Na continuidade do estudo, desenvolvemos reflexão sobre o currículo do curso de graduação em música da Universidade do Planalto Catarinense, as práticas pedagógicas no curso e a relação entre o músico, o professor, o acadêmico e o instrumento musical.

Resgatando o contexto curricular do curso de graduação em música na Universidade do Planalto Catarinense, nos reportamos a 18 de agosto de 2008, quando a obrigatoriedade do ensino da música na educação básica foi determinada pela Lei 11.769. Também consta no Art. 26 da Lei 9.394/96, no parágrafo 6º, que "A música deverá ser conteúdo obrigatório, mas não exclusivo, do componente curricular de que trata o § 2º deste artigo" (MATEIRO, 2009, p. 20).

Na região sul do Brasil, mais especificamente em Lages, SC, a Universidade do Planalto Catarinense – UNIPLAC é uma das responsáveis pela demanda de profissionais capacitados pedagógica e musicalmente com a oferta do curso de graduação em Licenciatura em Música, o que permite aos licenciados ingressarem nas escolas públicas municipais e estaduais, escolas particulares, Fundação Cultural e demais atividades competentes[1].

Para o ingresso no curso de graduação em música da UNIPLAC é necessário a análise de currículo e não é obrigatório o candidato possuir conhecimento prévio na área, portanto, é aberta a toda a comunidade.

---

1 Disponível em: http://www.uniplac.net/ cursos/graduacao.php.

Do início ao término do curso, as disciplinas são integradas, de forma que as teorias de aprendizagem, os fundamentos psicológicos da educação, a didática, o olhar amplo, a pesquisa e o domínio da teoria e da prática musical desenvolvam requisitos necessários para que o futuro docente tenha metodologias, estratégias e capacidade mínima para ministrar aulas no ambiente escolar. Referente ao modo como o ensino de música se dá nos dias atuais, Fonterrada comenta: "Para o leigo, a ciência é o reino das certezas, e os professores, com frequência, almejam a posse do conhecimento científico como maneira de superação de dúvidas e inseguranças" (FONTERRADA, 2005, p. 203).

O método científico de trabalho é um meio de segurança e sucesso para o ensino da música, por meio do qual professores acadêmicos tomam como base a sua formação profissional, analisando estratégias de ensino e aprendizagem dos educadores musicais renomados mundialmente, para ampliar o conhecimento e a aplicação da educação musical aos seus educandos.

A disciplina de educação musical desenvolve atividades referentes às funções sociais da música, à prática pedagógica e aos pressupostos teórico-metodológicos do ensino voltado para a educação básica, com base nas propostas de educadores como Zoltán Kodály, Émile-Jacques Dalcroze e Carl Orff.

A mais importante dessas propostas é, sem dúvida, o que motivou sua classificação como "métodos ativos", isto é, todas elas descartam a aproximação da criança com a música como procedimento técnico ou teórico, preferindo que entre em contato com ela como experiência de vida (FONTERRADA, 2005, p. 163).

As pessoas envolvem-se com a música desde criança, adaptam-se a ela e a tornam parte de sua vida. A vivência musical é herdada pela socialização com a família, amigos, mídia e tecnologias de comunicação. Por outro lado, a maior parte das pessoas absorve a música de forma geral, como apenas uma diversão ou lazer, um escape para a vida cotidiana e não como uma ciência, assim, diminuindo a possibilidade de futuros educadores musicais.

Com relação às práticas pedagógicas no curso de graduação de música, lembramos que o acadêmico em licenciatura em música tem a possibilidade inicial de trabalhar com a sua disciplina em sala de aula durante o estágio curricular obrigatório, com início no quinto semestre.

O estágio caracteriza-se como um momento fundamental na formação do professor de música. É no estágio que o acadêmico coloca em prática os saberes musicais e pedagógico-musicais aprendidos durante o curso de licenciatura, testando, analisando e comprovando as informações assimiladas teoricamente (FIALHO, 2009, p. 53).

O estágio curricular obrigatório supervisionado mantém o contato entre acadêmicos, alunos e escola. Na prática, as atividades são desenvolvidas nas turmas das séries iniciais do ensino fundamental. Nas três primeiras semanas, a observação do cotidiano escolar é iniciada e durante esse período os estagiários planejam as aulas e a metodologia de ensino. Nas seis semanas seguintes, as atividades são aplicadas, podendo ou não haver modificação. Durante esse processo, também se deve começar o registro parcial do relatório de intervenção do estágio. A cada semestre, os estagiários lecionam em turmas diferentes, seguindo para as séries finais do ensino fundamental, ensino médio e, no oitavo semestre, o estágio é realizado em âmbito não formal, ficando à escolha do grupo.

Conforme o Projeto Político Pedagógico do curso de Música da UNIPLAC, a licenciatura oferece 20 (vinte) vagas para turmas com disciplinas compartilhadas e 40 (quarenta) vagas para turmas sem disciplinas compartilhadas. O turno regular é o noturno e o regime especial é realizado nos períodos vespertino e noturno, incluindo finais de semana, conforme o edital. A modalidade de oferta é presencial e presencial com disciplinas em educação a distância. A estrutura curricular do curso possui 2.625 horas, mais 200 horas de atividades complementares, totalizando 2.825 horas e 3.150 horas/aula, com duração de 4 anos, divididos em 8 semestres.

Desde 1970, a UNIPLAC oferece licenciaturas e sempre trabalhou políticas para a área de formação profissional para a Educação. No ano de 2006, foi aprovado o projeto de compartilhamento de licenciaturas, a partir do qual os acadêmicos de diversas áreas se integram em disciplinas e atividades complementares, visando o enriquecimento de conceitos educacionais e práticas pedagógicas (Parecer CONSUNI-CONSEPE n°. 2.475, 14/12/2006).

A formação docente do curso de música da UNIPLAC espera desenvolver nos alunos conhecimento e habilidades, atitudes e valores que façam com que o futuro professor seja e esteja preparado para as situações que ocorrerão no cotidiano da educação, tendo como princípios articuladores as ciências humanas e seus fundamentos, o ensino e aprendizagem, o conhecimento e a escolarização, as práticas pedagógicas escolares, a escola, a cultura e a sociedade.

De acordo com a proposta curricular da UNIPLAC, as licenciaturas buscam garantir formação qualitativa e quantitativa de quadros competentes e adequados às exigências do desenvolvimento local e regional, em contexto de globalização da economia e da sociedade, procurando garantir a educação superior para todos, ou pelo menos para a maior parte de pessoas interessadas em cursar e concluir um ensino de graduação superior, buscando formar profissionais dinâmicos, reflexivos, criativos e com habilidades em observar a situação ambiente escolar e ter iniciativa em elaborar ideias que busquem inovações significativas no meio escolar.

A UNIPLAC, enquanto universidade comunitária, tem um perfil social que se explicita em seus três eixos temáticos de pesquisa: **educação,** com natureza e especificidade do trabalho da Universidade, fundada nos conceitos de Dermeval Saviani, nas obras "Escola e Democracia" e "Pedagogia Histórico-critica"; **trabalho**, concebido como a condição de produção da existência humana e não somente a venda da força produtiva por um salário; **política**, ou arte de laborar em prol do bem-estar social.

Em 2011, houve redefinição das linhas de pesquisa da UNIPLAC, que resultou em seis linhas aprovadas pelo CONSUNI, em 15/12/2011, sendo elas: Planalto Serrano Catarinense: desenvolvimento territorial; educação, cultura e políticas públicas. Trabalho, educação e sistemas produtivos; democracia, cidadania e sociedade; saúde, ambiente e qualidade de vida; ciência, política e tecnologia.

As novas linhas de pesquisa são trabalhadas nos cursos de graduação e pós-graduação da UNIPLAC, priorizando o foco principal na relevância social e científica no ensino e na extensão dos cursos, utilizando os quatro pilares da educação: aprender a conhecer, aprender a fazer, aprender a viver junto e aprender a ser.

Deste modo, o curso de música da Universidade do Planalto Catarinense (UNIPLAC) busca formar um profissional investigativo e criativo, com sensibilidade artístico-musical desenvolvida a partir das experiências práticas e pesquisas do conhecimento da música e da educação musical de maneira criativa e transformadora. Um profissional pedagógico competente, criativo que, com a tecnologia e o meio social, possa desenvolver as atividades educacionais no âmbito escolar da melhor forma possível.

O objetivo principal do curso de música da UNIPLAC é:

> Formar professores de música com conhecimentos, habilidades, competências e aptidões específicas em Educação Musical necessárias para ensinar música em qualquer contexto, incluindo a Educação Básica, e outros ambientes formais e não-formais, seguindo um perfil profissional voltado para a reflexão, o saber crítico e a atuação contextualizada (UNIPLAC, 2012, p. 16).

Os objetivos específicos do curso de música propõem ao profissional atuar como professor de Educação Musical em unidades escolares da Educação Básica formal e não formal, desenvolver pesquisas referentes à música e seu ensino, atuar em contextos artísticos e proporcionar o crescimento cultural da comunidade local.

A metodologia do curso de música da UNIPLAC está embasada na resolução CNE/CP 2, de 19 de fevereiro de 2002, que institui a duração e a carga-horária dos cursos de Licenciaturas, de Graduação Plena, de Formação de Professores da Educação Básica em Nível Superior, contendo, no mínimo, 2.800 (duas mil e oitocentas) horas, nas quais a articulação teoria--prática garanta, nos termos do Projeto Pedagógico, 400 (quatrocentas) horas de práticas vivenciadas durante o curso, 400 (quatrocentas) horas de estágio curricular supervisionado, a partir da segunda metade do curso, 1800 (mil e oitocentas) horas de aula para os conhecimentos científicos e 200 (duzentas) horas para outras atividades acadêmico-científico-culturais durante o período de realização do curso.

O graduado na licenciatura em música com formação na UNIPLAC deverá ter aptidão para lecionar na educação básica, projetos culturais, coros, bandas, orquestras, dentre outras formações musicais, proporcionando um aprendizado competente e coerente com a formação básica necessária para a formação educacional e prática dos discentes.

A organização curricular do curso de música é disciplinar e, no 1º semestre, a estratégia para organização dos conteúdos a serem trabalhados é através do "mapa conceitual". A partir do 3º semestre, a articulação acontece por meio do planejamento e a disciplina de Pesquisa e Prática Pedagógica sustenta a prática como componente curricular e a pesquisa como princípio para formar o profissional, usando, assim, a teoria e a prática de forma que uma complemente a necessidade da outra para o melhor entendimento musical, conforme as Diretrizes Curriculares Nacionais (LDB) para a formação de professores de Educação Básica. Dentre os requisitos necessários para a formação do professor de música, a UNIPLAC inseriu na sua proposta curricular o ensino visando a aprendizagem do aluno, o exercício de atividades de enriquecimento cultural, o aprimoramento em práticas investigativas, a elaboração e a execução de projetos de desenvolvimento dos conteúdos curriculares, o uso de tecnologias de informação e da comunicação e de metodologias, estratégias e materiais de apoio inovadores, o desenvolvimento de hábitos de colaboração e de trabalho em equipe.

A disciplina de Pesquisa e Prática Pedagógica constitui-se num eixo articulador das licenciaturas especificamente neste curso, conectando interdisciplinarmente com as demais áreas. A iniciação à pesquisa científica proporciona ao acadêmico as competências necessárias conforme as necessidades contemporâneas, ampliando a formação do profissional crítico e reflexivo. Assim, seus estudos teóricos e práticos, desenvolvidos por meio da disciplina de estágio curricular obrigatório, serão aplicados no ensino fundamental 1 e 2 e, num ambiente social não-formal, como teste metodológico educacional e prática musical, seguindo orientações e o acompanhamento supervisionado de um professor orientador para auxílio na elaboração e reorganização das atividades aplicadas.

A formação do educador musical pela Universidade do Planalto Catarinense – UNIPLAC também pode ser realizada à distância, conforme a Resolução CEE nº 061, de 22 de agosto de 2006 (p. 52), que estabelece a Educação a Distância como um processo de ensino-aprendizagem com mediação docente e de recursos didáticos sistematicamente organizados.

Os professores da disciplina de educação musical desenvolvem as atividades curriculares com base na sua formação acadêmica e também de acordo com os Parâmetros Curriculares Nacionais – PCN referentes às séries iniciais e finais do ensino fundamental.

O material como referencial teórico trabalhado na academia é abrangente. Alguns pedagogos e educadores musicais que revolucionaram as teorias da educação são abordados durante a formação acadêmica. Os conceitos e metodologias de pesquisa são expostos aos licenciados como direcionamento inicial e pós-acadêmico, enriquecendo o conhecimento para a atuação e a continuação do desenvolvimento profissional como professor pesquisador atuante escolar.

Acerca da relação "músico" [...], professor, acadêmico e o instrumento musical", lembramos que, na universidade, o professor responsável pela formação acadêmica possui no seu currículo o Bacharelado em algum instrumento musical, assim, mantendo-se sem preparação didática pedagógica em sua grade de formação. O músico instrumentista é professor do seu instrumento, conhece as técnicas de execução, possui um repertório qualificado e diversificado, mas é preparado para aulas isoladas, individuais, e a licenciatura em música segue um cronograma de ensino, as aulas são coletivas, os instrumentos musicais são escassos, então, pode haver dificuldades para a didática do professor e o aprendizado do aluno. A respeito desse assunto, Fonterrada ressalta que:

> Conscientes dessa lacuna em sua formação, alguns músicos a complementam com cursos de extensão na área da Educação, outros criam maneiras pessoais de conduzir o ensino-aprendizado do instrumento musical, muitas vezes desenvolvendo trabalhos intuitivos que apresentam resultados positivos sem a necessidade de conhecimento teórico específico (FONTERRADA, 2007).

É importante que o professor instrumentista conclua posteriormente a licenciatura em música, assim ampliará o seu conhecimento e o seu campo de trabalho.

A Universidade do Planalto Catarinense – UNIPLAC, no curso de licenciatura em música, possui mais professores bacharéis do que com licenciatura, e os acadêmicos seguem essa linha de estudo. É apresentada a técnica de execução instrumental, a história do instrumento e o acadêmico escolhe uma peça musical para estudo de execução prática pela qual será avaliado.

A universidade fornece o conhecimento básico sobre flauta doce, canto coral, teclado e violão, mas o aperfeiçoamento em relação à execução da performance instrumental requer que o acadêmico continue os estudos, optando por frequentar um conservatório ou o curso de Bacharelado no instrumento de sua escolha.

O ensino da música no Brasil está fora das escolas há vários anos, então o processo de adaptação para que haja pessoas preparadas para o ensino e a aprendizagem de música nas escolas será lento, tendo em vista a falta de profissionais capacitados.

Segundo Fonterrada (2005, p. 211): "Como falar em ensino de música quando há trinta anos já não há música na escola, no sistema educacional brasileiro?" O município de Lages disponibiliza instrumentos musicais para as escolas com os recursos do estado, por meio do MEC, que mantém o Programa Mais Educação[2], com a oficina de fanfarra, na qual alguns professores de música estão primeiramente trabalhando, deixando de assumir a disciplina específica de música, que na atualidade está ocupada entre a maioria das escolas municipais pela disciplina de artes visuais.

A Universidade do Planalto Catarinense – UNIPLAC é uma das instituições responsáveis pela capacitação dos profissionais em licenciatura em música na região sul de Santa Catarina.

O ensino da música na escola está renascendo aos poucos. A legislação foi assinada em 2008, e, de lá para cá, algumas escolas estão se adequando à disciplina. O estudo referente à música é abrangente e o professor responsável será inovador, reflexivo e dinâmico para interagir de forma criativa, contribuindo para que o desenvolvimento do aluno seja gradual e significativo.

A partir das leituras e das reflexões com base em autores em educação musical, observamos que o processo da educação musical é lento, pois grande parte dos professores atuantes nas redes de ensino municipal, estadual e privada não teve, em sua formação escolar, a disciplina de educação musical.

Com isso, pode-se concluir que a UNIPLAC está buscando aperfeiçoamento didático, pedagógico e instrumental de qualidade, investindo em professores, mestres e doutores com experiência profissional em outros estados do Brasil e com especialização internacional. Alguns desses profissionais são atuantes na educação acadêmica ou no ensino fundamental e também trabalham como músicos profissionais.

Entende-se que a formação acadêmica é um leque de conhecimento e por meio dela o futuro profissional terá as direções para poder se orientar de acordo com as necessidades em relação ao ensino da música na escola.

O trabalho mostrou que o professor de música está sempre em processo de aprendizagem e que a universidade é apenas o começo para a grande aventura do conhecimento musical. Assim, independente da instituição de formação acadêmica, é de extrema importância que o futuro professor e o profissional já habilitado continuem seus estudos, buscando sempre novas formas e possibilidades para que o desenvolvimento do ensino da música seja cada vez mais acessível à sociedade, tenha mais qualidade e que a música permaneça no currículo obrigatório escolar.

---

2   O Programa Mais Educação, instituído pela Portaria Interministerial nº 17/2007 e regulamentado pelo Decreto 7.083/10, constitui-se como estratégia do Ministério da Educação para induzir a ampliação da jornada escolar e a organização curricular na perspectiva da Educação Integral.

REFERÊNCIAS

BARROS, A. J. P. de; LEHFELD, N. A. S. **Projeto de pesquisa**: propostas metodológicas. Petrópolis: Vozes, 2003.

BEYER, E.; KEBACH, P. **Pedagogia da música**: experiências de apreciação musical. Porto Alegre: Intersaberes, 2009.

CHIZZOTTI, A. **Pesquisa em ciências humanas e sociais**. 5. ed. São Paulo: Cortez, p. 105, 2001.

DEMO, P. **Pesquisa**: princípio científico e educativo. 2. ed. São Paulo: Cortez/Autores Associados, 1991.

FONTERRADA, M. T. O. **De tramas e fios**: um ensaio sobre música e educação. São Paulo: UNESP, 2005.

FONTERRADA, M. T. O.; GLASER, S. Músico-Professor: uma questão complexa. **Revista Eletrônica da UFG**, v. 7, n. 1, 2007. Disponível em: http://revistas.ufg.br/index.php/musica/article/view/1741/12170. Acesso em: 16 nov. 2015.

MATEIRO, T.; ILARI, B. **Pedagogias em educação musical**. Curitiba: Ibpex, 2011.

MATEIRO, T.; SOUZA, J. **Práticas de ensinar música**. 2. ed. Porto Alegre: Sulina, 2009.

PENNA, M. **Música(s) e seu ensino**. 2. ed. rev. e ampl. Porto Alegre: Sulina, 2014. 247p.

A MÚSICA NA ESCOLA E A CULTURA REGIONAL

Antonio Horalcidio Andrade Schlischting
Lurdes Caron

A música está sempre presente na vida do ser humano, porque qualquer barulho, ruído ou vibração pode ser música. Todo o som da natureza passa por nossos ouvidos, portanto, mesmo que muitos não percebam, é impossível viver sem ela.

A música auxilia em várias áreas de compreensão da criança, influenciando tanto no seu desenvolvimento psíquico quanto, por consequência, nas suas relações sociais.

Com essa noção, este estudo teve como principal objetivo desenvolver a música na escola visando a formação do cidadão e a preservação da cultura regional. E como objetivos específicos, trabalhar a educação musical na educação básica como parte integrante da formação do educando; contribuir, por meio da música, para o desenvolvimento da sensibilidade e o aprimoramento do senso estético; refletir sobre o papel da música na escola, resgatando músicas de diferentes culturas, estilos musicais, épocas e tendências.

Tratou-se de uma pesquisa de abordagem qualitativa, com base em pesquisa bibliográfica, fundamentada em ideias de autores como Silva (2011) e Ilari (2011).

Esta pesquisa possui relevância por tratar como a música pode ser trabalhada na escola, valorizando a cultura regional, já que a realidade da música dentro do ambiente escolar é algo ainda complicado, por não haver espaço e ideias que sejam um norte para o ensino, assim como a valorização da cultura, que é pouco explorada em qualquer área. Desse modo, com essa pesquisa, obtivemos esclarecimentos de como a música pode ser trabalhada na escola sem deixar de lado os valores da nossa realidade.

A música contribui para a formação global do ser humano. Silva traz a ideia de Kodály, para quem

> [...] a música colabora na formação total do ser humano, tornando-se parte de seu dia a dia na convivência social (ou profissional) daqueles que dela participam (Choksy, 1974). Nesse sentido, o uso da voz como ponto de partida para a musicalização permite que o ensino aconteça em grupo e possibilita a inclusão de participantes, independentemente de seu poder aquisitivo, pois não há necessidade de adquirir um instrumento (KODÁLY *apud* SILVA, 2011, p. 66).

E ainda, afirma que "[...] o principal meio de acesso à música é o uso da voz, o cantar, disponível a qualquer pessoa e presente durante toda sua vida. Em sua metodologia, é cantando que o aluno se expressa musicalmente e desenvolve a habilidade de ler e compor música" (SILVA, 2011, p. 68).

Esse método proposto por Kodály funciona da seguinte forma: o aluno, cantando e repetindo as canções, começa a gostar e participar do trabalho em grupo, ouvindo a voz dos colegas, educando, assim, a própria voz.

A música exerce grande influência sobre a criança e constitui uma possibilidade expressiva privilegiada, uma vez que atinge diretamente sua sensibilidade afetiva e emocional. Cabe ao educador enriquecer seu repertório musical com discos e materiais para serem explorados. Nesse caso, seu trabalho será o de ser criativo, despertando a motivação da criança, pois, segundo Fialho e Araldi (2011, p. 160), "[...] o processo de educar para a música não é rápido e demanda do professor conhecimentos de teorias e práticas que considerem o desenvolvimento psicológico do ser humano".

A música na escola é fundamental para crianças de qualquer idade. Ajuda no desenvolvimento infantil, mas, para isso, é preciso que haja espaços, salas próprias e professores preparados. As crianças gostam de acompanhar as músicas com o movimento do corpo, palmas, sapateados, danças, volteio de cabeça. É a partir dessa relação entre o gesto e o som que a criança, ouvindo, cantando, imitando, dançando, constrói seu conhecimento sobre a música. Por essa razão, o educador precisa respeitar o nível de conhecimento em que a criança se encontra, adaptando as atividades ao seu desenvolvimento auditivo.

Ilari (2011) afirma que

> [...] as crianças aprendem na seguinte ordem: ouvir, olhar e tocar na abordagem original, as crianças devem começar a tocar de ouvido e só quando ficarem maiores é que aprendem a ler partituras. Isso faz sentido se considerarmos o desenvolvimento cognitivo da criança pré-escolar que está desenvolvimento sua capacidade de abstração e aprendendo a lidar com os símbolos de sua cultura (ILARI, 2011, p. 200).

Então, acredito que a música pode ser ouvida, sentida e tocada. É tocando que aprendemos e fazemos música. Também acredito no talento e já tive várias experiências com alunos talentosos, por isso acredito que o ouvido é fundamental para a aprendizagem musical. A partitura pode vir depois.

A escuta envolve interesse, motivação e atenção. Escutando, selecionamos aquilo que nos interessa. Dessa maneira, podemos perceber, na música, seus elementos constituintes, como tonalidade, timbre, andamento, ritmo etc.

Para Bourscheidt e Palheiros (2011),

> [...] a criança deve estar constantemente sendo convidada a criar e improvisar por meio de sua voz, do seu corpo e dos instrumentos, de modo a expressar-se musicalmente e comunicar-se através da música [...]. Jamais uma criança deve ser excluída do grupo mas sim inserida na experiência musical com os colegas que tem mais dificuldades. Assim, a criança se sente parte integrante do grupo fazendo música em conjunto (BOURSCHEIDT; PALHEIROS, 2011, p. 308).

Com isso, se tem a ideia de que o professor ajuda o aluno a fazer os próprios improvisos e testar suas capacidades. A criança que tem dificuldade na disciplina musical não pode ser excluída. Ela precisa do apoio de todo o grupo para que tenha o prazer e a alegria de fazer a música acontecer.

Por isso, é interessante gravar o trabalho da criança para que ela o escute posteriormente. Escutando a si, a criança desenvolve a capacidade de produzir resultados na aprendizagem, atos que, com o tempo, passa a realizar durante a própria execução. Ao ouvir analiticamente sua própria música e a de outros, a criança constrói seu espírito crítico. A alegria de escutar os discos que gosta e o desejo de ouvir música na companhia de outras pessoas faz pensar que, no fundo do eu, somos um nós.

A alegria de fazer música juntos cria, pouco a pouco, uma diversidade na qual cada parte encontra apoio nas outras e se fortalece com as outras culturas. Assim, é possível mostrar recursos próprios, que podem se tornar um bem e um laço entre todos.

Os alunos podem aprender a viver uma união musical do indivíduo com o grupo que resulte num desabrochar do indivíduo em grupo. Desse modo, conseguem dividir, o que é a forma mais satisfatória de respeitar, ou seja, cada um pode ter a sua parte da música e é talvez nela que estejamos mais inteiros.

Cabe lembrar que a cultura Regional é a identidade de um povo, seus costumes, o linguajar, as tradições, o que cada pessoa aprendeu com os antepassados. Compreende-se, portanto, que a cultura é um fator decisivo no funcionamento organizacional.

A realidade brasileira é constituída por uma construção histórica e social que reúne uma profusão de tradições, línguas, etnias, costumes, visões de mundo e de comportamentos que expressam modos de ser e de relacionamentos distintos, identificando a pluralidade cultural como uma das grandes características deste país.

A educação tem como finalidade promover mudanças desejáveis e estáveis nos indivíduos, mudanças que favoreçam o desenvolvimento integral do homem e da sociedade. A educação como um processo contínuo acompanha, assiste e marca o desenvolvimento do indivíduo e desenvolve a transmissão da herança cultural.

Desse modo, os sistemas educativos acabam por ilustrar os valores que orientam a sociedade e que esta deseja transmitir. Nesse contexto, a música reflete o caráter multicultural da sociedade e a educação musical pode cumprir o papel de promover o intercâmbio entre as diferentes manifestações da cultura. Na percepção de Pereira e Figueiredo, "[...] os gostos musicais se vinculam à experiência musical e extramusical do indivíduo e, sendo assim, o modo como ele percebe a música é condicionado pelas suas vivências culturais" (PEREIRA; FIGUEIREDO, 2018, p. 316).

A música é capaz de distender e contrair, de expandir e suspender, condensar e deslocar aqueles acentos que acompanham todas as percepções. Assim:

> Qualquer que seja a importância da música na educação escolar, ela deve estar contida em uma elaboração de objetivos gerais da educação escolar para que satisfaça os objetivos deste trabalho e possa arrogar justificativa de inclusão na educação escolar (PEREIRA; FIGUEIREDO, 2018, p. 317).

Cada povo tem seu patrimônio cultural, portanto, é de suma importância conhecer e valorizar o que é específico da cultura de cada sociedade. Essa ideia é consoante ao registrado nos Parâmetros Curriculares Nacionais:

> Conhecer e valorizar a pluralidade do patrimônio sociocultural brasileiro, bem como povos e nações, posicionando-se contra qualquer discriminação baseada em diferenças culturais, de classes sociais, de crenças, de sexo, de etnia ou outras características individuais e sociais (BRASIL, 1998, p. 7).

Frente às colocações de Pereira e Figueiredo e o texto dos PCN, nos cabe interpretar e apreciar músicas do próprio meio sociocultural, bem como, as nacionais e internacionais que fazem parte do conhecimento musical construído pela humanidade no decorrer da história e nos diferentes espaços geográficos, estabelecendo inter-relações com outras modalidades artísticas e demais áreas do conhecimento.

Enfim, posso afirmar, com esse trabalho de pesquisa aprendi que a música é uma forma de expressão que permite ao ser humano manifestar sentimentos e ideias por meio do som e do silêncio.

A música apresenta um papel fundamental na vida do ser humano, contribuindo para o desenvolvimento das áreas psicomotoras, socioafetivas, cognitivas e linguísticas, favorecendo a aprendizagem, a criatividade e o senso rítmico. Por meio da música, pode-se desenvolver várias habilidades que vão desde a linguagem e até à memória, especialmente por parte das crianças, pois trata-se de uma das ferramentas mais potentes para estimular determinados circuitos do cérebro e contribuir no processo de aquisição e aprimoramento da linguagem e da comunicação.

A música está presente em nossa vida desde o momento em que começamos a nos desenvolver socialmente. Visando a formação do cidadão, ela possibilita que as crianças aprendam a utilizar e a cuidar da voz como meio de expressão e comunicação. Essa compreensão tem respaldo em estudos psicológicos ou observacionais que comprovam a importância da música para a formação de um ser em diferentes fases da vida, sobretudo na infância.

REFERÊNCIAS

BARROS, A. J. **Projeto de pesquisa**: propostas metodológicas. 13. ed. Petrópolis: Editora Veja, 2002.

ILARI, B.; MONTEIRO, T. (org.). **Pedagogias em educação musical**. Curitiba: Ibpex, 2011.

PEREIRA, E. S.; FIGUEIREDO, S. L. F. **Fundamentos sociológicos da educação musical escolar**. **DA Pesquisa**, [S. l.], v. 5, n. 7, p. 318-332, 2018. DOI: 10.5965/1808312905072010318. Disponível em: https://www.revistas.udesc.br/index.php/dapesquisa/article/view/14101.

DESPERTAR DA PULSAÇÃO RUMO AO SABER MUSICAL

Alexandre Bittencourt Bueno

Desde os primeiros momentos que tomamos contato com a música, quase que também de imediato vem a questão de que música é um dom, uma dádiva dos "céus". Nesse contexto, nos vislumbramos com um professor apenas transmissor de informações, apoiado em um material jamais voltado para o aluno ou, pelo menos, para o músico amador.

De repente, nessa caminhada, o sonho da música acorda na realidade de um labirinto, dispersando, assim, a oportunidade de toda uma sociedade vivenciar, por menor que seja, o momento de cada um fazer um pouco de música.

Nesse panorama, a música vai surgindo aos poucos, face à didática ao abordá-la. Assim, em uma vivência musical voltada para a educação musical, conseguimos, com o auxílio do tempo da pesquisa e da necessidade do aluno, isolar a pulsação, estabelecendo-a como elemento gerador da música no indivíduo.

Definimos por pulsação o equilíbrio entre valores rítmicos, iguais ou desiguais, desde que dentro de uma métrica estabelecida mentalmente tanto de igualdade quanto de desigualdade. A partir desse raciocínio inicial, ancoramos todo o seguimento da nossa proposta de ensino musical, a qual denominamos "Despertar a pulsação: rumo ao saber musical".

Para realizarmos o afloramento desta ideia, contamos com os seguintes elementos como ferramentas didáticas no contexto entre aluno e professor: a prática do ritmo sugerida; a prática do ritmo improvisado; o canto natural, espontâneo; a derivação das práticas acima em trabalhos mais elaborados em grupos, tais como composições coletivas envolvendo textos e poemas.

É óbvio que esses elementos já existem, e de certa forma já são praticados ou pelo menos sugeridos em publicações atuais sobre o assunto. Porém, a nossa proposta é estabelecer um raciocínio inicial e sólido no educando, para que, a partir disso, ele possa navegar pelo oceano da música o tanto que quiser, sempre com autonomia, e nunca com o perigo de se afastar da lei eterna em música: Fazer música.

A composição deste ensaio se deu a partir de leituras, tendo como norte a pesquisa bibliográfica, entendendo a necessidade de primeiro aprendermos para depois podermos ensinar, conforme orientado por Pedro Demo (1991).

> [...] a grande maioria dos professores só ensina, seja porque não domina sofisticações técnicas da pesquisa, mas sobretudo porque admite a cisão

como algo dado. Faz a opção pelo ensino, e passa a vida contando aos alunos o que aprendeu outrem, imitando e reproduzindo subsidiariamente (DEMO, 1991, p. 12-13).

Conhecer significa conceber o assunto em cada momento que este venha à tona. Eis o papel do professor, conhecer para conceber um mesmo assunto por meio de muitas formas e realidades, a fim de que o aluno seja plenamente atendido. Segundo Demo, "[...] mais degradante ainda é o professor que nunca foi além da posição de discípulo, porque não sabe elaborar ciência com as próprias mãos. Como caricatura parasitária que é, reproduz isso no aluno" (DEMO, 1991, p. 17).

Conforme entende Barros (2002), a reflexão é o único veículo viável de o homem compor seu contorno. Então, o professor de música cumpre o papel de elaborar o conhecimento de acordo com a realidade que o cerca, ou melhor, a realidade do aluno. Isso pode ser realizado com atividades de canto lúdico, por meio de paródias sobre melodias de fácil compreensão, possibilitando a prática de vários fundamentos musicais sem a contextualização destes.

As atividades a serem desenvolvidas podem ser declamação rítmica, usando palavras indígenas e numerais para substituí-las, em seguida, por figuras rítmicas, sempre frisando ao aluno que todo ritmo é uma ação dentro da pulsação e, ainda, a improvisação coletiva com elementos rítmicos e sonoros. Adicionalmente, os alunos podem ser estimulados a fazer composições sobre as melodias conhecidas, dada a atividade proposta na paródia, possibilitando a longo prazo a capacidade de fazerem as próprias músicas.

No decorrer do processo, as atividades podem ser ampliadas progressiva e didaticamente com a introdução de novos elementos musicais e sonoros que surgirem de acordo com o desenvolvimento pedagógico da turma, dando ao método utilizado um caráter de flexibilidade e dinamismo de acordo com a assimilação de cada turma.

A música, assim como a vida, é um patrimônio da humanidade, e tal como a vida está na pessoa, a música também existe em cada um de nós. Ao pensar nesse contexto, a tarefa do professor de música nada mais é do que despertar em cada um dos seus alunos a porção musical guardada, ou retida em cada um. Isso porque, segundo Endler (2007, p. 1), "[...] todos os seres humanos têm cérebro musical, ou seja, a música é parte da natureza humana".

A música é, em última análise, o agir, o ato, a vida em si a fluir por todo o universo. A vida flui, a vida é, com início, meio e fim. Assim também acontece com o som vindo da natureza e, por consequência, o som como meio de expressão do ser humano. Quando o ser humano descobre isso em si, faz do som sua visão, do ritmo seu coração, e de tudo que vive sua melodia, unindo todo o universo por um único fio, em indizível unidade.

Uma tarefa que seria simples, de repente se torna um grande conflito intelectual entre aluno e professor, visto o mar de informações que, na maioria das vezes, torna-se abismo, separando o aluno da própria musicalidade contida em si.

De acordo com Arnoni *et al.* (2003)

> [...] a especialidade da Didática é tornar compreensível ao aluno aquilo que o professor pretende explicar, pois seu objeto é o ensino. Portanto, ela tem a função de contribuir para a redução do fracasso escolar, por meio da instrumentalização dos professores, no sentido de estes buscarem incessantemente em sua prática pedagógica uma ação transformadora de ensinar-aprender (MONTEIRO, 2003 *apud* ARNONI *et al.*, 2003, p. 520).

Para tentar compreender, então, o que cerca, e que acaba distanciando professor e aluno, em primeiro lugar, temos a mídia veiculando a todo o momento o que se pode chamar de "lixo" musical. De acordo com Schafer,

> [...] a paisagem sonora do mundo está mudando. O homem moderno começa a habitar um mundo que tem um ambiente acústico radicalmente diverso de qualquer outro que tenha conhecido até aqui. Esses novos sons, que diferem em qualidade e intensidade daqueles do passado, têm alertado muitos pesquisadores quanto aos perigos de uma difusão indiscriminada e imperialista de sons, em maior quantidade e volume, em cada reduto da vida humana (SCHAFER, 2001, p. 17).

A maioria da humanidade vive uma descontemplação de si. Isso porque o homem, em seu egoísmo, afasta-se cada vez mais do universo que habita e de si mesmo. Isso tudo se expressa também pelo som, sendo que não é nada difícil ouvirmos essa "música" denunciando e descrevendo tal ação humana.

Retornando ao âmbito do professor, há um material pronto, considerado como o único a ser adotado para se ensinar música. Sob esse prisma, podemos dizer que o livro didático por si só não cumpre o papel da Didática na construção da identidade do aluno, pois pouco alcança esse sujeito em sua realidade social e musical.

Para Pimenta (1997), a construção da identidade é um processo de construção do sujeito historicamente situado. A identidade de um povo, ou das pessoas em si, é tudo o que pode contribuir para mudar uma realidade. Quanto mais despercebido de si o homem permanece, maior será o desequilíbrio do universo em seu todo.

Nesse sentido, Monteiro (2003) ressalta que,

> [...] tratando-se da ação educativa, esta se dirige sempre de um ser humano singular (o educando), é dirigida por outro ser humano singular

(o professor) e se realiza sempre em condições singulares (o contexto em que ambos estão inseridos). No entanto, essa singularidade não existe independente da história social e, por conseguinte, a formação de todo ser humano sintetiza todo um conjunto de elementos produzidos pela história humana (ARNONI *et al.*, 2003, p. 521).

No campo musical entre professor e aluno, o aprendizado musical funciona em grande parte mais como uma cerca entre ambos do que como instruções que gerem o pensamento musical desse aluno.

Ao mergulharmos neste material teórico, colhemos nele toda uma intenção "europeia", em querer se impor como modelo único de educação musical. Contudo, o professor de música precisa superar isso:

> Ou seja, o professor, consciente dos fundamentos teóricos da sua área de formação (específicos e pedagógicos), elabora sua prática, a fim de transformar o aluno em um sujeito que responda às exigências contemporâneas, tais como: analisar, interpretar, avaliar, sintetizar, comunicar, usar diferentes linguagens, estabelecer relações, propor soluções inovadoras para as situações com as quais defronta etc. Essa ação transformadora é fundamental ao trabalho docente (ARNONI *et al.*, 2003, p. 521).

Ainda estamos longe dessa realidade, por certo, porque há uma distância considerável da autêntica educação musical. O aluno músico vive engessado, não consegue se expandir traduzindo o próprio pensamento. Nesse meio, ao invés de aprender a se expressar, ele (o aluno), desde sempre, só aprende a reproduzir.

Para uma população com descendência mais direta da Europa, essa visão de educação até tem certo sentido, porém, a população brasileira nada tem a ver com a tradição europeia. Basta observar para entender que o inconsciente do povo brasileiro é alegre, ensolarado, cheio de sonoridade. Olhar para o povo brasileiro é o mesmo que olhar para a diversidade e a riqueza geográfica desta terra. Isso transformado em música nada tem a ver com a sisuda e importada cultura europeia.

Então, eis a questão: Onde está a "voz" deste povo, a musicalidade deste povo? Um exemplo de musicalidade está, por exemplo, esquecido no mapa-múndi, no continente africano, cujo povo, sofrido desde sempre, traz consigo um despertar musical incrível, que vem de dentro de cada pessoa e que revela uma musicalidade que assombra o mundo.

Segundo Schuller (1970):

> Não surpreende, portanto, que nem mesmo exista nas línguas africanas a palavra "arte". Tampouco a divide o africano em categorias separadas.

> O folclore, a música, a dança, a escultura e a pintura funcionam como unidade genérica total, servindo não apenas à religião, mas a todas as fases da vida diária, abrangendo nascimento, morte, trabalho e diversão (SCHULLER, 1970, p. 19).

Voltando ao território professor e aluno, já temos entre eles a mídia, a cultura europeia e a musicalidade sensacional e espontânea do povo africano.

Sabemos que no campo da educação o espontâneo, o natural, ou seja, o aprender é o despertar naturalmente, pois a capacidade e a criatividade são inatas, sendo o papel do professor ativar esse mecanismo.

Então, chegamos a seguinte equação: Professor de música, aluno não desperto musicalmente, mídia musical, cultura europeia, musicalidade espontânea e nata dos negros, como também dos índios.

> 1) Não há coisa errada em música a não ser aquilo que não se pode executar; errado é sempre errado relativo a alguma coisa; o errado absoluto em música não existe. 2) Não acredite em nada que o professor diz; não acredite em nada que os professores dizem; não acredite em nada que você lê; não acredite em nada que você pensa; em outras palavras questione sempre. 3) Pergunte sempre: porquê? Se o professor não pode explicar o porquê, precisa então pensar um pouco! (KOELLREUTTER, 1990 *apud* PAZ, 2000, p. 222).

A partir desse pensamento, entende-se que o aluno de música raramente teria um diálogo com seu professor. Reproduzir sim, pensar, criar, nunca. Criar na realidade do aluno? Isso não existe, pois toda criação musical gira em torno da estética europeia. Contudo, embora não veiculada, existe uma criação informal que, se tivesse auxílio "científico", poderíamos ter evidências do quão grande é a voz do povo brasileiro.

Entenda-se por cultura europeia aquela ideia de que só é músico quem toca ou estuda músicas europeias, e toda teoria e harmonia derivam ou são oriundas dela. O Brasil possui ótimos autores, que inclusive tratam a cultura musical europeia com um enfoque totalmente diferente, tal como Frei Pedro Sinzing, que escreveu métodos de harmonia e contraponto totalmente acessíveis a todos, despojando-se, assim, de toda erudição que veste tais assuntos. E isso, há quase cem anos.

Vamos colocar aqui cultura europeia como a forma vigente de educação musical que ocorre entre nós, de acordo com a realidade de cada cidade brasileira. E, então perguntamos: como ordenar isso no sentido de que o aluno se torne desperto musicalmente, repudiando a mídia comercial musical, sabendo usar a cultura europeia disponível ao seu alcance para ativar sua criatividade e capacidade musical, sua brasilidade, tal como os negros, músicos natos e com espantosa criatividade? Trabalhando com a sensibilidade musical inata, conforme já abordamos, situando que sensibilidade vem de sensível, sensitivo, ou seja,

> [...] (do grego aisthetikós = sensível, sensitivo) parte da filosofia que estuda as condições e os efeitos da criação e da criatividade artística. Estudo racional e fenomenológico da expressão artística quer quanto às possibilidades de sua conceituação (estética objetiva), quer quanto à diversidade de emoções e sentimentos que suscita no homem (estética subjetiva) (KOELLREUTTER, 1990, p. 54).

Em termos de vida, as portas estão abertas para o homem trilhar a trajetória musical que por ele fluir, porém, em termos de mundo, o próprio homem inibe esta manifestação, justamente impondo padrões estéticos musicais para serem trilhados numa espécie de "ditadura" intelectual para garantir vantagens a uns poucos, gerando uma massa com pouca instrução de expressão.

No Brasil, o maior momento de educação musical foi, sem dúvida, o canto orfeônico, coordenado por Villa-Lobos. Porém, o currículo do canto orfeônico era totalmente de enfoque europeu, visto o predomínio da teoria musical europeia, tornando-se, com o tempo, um instrumento de educação musical obsoleto, por não atingir a essência do povo brasileiro em geral em quem predomina a origem negra e indígena. Nenhum aluno quer apenas reproduzir, mas, sim, fazer música com autonomia.

De acordo com Koellreutter (1997, p. 64): "A teoria da música tradicional era reflexo de um pensamento racionalista, pensamento que discrimina, divide, compara, mede, categoriza, classifica e analisa, criando dessa maneira, um mundo de distinções intelectuais e de opostos".

Pode-se dizer que essa teoria da música tradicional, a partir deste pensamento, continua cerceando estudantes que querem ser professores. Estes, quando deparados entre a velha teoria e a realidade de ensinar no dia a dia, sentem-se despreparados, pois não encontram na velha teoria subsídios que embasem seus alunos que querem tocar, ou melhor, fazer música.

Embora seja estranho pensar sobre um público-alvo da educação musical, tendo em vista que estudar música virou algo de caráter superior, impregnando-se, assim, a ideia de que música é algo apenas para a população brasileira de pele branca, com ligação direta ou indireta com a Europa, pode-se questionar, a partir desses pressupostos: Quem é o público-alvo da educação? Quem são estas pessoas, esta sociedade, este povo? Quem é o povo brasileiro?

Buscamos em Ribeiro (1995) a seguinte definição:

> [...] essa massa de mulatos e caboclos, lusitanizados pela língua portuguesa que falavam, pela visão do mundo, foram plasmando a etnia brasileira e

promovendo, simultaneamente, sua intenção, na forma de um estado-nação. Estava já maduro quando recebe grandes contingentes de imigrantes europeus e japoneses, o que possibilita ir assimilando todos eles na condição de brasileiros genéricos (RIBEIRO, 1995, p. 448).

A segregação racial é um fato inegável também no Brasil. Nos cinturões de todas as cidades vive um povo, uma população totalmente abandonada em termos de educação, enquanto no círculo central de qualquer cidade há uma população que tem acesso à cidadania e que vive alheia à desigualdade social produzida historicamente e vigente nos dias atuais. Assim, a sociedade brasileira se ramifica em duas vertentes: a mulata e a cabocla, incluindo os índios, e a descendente dos imigrantes.

Ribeiro (1995) comenta a postura racial que ocorre por conta dessa segregação:

> [...] a atitude desses imigrantes é frequentemente de desprezo e incompreensão. Sua tendência é considerar que os brasileiros pobres são responsáveis por sua pobreza e de que o fator racial é que afunda na miséria os descendentes de índios e negros (RIBEIRO, 1995, p. 449).

Vivemos em uma terra onde seus verdadeiros donos permanecem, por meio dos seus descendentes, "aquartelados" social e culturalmente. Para Ribeiro: "Somos um povo em ser, impedido de sê-lo" (1995, p. 453). Essa afirmação transporta a realidade da educação musical e nos faz ver o quanto o povo brasileiro é tolhido em suas manifestações músico-culturais.

Antes de esperarmos essa reversão sob o aspecto político, deveríamos fazer da educação musical um instrumento que despertasse essa vertente tão genuína de um povo genuíno e original, mas que infelizmente vive numa realidade de abandono e descaso.

Ribeiro (1995, p. 205) define isso como "desculturação" e, assim, a cada dia cresce a distância entre o educando e o educador, proliferando com maior intensidade a desigualdade e a ausência de valores focados no indivíduo em si.

Sobre essa realidade, Ribeiro (1995) comenta que:

> A escola não ensina, a igreja não catequiza, os partidos não politizam. O que opera, é um monstruoso sistema de comunicação de massa fazendo a cabeça das pessoas. Impondo-lhes padrões de consumo inatingíveis, desejabilidades inalcançáveis, aprofundando mais a marginalidade dessas populações e seu pudor a violência (RIBEIRO, 1995, p. 207).

A realização da educação no Brasil ainda está longe (da realidade) do seu verdadeiro papel. O educador musical, diante disso, depara-se com o seguinte cenário: o de dar aulas para uma classe onde toda uma manifestação interna está totalmente reprimida e fora de cogitação na realidade de seus integrantes.

O desafio, então, é fazer com que esta porção da sociedade redescubra sua voz, seu ouvido, seu pulsar, sua visão, despertando, assim, sua verdadeira, e mais que natural, realidade. A música está dentro de cada ser e somente o indivíduo pode trazê-la à tona. Eis, portanto, o papel do educador musical: despertar esta vertente do seu educando.

Frente a isso, é indispensável ao professor despertar a música de cada um, antes que o padrão musical do mundo oculte isso, encobrindo a possibilidade de manifestação individual. Por isso propomos a música sem teoria, consequentemente, sem partitura. Em outras palavras, a música interna do indivíduo, antes da música externa a este indivíduo.

O despertar da pulsação interna de cada um, conscientemente, eis a mola mestra para, daí sim, a música do mundo entrar e sair por ele (indivíduo), passando de dominadora a dominada. Acreditamos que irá se estabelecer, desse modo, entre professor e aluno um território neutro, onde apenas os conhecimentos gerados e vivenciados vão procriar novos conhecimentos. De acordo com Brito, é necessário:

> Fontes sonoras para o fazer musical, construção de instrumentos musicais e objetos sonoros, trabalhando com a voz, descobrindo a voz, a canção, a escolha do repertório, a música da cultura infantil (acalantos, brincos, parlendas, brinquedos de roda, canções de nossa MPB), inventando canções, integrando sons e movimento, sugestões de atividades, jogos de improvisação, relatos de experiências, sonorização de histórias, elaborando arranjos, o registro/a notação musical e a escuta sonora e musical (BRITO, 2003, p. 20).

Significa despojar a erudição da música, tornando-a uma atividade lúdica, a fim de que o raciocínio não se extravie em detalhes (adereços), que numa segunda etapa podem até surgir, porém, sem atrapalhar.

Esta é a ideia de, por meio da pulsação, despertar em cada aluno uma naturalidade musical na qual ele (o aluno) passa a gerar novos saberes, que vão culminar numa formação musical livre e concisa, podendo, assim, desenvolver, direta ou indiretamente, toda uma atividade musical pela sua vida afora.

> A aula de arte traduz-se mais por um proporcionar condições metodológicas para que o aluno possa "exprimir-se" subjetiva e individualmente. Conhecer significa conhecer-se a si mesmo; o processo é fundamental, o produto não interessa. Visto como ser criativo, o aluno recebe todas as estimulações possíveis para expressar-se artisticamente. Esse "aprender

fazendo" o capacitaria a atuar cooperativamente na sociedade (FUSARI; FERRAZ, 1992, p. 36).

Infelizmente, o aluno de música raramente se exprime tal como a ideia proposta por Fusari e Ferraz. São tantas regras e exemplos a serem seguidos, que isso torna o ensino musical enfadonho, sem significado, chato, gerando a evasão escolar, inclusive no ensino superior.

Por tudo o que foi sinalizado, esta proposta consiste em gerar, no aluno, ritmo de células a frases e períodos; gerar sons; associar o ritmo à palavra; cantar naturalmente, como se estivesse falando. Num segundo momento, essas atividades do aluno são compartilhadas com os colegas de sala e estes passam a interagir com elas e, num terceiro momento, os alunos praticam isso tudo com o uso de instrumentos musicais.

Quanto à criação musical,

> [...] que esta seja uma constante na prática musical, não destinada a produzir obras primas, mas sim criações infantis, que possuem seu valor estético como tal, dentro da atividade lúdica, onde a criança poderá libertar sua Psique, acionar sua inteligência, exercitar suas possibilidades motoras, cantando, tocando e ganhando autoconfiança através de sua obra realizada (ALFAYA; PAREJO, 1987, p. 73).

O aluno de música, vindo a ser professor ou não, precisa adquirir voz própria para que a música ou seu saber musical gere uma espécie de trânsito livre. Com isso, essa arte pode chegar cada vez mais a todas as pessoas, nos diferentes segmentos sociais. Porém, o maior legado que um estudante de música pode ter é o de traduzir, por mais simples que seja, a música que há dentro de si. Este é o grande diferencial e que só pode ser realizado individualmente, por si, para si, ou seja, trazer à tona a música que há em cada um.

> [...] uma resposta seria porque os mitos que circulam essa música (mito de fazer música ideal e superior, do gênio, etc.) ajudam a manter um sistema de poder na e da sociedade ocidental (alguns podem mais do que outros porque lhes são superior). Mesmo no âmbito dessa música e de outras produzidas pelos diferentes grupos socioculturais no interior dos complexos urbano-industriais que vivemos (rock, rap, sertaneja, MPB, jazz) expressam consenso ou resistências a esse modelo de poder (capitalista, neoliberal). A música, como um sistema não só de signos, mas também como um sistema simbólico, perpetua ou rompe modelos socioculturais. A educação musical contribui para reproduzir esses modelos ou produzir alternativas (ARROYO *apud* KOELLREUTTER, 1997, p. 51).

Acima de tudo, o pensamento humano deve expandir-se fraternalmente nos sentidos horizontal (por toda a sociedade) e vertical (quando cada um exalta o máximo de si mesmo). Contudo, os modelos impostos na educação musical nada disso propõem. Querem apenas o aluno como mero reprodutor e consumidor da música dos ídolos, enquanto o educador musical se torna um agente intermediador entre essas duas pontas.

Diferente disso é o nosso propósito em relação à educação musical. É assim que acreditamos que a sociedade poderá ter mais voz, ou melhor, voz própria, pois onde cada um tem algo a dizer, a sociedade se torna fraterna e universal por si só, e essa é a razão e a meta única do homem, ter voz e ser feliz.

Pode-se dizer que o método de formação musical existe dentro de quatro círculos contidos um no outro. Esses círculos (ritmo, som, harmonia e observação) crescem, estacionam ou diminuem, até que haja entendimento por parte de todos, ou seja, eles crescem ou avançam segundo a compreensão do educando.

Eis aí o papel do educador: administrar a geração do raciocínio musical do aluno. O método, na verdade (os quatro círculos), é o "cérebro" dos educandos ali, naquele momento, e a função do educador é contribuir para o alargamento desses círculos para com os educandos.

Os elementos ritmo, som, harmonia e observações gerais sobre a música são os mesmos, porém, em cada turma, esses círculos vão acontecer de forma diferente, respeitando-se, assim, a criatividade individual e coletiva. A tarefa do educador é zelar por isso.

A mola mestra do nosso método é o professor, que, espera-se, esteja preparado para enfrentar uma sala de aula. Preparado para além da teoria convencional que norteia o assunto, o professor administrará um raciocínio musical e lançará sua pedra fundamental para, sobre ela, cada aluno compor o quociente musical que lhe cabe.

Como instrumento dessa "obra", dispomos de exercícios que já existem, porém consideramos como nossa a sistemática de usar e recriar essas práticas, no intuito do aluno espelhar-se nelas sempre que for interagir com música. Felizmente este sistema de ensino não é teórico, é extremamente prático, pois acreditamos que o homem precisa tanto da prática na vida quanto seu corpo necessita de água.

O material preestabelecido da aula de música acaba desfocando o alvo maior, que é o aprendizado do aluno. Ao invés de se trabalhar na dificuldade deste no tema abordado, muitas vezes o professor dialoga mais com o tema e consigo mesmo do que com o aluno quando trata sobre a temática do momento.

Entendemos, portanto, que o aluno não pode ser um mero reprodutor, baseado apenas no que ouviu ou leu, mas, sim, precisa ser autor dos próprios pensamentos, baseado não só no que ouviu ou leu, mas, principalmente, no que vivenciou.

Criatividade é tão vital quanto água para a vida, e isto, criatividade, é o produto final e a meta é fazer o aluno descobrir isso tudo nele mesmo. Quanto ao aluno, a respeito de seu contato com a música, isso não é problema, pois sabemos que há o sentido musical nele. Assim, nossa proposta se soma com a prática, pois nosso intuito é embasar a geração do raciocínio musical.

Sabemos que a ocorrência do saber sob a aura da esfera lúdica, além de tudo, desperta a criatividade, e isso se converte em muita alegria, pois os alunos desejam, simplesmente, agir, e isso é descobrir-se, é existir, e existir é a meta primeira do ser humano.

REFERÊNCIAS

ALFAYA, M.; PAREJO, E. **Musicalizar**: uma proposta para vivência dos elementos em música. São Paulo: Musimed, 1987.

ARNONI, M. E. B.; FARIA, L. C. M.; MONTEIRO, D. S.; MORIEL JÚNIOR, J. G. **Site de didática**: o ensino em questão. São José do Rio Preto: UNESP, 2003.

BARROS, A. J. **Projeto de pesquisa**: propostas metodológicas. 13. ed. Petrópolis: Editora Veja, 2002.

BRITO, T. A. de. **Música na educação infantil**: propostas para a formação integral da criança. São Paulo: Peirópolis, 2003.

DEMO, P. **Pesquisa**: princípio científico e educativo. São Paulo: Cortez/ Autores Associados, 1991.

ENDLER, D. R. C. **A rítmica de Dalcroze e a teoria das inteligências múltiplas de Gardner**: uma relação possível. Universidade Federal de Goiás, 2007. Trabalho apresentado no XVI Encontro Anual da ABEM e Congresso Regional da ISME na América Latina – 2007.

FUSARI, M. F. R.; FERRAZ, M. H. C. T. **Arte na educação escolar**. São Paulo: Cortez, 1992. (Coleção magistério 2º grau, Série formação geral).

KOELLREUTTER, H. J. Por uma nova teoria da música: por um novo ensino da teoria musical. *In:* KATER, C. (org.). **Cadernos de estudo**. Belo Horizonte: Atravez, 1997.

KOELLREUTTER, H. J. **Terminologia de uma nova estética da música**. Porto Alegre: Editora Movimento, 1990.

LEHFELD, N. A. S. **Projeto de pesquisa**: propostas metodológicas. 13. ed., Petrópolis: Editora Veja S/a, 2002.

OLIVEIRA, P. L. L. M. G. **Educação musical e algumas metodologias**: um estudo de abordagem teórica. Maringá, 2009. 119f. Dissertação. Programa de Pós-Graduação em Educação. Universidade Estadual de Maringá – UEM, Maringá, PR.

PAZ, E. A. **Pedagogia musical brasileira no século XX.** Metodologias e Tendências. Brasília: Editora Musimed, 2000.

RIBEIRO, D. **O povo brasileiro**: evolução e o sentido do Brasil. São Paulo: Companhia das Letras, 1995.

SCHAFER, R. M. **A afinação do mundo.** Tradução: Marisa Fonterrada. São Paulo: Editora Unesp, 2001.

SCHULLER, G. **O velho jazz**. São Paulo: Editora Cultrix, 1970.

MÚSICA POPULAR, VIOLÃO E VOZ NA EDUCAÇÃO MUSICAL DO ENSINO FUNDAMENTAL

Marcos Antônio Alves da Rosa

O primeiro contato que a criança pode ter com a música na escola, julga-se que seja por meio de canções lúdicas cantadas apenas com o auxílio do violão. O violão, por ser um instrumento de fácil transporte, facilita a aula, que pode ser feita em diferentes espaços físicos da escola e na sala de aula.

Quanto às canções, estas são de cunho folclórico, com temáticas diversas, contextualizadas pelo professor, e quanto à educação musical em si, o professor vai tratando dos problemas rítmicos e melódicos que as músicas vão apresentando.

Sabemos, hoje, o quão pouco as crianças praticam ritmo, melodia e voz, e ao mesmo tempo, o quanto isso é importante na formação musical das pessoas. Assim, nos propusemos a sustentar esses valores como base do nosso programa de Educação Musical.

O reflexo dessa forma de ensinar música é fazer com que a criança cante em todos os ambientes onde vive. Infelizmente, porém, no decorrer dos anos, a televisão foi tomando o tempo da criança e, hoje, o computador rouba mais ainda esse tempo.

Assim, o nosso intuito é fazer a criança descobrir o ritmo, a voz e principalmente o quão presentes eles estão (voz e ritmo) em sua vida, ao passo que o mundo moderno está cada vez mais tornando a criança ausente de si mesma. Não é nada difícil encontrar a droga, a criminalidade ou qualquer tipo de violência assolando a infância brasileira, ao passo que a arte cada vez mais se distancia do ambiente social brasileiro, visto a problemática social na qual a população vem cada a dia se envolvendo. O canto por si só é o despertar da criança, e o canto em grupo é o despertar da atividade fraterna coletiva.

E a música brasileira em si, sob o aspecto de matriz sonora, possui uma alegria duradoura e contagiante. Então, com esses elementos descritos, vislumbramos o nosso cenário de trabalho juntamente com a realidade da criança brasileira, que é o alvo deste estudo.

Para Demo (1997, p. 16): "Conhecimento é processo diário como a própria educação, que não começa e nem acaba". Assim vemos o nosso trabalho de Educação Musical frente à sala de aula. Partimos de uma pesquisa bibliográfica de abordagem qualitativa, que como a educação, conforme entende Demo, não começa, nem termina.

O processo de ensino musical do qual partimos, visto de fora, aparenta não ter propriedade nem fundamentação pedagógica, porém, apenas com violão, voz e a participação dos alunos podemos esculpir um imenso universo sonoro e rítmico, além de abordar com os alunos os aspectos internos que ocorrem nas músicas então praticadas.

Demo (1997, p. 18) entende que "[...] um dos instrumentos essenciais da criação é a pesquisa e o que conta, é aprender a criar". Defendemos por criar, o ato de o aluno cantar e praticar ritmo com significativo senso e afinação. Sob o ponto de vista que vemos a música popular, a criação, para nós, é isso, pois sabemos por senso comum que para o aluno dar o passo seguinte, que seria compor sua própria música, só chegará a esse patamar depois de conhecer ritmo e melodia geralmente praticada no lúdico da infância.

Este trabalho pode ser realizado da seguinte forma: o professor canta motivos rítmicos fazendo uma marcação com acordes no violão em qualquer ritmo. Por exemplo, enquanto marca uma marcha em dó maior, ele canta dois compassos de um ritmo qualquer e pede para os alunos repetirem. Essa atividade se desdobra, dividindo os alunos em grupos para novos exercícios que vão surgindo.

Outra atividade também seria a prática do canto por meio de pequenas frases compostas pelo professor, dominando-as com afinação regular numa oitava, o degrau seguinte seria a prática de pequenas canções.

Dentro desse universo, o desenrolar musical vai acontecendo por si só, cabendo ao professor orientar os alunos pedagogicamente, a fim de que tenham pleno aproveitamento do conteúdo então praticado. Para Demo (1991, p. 16), "[...] educar é sobretudo motivar a criatividade do próprio educando, para que surja um novo mestre, jamais o discípulo".

Essa é a ideia central da nossa metodologia de trabalho. Dificilmente vamos encontrar esse aluno amanhã, mas a aula de hoje foi com a intenção e a pedagogia para formarmos um mestre, e nunca um discípulo.

Como a criança gosta de brincar, correndo, jogando bola, se divertindo com seus colegas, assim pensamos que também pode ser com a música que ela vier a praticar, pois não conseguimos ver outra forma que não seja essa de legítima e verdadeira Educação Musical.

Ao professor de música, cabe administrar pedagogicamente esse desenrolar educativo sonoro. Segundo Orff (2011):

> O que é elementar? Elementar, em latim elementarius, quer dizer pertencente aos elementos, primeira matéria, primeiro princípio, relacionado ao princípio". Prosseguindo, o que é música elementar? Música elementar

> jamais será unicamente música, ela está interligada ao movimento, à dança e à linguagem, é aquela música, realizada pessoalmente pelo indivíduo, com a qual ele está vinculado como executante e não apenas como ouvinte. Ela é pré-espiritual, desconhece as grandes formas e a arquitetura, ela contém pequenas formas de sequencias, ostinati e pequenos rondós. Música elementar está à flor da terra, é natural, corpórea, pode ser aprendida e vivenciada por todos, é adequada à criança (ORFF *apud* MELITA BONA, 2011, p. 140).

Na nossa realidade e na nossa vida cotidiana musical, vemos e vivenciamos o pensamento de Orff, pois achamos de primeira importância a prática desse aspecto de música elementar, tal como o autor a mencionou. Esse sistema de ensino que propomos é uma criação diária tanto para nós, professores, quanto para os alunos, que indiretamente também atuam nessa criação.

O aluno, o coautor da ideia pedagógica musical, é também a inspiração, pois a continuidade do trabalho no decorrer das aulas nada mais é do que musicarmos didaticamente a realidade desses alunos na medida em que formos convivendo com eles.

Segundo Endler e Campos (2007):

> O treino auditivo, trabalhado nos exercícios de solfejo, estimula a observação, atenção, concentração e percepção, uteis para a inteligência musical e espacial pois, ambas necessitam de uma percepção aguçada das formas ou dos sons do ambiente, bem como de uma memória bem formada de seus objetos de estudo. Estes mesmos itens corroboram para a formação do ouvido interno, ou seja, a interiorização, decodificação e memorização dos fenômenos musicais (ENDLER; CAMPOS, 2007, p. 10).

Baseados nesse pensamento, desenvolvemos vários exercícios melódicos nos quais o aluno canta, ouve e imita seus colegas e é imitado por eles, como também propomos exercícios de escuta de sons da natureza.

Ainda, em Endler e Campos (2007, p. 10) identificamos o nosso programa de ensino, o mesmo que pensamos também sobre rítmica:

> A rítmica procura através da prática da improvisação desenvolver no aluno suas capacidades emotivas, liberdade de imaginação e desejo de se expressar. Dalcroze responsabiliza o educador por conseguir desenvolver em seus alunos a liberdade de ação e pensamento. Este trabalho ligado à inteligência musical visa o relacionamento inter e intrapessoal. Musicalmente desenvolve senso rítmico e melódico, a criatividade e oportuniza experiência no manuseio dos elementos musicais (ENDLER; CAMPOS, 2007, p. 10).

Poderíamos terminar o artigo nesse momento, pois os dois pensamentos são toda a essência do que também pensamos por Educação Musical. A nossa responsabilidade como educador musical, tal como Dalcroze (*apud* ENDLER; CAMPOS, 2007, p. 10) afirma, é dar asas ao aluno, e só por meio da prática altamente criativa é que podemos realizar isso.

Nosso grande desafio é fazermos com que as aulas de música invadam totalmente o pensamento dos alunos. Sabemos o quanto isso é difícil hoje, visto a invasão da mídia eletrônica na vida de todas as pessoas. Para realizarmos isso, temos que ser o primeiro exemplo do que pregamos como verdade. Por isso, a Educação Musical, para nós, está na nossa prática diária sonora, rítmica e musical. Somos alunos de nós mesmos, e os nossos instrumentos são os mais próximos possíveis do ser humano.

Vemos a música que se desenrola a seguir de uma Educação Musical sólida como consequência natural desse processo. O que nos interessa é esta Educação Musical básica e sólida, para que a consequência dela sejam belos frutos gerados por nossos alunos.

Segundo Brito:

> A criança é um ser "brincante" e, brincando, faz música, pois assim se relaciona com o mundo que descobre a cada dia. Fazendo música, ela, metaforicamente, "transforma-se em sons", num permanente exercício: receptiva e curiosa a criança pesquisa materiais sonoros, "descobre instrumentos", inventa e imita motivos melódicos e rítmicos e ouve com prazer a música de todos os povos (BRITO *apud* CAMARGO, 2009, p. 10).

Esse pensamento não é só um programa de educação musical para a criança. Trata-se de um verdadeiro guia também para o ser humano adulto, pois se ele não vê a música assim, dificilmente ampliará a sua visão musical durante sua vida.

Por isso entendemos a importância dessa legítima Educação Musical, como descrita por Brito, como um aspecto de educação que o aluno levará por toda a sua vida, a fim de que em sua maturidade também sua formação musical se torne adulta.

Segundo Camargo (2009, p. 10):

> Na escola todas as crianças têm direitos iguais no acesso aos conhecimentos musicais levados pelo professor. De nada valerá, se o professor só se preocupar com a educação de forma geral, e esquecer as especificidades nela implicada. Neste sentido Brito (2003, p. 40) nos lembra "que cada criança é única e que percorre seu próprio caminho no sentido da construção do seu conhecimento em toda e qualquer área".

Essa grande e imutável verdade precisa de alguns requisitos para realmente acontecer na escola. O primeiro deles é quando a escola dá plenos poderes ao professor de música para realizar um programa verdadeiramente de Educação Musical. E o segundo requisito é o professor estar plenamente mergulhado no universo rítmico melódico e harmônico com que vai trabalhar.

Para que a percepção do professor aconteça corretamente de acordo com a turma que está trabalhando, faz-se necessário seu convívio com ela, pois um mesmo assunto pode acontecer de formas diferentes em duas turmas do mesmo ano escolar. Isso porque, como cada criança é única (BRITO, 2003), também sabemos que cada turma é única.

Essa visão, porém, não é tão real quanto desejamos que fosse, pois, a formação do professor de música está nos padrões tradicionais, e esta tem como fundamento o conteúdo em primeiro lugar, ao invés da valorização do aluno. Defendemos que o conteúdo fortalece o indivíduo, ao invés do indivíduo apenas carregar conteúdo sem utilidade alguma.

A grande questão que emerge é a do ensino de música na escola brasileira. O Brasil, um país continental, possui uma diversidade cultural multicolorida, e quando o assunto é música, esse contexto faz surgir o grande problema de então: como preparar o professor de música a fim de que ele contemple a diversidade cultural musical que, às vezes, ocorre até na mesma cidade?

Segundo Camargo (2009, p. 12):

> Ao ensinar música o professor deve respeitar a forma espontânea como a criança se expressa musicalmente, dar oportunidade ao aluno de explorar o universo sonoro e musical e aos poucos fazer intervenções, para que a criança possa descobrir e construir o seu conhecimento musical.

O ensino de música é uma ponta da linha, o aluno, a outra ponta, o professor, o mediador e, o saber musical, a visão que o aluno adquire, na proporção que o professor assim transmite.

Sobre esse aspecto, Camargo (2009) descreve que:

> O ensino da música na educação básica deve envolver atividades variadas, e explorar diversas possibilidades para a formação musical do educando. O processo de aprendizagem pode ser mais rico quando baseado em tarefas como a apreciação, a execução e a criação (CAMARGO, 2009, p. 12).

Na educação moderna, já não é novidade o conceito ampliado do que é música. É muito fácil encontrar na mídia eletrônica – "you tube" – exemplos dos mais diversos possíveis da música praticada segundo a ampliação do seu conceito na atualidade.

Tudo é música, e com tudo dá para se fazer música. Nossa missão como professor é levar este conceito ao máximo na mente do aluno, a fim de que ele renomeie suas experiências a partir de então.

É interessante salientarmos aqui a visão de Camargo (2009) sobre o repertório sonoro da criança:

> A criança que chega à escola, já tem um repertório sonoro e musical apreciado no dia a dia, por meio da natureza, em casa com seus pais e com as mídias; e sabe muito bem utilizar-se desse conhecimento como recurso para se expressar e se comunicar. É importante que o professor não desconsidere essa cultura musical pré-escolar dos alunos, e sim busque aliá-la aos conhecimentos que tem intenção de desenvolver dentro da escola para que a criança continue, e até melhore sua forma de expressar-se (CAMARGO, 2009, p. 14).

Não somos de forma alguma contra o ensino da música tradicional, porem defendemos que, primeiro, o aluno aprenda a ter uma vivência musical livre do ensino tradicional. Assim como a criança tem liberdade para jogar bola e andar de bicicleta, também ela deve praticar uma música livre de regras, tal como o futebol, que pratica brincando com seus amigos. É um direito universal da criança usufruir com liberdade, também, uma ou mais artes, talvez, longe dos padrões impostos pelas sociedades de todos os tempos.

Assim, defendemos esta ideia, tendo como endosso as palavras de Camargo (2009):

> Para a construção do conhecimento musical é fundamental apresentar possibilidades, para que alunos vivenciem a música, experimentem, improvisem, sendo orientados a refletir sobre os aspectos estéticos musicais, entendendo a música como uma área do conhecimento. Este trabalho deve incluir todos os alunos e não apenas os ditos "talentosos", para assim promover o ser humano (CAMARGO, 2009, p. 15).

Sabemos que a iniciação musical deve ser amplamente semeada e promovida em toda a sociedade brasileira. Não nos preocupa as crianças com facilidade musical, pois estas geralmente são contempladas no decorrer de suas vidas, isto em qualquer estilo musical. A nossa preocupação é com as crianças excluídas da sociedade. Estas precisam ser ouvidas, e antes, ainda, precisam aprender a se expressar.

Nossa proposta parte do princípio de que a aula de música pode ser da maneira mais simples possível. Nossas ferramentas são: voz, violão, instrumentos diversos fabricados pelos alunos, e os próprios instrumentos musicais que, porventura, alguns alunos possuam. Dispondo deste universo, entramos no setor abstrato da música, que envolve a noção e o conhecimento que os alunos porventura consigo trazem.

A partir daí, inicia o professor sua jornada, sempre no intento do aluno passar a fazer música cada vez mais consciente, sem desviá-lo de forma alguma da sua criatividade. A própria manifestação dos alunos é que norteará o rumo das aulas, cabendo ao professor alimentar o conhecimento destes, esclarecendo as dúvidas, no despertar da criatividade, sem nunca nortear o desânimo da aula de música.

Também é intento da nossa proposta fazer composições não só de canções, mas composições que explorem o som e o ruído, como também o som da palavra, a sonoridade do texto e a sonoridade do poema. Não podemos nos esquecer que uma história declamada é também uma bela música, e que os elementos da declamação, como a intensidade, o drama, a alegria, a tristeza e o silêncio, por meio da narração, talvez sejam a melhor forma de o aluno praticar, para daí aplicar isso no som.

Na questão ritmo, o trabalho se desenrola por todo o conteúdo de todas as aulas, pois entendemos que a compreensão do ritmo em música deve ser o principal conceito, digamos, o telhado da casa.

Novamente, reiteramos que não somos contra o ensino tradicional de música, pois acreditamos que depois de uma Educação Musical sólida este ensino nada mais será que uma decodificação de regras que facilmente será praticada por qualquer educando sem problema algum, pois a música de todos os tempos é sempre um conjunto de regras, aonde o aluno criativo, ciente dessas regras, poderá dar o melhor de si, sem comprometer sua criatividade, como também as regras de cada estilo.

E na continuação dessa jornada, as informações passadas aos alunos vão acontecendo sempre com o intento de o aluno mergulhar cada vez mais no universo da música. Não podemos precisar, digamos num período de dois a três anos dando aula para uma mesma turma, aonde esta turma poderá chegar, pois a nossa proposta é ensinar os alunos a fazer música, e a consequência de um projeto assim é proporcional à receptividade desses alunos. Então, nossa missão é suprir essa receptividade até a meta ser atingida.

Ressaltamos aqui a importância de estarmos embasados não na teoria tradicional, mas no universo de se fazer música. Com certeza não montaremos uma ópera de Wagner, mas se os alunos se interessarem por esse tema, além do possível que o professor poderá passar, certamente ele indicará as setas para que esses alunos cheguem a Bayreuth.

Esta é a nossa filosofia de trabalho: iniciar os alunos como uma jangada indo ao mar, para que, de repente, eles descubram que não são jangadas, mas sim uma própria embarcação apta a navegar pelo oceano da música.

Isto posto, precisamos refletir que cada dia mais vivemos em um tempo frustrante, onde a sociedade se fragmenta dia a dia pela falta de um caminho a seguir. Ao pesquisarmos o significado da palavra frustração, nos deparamos com a palavra despedaçar. Uma sociedade despedaçada por todas as suas veias de existência. Isso é o que encontramos e constatamos em nosso cotidiano.

O maior arquipélago distante da sociedade que constatamos em nossa vivência e estudo é o da educação. Chegamos a um momento, na atualidade, em que a educação verdadeira e legítima se tornou uma ilha inacessível à sociedade em si, tanto pobre quanto rica. Vivemos em um tempo em que a educação é mera formalidade a se praticar, ao contrário dos tempos em que educação era o ser humano superar a si próprio. Felizmente há uma pequena plêiade de pensadores que ainda pensa assim, mantendo entre eles a chama do legítimo educar.

Cabe a nós, anônimos educadores, porém fraternos com a plêiade dos legítimos mestres, mantermos conosco também essa chama, para que, na noite da atualidade em que vivemos, principalmente a sociedade menos favorecida, possamos iluminar o caminho rumo não ao arquipélago abandonado da educação, como mencionamos, mas iluminarmos o caminho rumo ao continente da educação, continente este, herança e patrimônio legítimo do homem, herança de toda a humanidade, pois somos todos iguais, todos irmãos, e portanto se torna inaceitável aceitar a educação como uma bula de informações, que favorece apenas uma pequena minoria privilegiada.

Para sempre repudiaremos isso, mesmo que a doçura da melodia e os acordes do violão desapareçam imediatamente no ar, pois temos a certeza de que o que cantamos, ensinamos e sustentamos nada mais é do que o eco do que escutamos, vindo das estrelas e, portanto, isso, para nós, é educação.

REFERÊNCIAS

BONA, M. **Carl Orff**: um compositor em cena. Pedagogias em educação musical. Curitiba: Ibpex, 2011. p. 125-156.

BRITO, T. A. de. **Música na Educação infantil**. São Paulo: Peirópolis, 2003.

CAMARGO, K. F. G. **Música nas séries iniciais**: uma reflexão sobre o papel do professor unidocente nesse processo. 2009. 29f. Trabalho de conclusão do Plano de intervenção na realidade escolar. Programa de Desenvolvimento Educacional na área de Arte. Universidade Estadual de Maringá. Maringá, PR, 2009.

DALCROZE, E. J. **Rhythn, music and education**. Tradução: Harold F. Rubinstein. Illinois: Ayer company Company Publischers, 1988.

DEMO, P. **Pesquisa – princípio científico e educativo**. 5. ed. São Paulo: Cortez, 1997

ENDLER, D. R. da; CAMPOS, G. M. de C. **A rítmica de Dalcroze e a teoria das inteligências múltiplas de Gardner**: uma relação possível. Trabalho apresentado XVI Encontro Anual da ABEM e Congresso Regional da ISME na América Latina – 2007.

MARIANI, S. **"Émile Jaques-Dalcroze"**: pedagogias em educação musical. Curitiba: Ibpex, 2011, p. 25-54.

MORAES, J. J. **O que é música**. São Paulo, SP: Brasiliense, 1983.

POZOLLI, E. **Guia teórico-prático para o ensino do ditado musical**. São Paulo: Ricordi Brasileira S.A., 1983.

WISNIK, J. M. **O som e o sentido**: uma outra história das músicas. São Paulo, SP: Schwarcz Ltda, 2002.

PANORAMA HISTÓRICO DA MÚSICA EM SÃO JOAQUIM-SC

Guilherme da Rosa Seifert
Lurdes Caron

Muitas histórias perdem-se no tempo por falta de registros, e o acesso à informação histórica em um município do interior do Estado de Santa Catarina, como São Joaquim, ocorre geralmente pela lembrança dos fatos, por meio da comunicação oral, testemunho vivo de familiares e, possivelmente, de registros em jornais e fotos. Tratando-se de música, não é diferente, pois partituras, áudios e gravações passam de avós aos pais, dos pais aos filhos e assim por diante, acontecendo em alguns casos de não haver interesse dos sucessores em escrever sobre a biografia e sobre os registros musicais que possuem, deixando, então, as informações se esvaírem.

Sou músico há doze anos e o que conhecia da história da música joaquinense era apenas por meio da oralidade e os conhecimentos sobre música foram com colegas músicos, por sua vez as conheceram com outros músicos. Minha curiosidade levou a obter um conhecimento prévio da música, assim, em pesquisa no Museu Histórico Municipal Assis Chateaubriand, de São Joaquim, encontrei alguns registros desorganizados. Cursando o curso de licenciatura em Música na UNIPLAC, e com visões acadêmicas mais elaboradas em relação à cultura local, surgiu a intenção de pesquisar e embasar cientificamente as informações sobre o tema, especialmente aquelas colhidas junto à população por meio da oralidade.

Motivado em conhecer a história musical de São Joaquim, realizei a pesquisa que partiu da pergunta: Quais os registros históricos musicais, quem foram os músicos e suas respectivas obras e se há registros organizados em São Joaquim no seu histórico musical? Sendo assim, esta pesquisa científica teve como objetivo geral investigar as manifestações e os registros musicais joaquinenses, organizando-os de modo que, em um panorama histórico, contribuísse para a cultura do município e da região serrana. Os objetivos específicos foram: elaborar uma linha do tempo do processo histórico-musical de São Joaquim, contribuindo para o acervo do museu local; evidenciar para a sociedade joaquinense a música feita em sua história e sistematizar a informação, a fim de não estar restrito seu acesso.

O estudo foi de abordagem qualitativa, com pesquisa em fontes bibliográficas, em documentos e na história vivida e contada pelas pessoas mais antigas da comunidade joaquinense. A pesquisa trabalha com metodologia e consiste no desenvolvimento teórico, no diálogo com os resultados das entrevistas, na análise de dados, segundo Rudio (2004) e Chizzotti (2001), e por último, nas considerações finais.

Estiveram envolvidas nesta pesquisa pessoas da sociedade joaquinense, entre elas: músicos em geral, familiares de músicos, museólogos, radialistas, jornalistas e as pessoas de viva memória ou terceiros que relataram os feitos da história das bandas musicais do município de São Joaquim, bem como pessoas influentes que tiveram acesso à informação falada e à escrita.

Uma hipótese sugeria registros musicais de longo período no museu de São Joaquim e com familiares dos músicos, no entanto, pouco conhecidos. Outra hipótese seria a de que bandas joaquinenses já teriam sido consideradas as melhores do Estado de Santa Catarina, fonte esta que constava nos relatos de pessoas que viveram esse tempo. Assim, com essa pesquisa, a intenção foi a de organizar e registrar os dados encontrados, resgatar o acervo histórico musical e a valorização da cultura e tradições da sociedade joaquinense em um panorama, contribuindo para o cultivo da cidadania de novas gerações, sejam elas musicais ou não, com recursos de pesquisa organizados sobre seus antepassados músicos e para o turismo do município, pois a cidade de São Joaquim é considerada uma cidade turística. Assim, tendo a música joaquinense evidenciada em seu processo histórico, pode-se incrementar seu reconhecimento, por conseguinte, da região serrana, pois, sabendo de onde vens, saberás para onde ir.

Ao descrever a história da cultura musical de São Joaquim, presumia-se haver músicos que não registraram de forma alguma as suas composições, sendo assim, uma pesquisa aprofundada em dados históricos e entrevistas trouxe à tona grandes músicos e obras perdidas. Por não se ter na cidade uma biblioteca e um museu com estrutura para arquivos, as informações acabaram ficando com os familiares dos músicos antigos, e dependendo da boa vontade das famílias para a doação de objetos e documentos históricos para pesquisas.

Bevilacqua (2012. p. 44), refletindo sobre o valor da cultura de uma sociedade, cita que:

> O inalienável peso da cultura sobre o comportamento das pessoas integrantes de um determinado grupo social não pode ser minimizado. Não se trata de uma influência superficial. Trata-se, sobretudo, de uma tomada de posição que marca um lugar na relação entre pessoas e sociedades. A cultura herdada e transmitida de geração a geração define o limite da própria capacidade de um povo e revela a sua identidade.

A elaboração de um panorama histórico de música de uma sociedade que não possui de forma evidente sua cultura contribui para a manifestação humana, não se perdendo sua origem, sua identidade e nem sua tradição. Segundo Gomes (2007, p. 3): "Toda avaliação de qualquer manifestação humana só será válida se levar em consideração a sociedade em que tal manifestação se originou". Desta forma, organizar dados musicais históricos de um município de interior norteia a presente e a futura geração sobre história, educação, cultura e a própria música.

Iniciando a pesquisa, a primeira dificuldade encontrada foi com a documentação do histórico musical, pois não existe documento coerente sobre a data em que se fixaram os primeiros povoadores nas terras que hoje formam a cidade de São Joaquim. O IBGE (Instituto Brasileiro de Geografia e Estatística), em sua pesquisa pelo município em 1959, não encontrou dados anteriores a 1860, nem na prefeitura, nem na paróquia de São Joaquim. Apenas sabe-se que, por volta de 1750, as terras do município já eram habitadas por "gente civilizada". Segundo a Enciclopédia dos Municípios Brasileiros (1959, p. 332):

> Pelo pouco que vimos e o pouquíssimo que colhemos, quer-nos parecer que a história de São Joaquim, até o ano de 1870, tem de ficar no terreno das hipóteses. E quem quer que se abalance a fazer história, baseando-se em simples hipóteses, está sujeito a errar grosseiramente, informando mal e desfigurando a verdade dos fatos.

Em busca de outras informações sobre os dados históricos, confirma-se a carência de registros, localizando, apenas, alguns dados no livro de uma escritora joaquinense. De acordo com Bianchini (1986, p. 15):

> Sobre a data em que se fixaram os primeiros povoadores nas terras que formam hoje o município de São Joaquim, não existe documento algum. Sabe-se que nas primeiras décadas do século XVIII, precisamente no ano de 1728 por estas paisagens andou o pioneiro Francisco de Souza Faria, que abriu a primeira picada ligando o litoral Catarinense ao seu planalto. Essa picada de denominava "Estrada dos Conventos" ou de "Araranguá". Por ser íngreme estradas subiam homens e tropas de animais, que, vindos do Rio Grande do Sul, demandavam ao campo de Lages, com destino a São Paulo. Segundo a "História de La Conquista", do jesuíta Losano, editada em 1745, sabe-se que os campos e pinheirais Catarinenses, inclusive os de São Joaquim, teriam sido visitados pelos padres espanhóis da Companhia de Jesus.

Na busca por mais informações sobre os registros do município, pôde-se saber que São Joaquim tornou-se independente político de Lages e, logo após sua fundação, alguns bandeirantes se fixaram por esta região. Bianchini (1986, p. 16) ressalta que:

> Com a fundação de Lages em 1766 por bandeirantes paulistas, alguns se estabeleceram nos campos adjacentes e teriam andado ou até se fixado por estas plagas. Todavia, pode-se afirmar que tenham sido gaúchos os primeiros habitantes das terras Joaquinenses. Segundo notas do historiador Walter Dachs e do reverendíssimo Pe. João Batista Vieceli, fornecidas ao ilustrado senhor Enedino Batista Ribeiro, chegou-se à conclusão de que as primeiras explorações, nos territórios que são hoje os municípios de São Joaquim e Bom Jardim da Serra, foram efetivadas por gente vinda do Rio Grande do Sul.

Algumas notas encontradas por pesquisadores relatam a vinda de famílias que, com a junção entre elas, criaram grandes fazendas de gado nessa região onde, assim, deu-se início a esta civilização. Segundo documentos, o fundador do município foi Manoel Joaquim Pinto que, juntamente com seus escravos, abriu estradas e fez as primeiras construções na região. Conforme relatos de Bianchini (1986, p. 16):

> Os primeiros documentos encontrados, fazendo referência ao povoado que é hoje a cidade de São Joaquim, são de 1868 ou 1869. Por esta época já era Lages uma localidade regularmente desenvolvida e o seu município abrangia as terras circunvizinhas, compreendendo as áreas que formam atualmente os municípios de São Joaquim, Urubici e Bom Jardim. Na excelente monografia editada em 1941, do Sr. Enedino B. Ribeiro, intitulada "São Joaquim", à página 19, lê-se o seguinte: "Em 1866 o estancieiro Manoel Joaquim Pinto, com os seus escravos, abriu um atalho pela serra da farofa, que se encontrou na antiga estrada Lages-São José, no rio Canoas, ligando o atual município de São Joaquim àquela estrada. Antes disso, o mesmo estancieiro abriu a serra do Tubarão, com seus escravos e camaradas, estrada que ligava o atual município à cidade de Laguna. Talvez seja este atalho novo que se encontrava em alguns documentos, referindo-se ao atalho novo que se desviou de Lages para Laguna".

Manoel Joaquim Pinto era Paulista, natural de Piracicaba. Em 1866, mandou construir capela e erguer várias casas para seus descendentes e escravos. Para a fundação do povoado, teve ajuda de coronéis, capitães e estancieiros. Em 1887, São Joaquim assumiu independência política, mas seu fundador não mais vivia, tendo falecido no ano de 1879, e seus restos mortais jazem no cemitério do Cedro, na cidade de Urupema.

São Joaquim se situa em um cruzamento de estradas que ligavam Lages a Laguna e, a outra, ligando o Rio Grande do Sul à cidade de Desterro (Atual Florianópolis) e a outras províncias de Santa Catarina. Segundo Bianchini (1986, p. 21):

> Conta-nos que os primeiros povoadores, além de suas famílias, traziam seus escravos, cavalgaduras, ferramentas, armas, munições, e demais aprestos indispensáveis para se estabelecerem e se defenderem dos ataques indígenas e dos animais ferozes. A cidade de São Joaquim acha-se situada onde outrora se cruzavam as estradas, uma que vinha de Lages e ia até a cidade de Laguna, e outra que, vindo do Rio Grande do Sul, seguia em direção à cidade do Desterro e a outras localidades da então Província de Santa Catarina.

Esta encruzilhada teve seu primeiro nome e, consequentemente outros, até chegar ao atual, São Joaquim. Ainda segundo Bianchini (1986, p. 21):

> O lugar desta encruzilhada chamava-se Chapada do Cruzeiro ou São Joaquim de Cruzeiros, e se achou localizada no centro do Distrito da Costa da Serra, nas terras havidas da família Cavalheiro do Amaral. No ano de 1868 foi criado um distrito policial no lugar denominado Costa da Serra.

Após ser freguesia de São Joaquim da Costa da Serra em 1887, com a instalação de uma comarca em 1938, passou a ser cidade e a se chamar São Joaquim. Contudo, sobre a música em si, naquela época, não existem dados registrados no município, mas algumas influências de aspectos culturais podem ser sugeridas segundo o site da prefeitura (Publicado em 16/06/2013[1]).

> São Joaquim é uma cidade com grande diversidade cultural. Sob influências europeias, nipônicas e principalmente paulista e gaúcha, o município é um verdadeiro caldeirão cultural. Em algumas peças arquitetônicas mais antigas é possível observar o impacto das etnias alemãs e italianas, solidificadas a partir da presença de grandes e tradicionais famílias como os Fontanella e os Martorano. Além disso, a presença marcante da etnia afro também chama atenção. Historicamente trazidos pelos primeiros colonizadores, os afros descendentes foram um dos principais eixos para

---

1   Disponível em: http://www.saojoaquim.sc.gov.br/cms/pagina/ver/codMapaItem/5159. Acesso em: 11 set. 2014.

o desenvolvimento de São Joaquim. Segundo dados do IBGE são mais de três mil negros e mulatos residindo na cidade. Como influência direta de aspectos culturais, consolida-se a tradição gaúcha. Os torneios de laço, pessoas usando vestimentas folclóricas no seu cotidiano, como a bombacha e as tradicionais rodas de chimarrão podem ser presenciadas no cotidiano da cidade. Além as lendas rurais, originais do homem caboclo também têm seu devido espaço. Histórias e causos são uma das marcas registradas da Serra Catarinense.

Pode-se, assim, considerar, como acontece em alguns casos na história da música, em que as manifestações das artes plásticas se entrelaçam com a música de forma iconográfica e em peças arquitetônicas, indicando a existência de artes, sugerindo, por sua vez, a existência de música. Batista (2009, p. 26 e 27) cita que,

> [...]. O manuseio de fontes com conteúdo verbal, que encontra paralelos em trabalhos como o realizado por Holler (2006), consiste em buscar informações sobre práticas musicais em escritos nos quais a música nem sempre está, necessariamente em primeiro plano. Lidar com fontes textuais com esta característica, e com suas eventuais imprecisões, requer determinados cuidados. [...] Por conseguinte, considerando que toda fonte é resultado de uma construção social, resultante das circunstâncias sócio-culturais que a produziram, a interpretação dos textos depara-se com aquilo que o autor chama de "leitura nas entrelinhas" (Burke, 1992, p. 25): investigar o que há de velado, de oculto, nas fontes, é tão importante quanto considerar o que elas revelam, explicitamente, em primeiro plano. Da mesma forma, tal ideia vale para as fontes iconográficas.

Assim, supõe-se que a cultura musical alemã, italiana e gaúcha tenha influenciado nas bandas e nos estilos musicais do município, mas cabe aqui outra pesquisa específica, tratando apenas sobre as influências musicais de São Joaquim. Buscando saber sobre quais bandas de música existiam, os dados ficaram apenas em hipóteses, pois o histórico do município é vago e a música feita em sua cultura está com poucos registros. O acervo do museu é pequeno, ou seja, a maioria dos documentos ou registros está com as famílias dos músicos que, particularmente, mantém em seu domínio arquivos musicais. Com isso os trabalhos desses músicos acabam caindo no anonimato e a cultura fica dependendo da boa vontade e da contribuição dos familiares para enriquecimento de acervos e de sua história.

Castagna (1995, p. 17) cita que:

> [...]. Forçoso é dizer que o sentimento de "posse" com relação a assuntos culturais, manuscritos e obras musicais ainda é feudal; a formação de novos musicólogos pouco ultrapassou os limites do autodidatismo; a maior parte dos acervos de manuscritos é particular, ou tratada como tal; as bibliotecas públicas, com raras exceções, são mal aparatadas e as publicações em número insignificante, para não se falar nos problemas sociais, políticos e econômicos, que mantiveram o país, por mais de três décadas, alheio ao desenvolvimento mundial neste setor.

Os problemas não ocorrem somente em São Joaquim, são os mesmos de outras regiões, porém, é preciso ir em busca dos fatos para que as informações contemplem as pesquisas. Os dados encontrados sobre as bandas históricas serviram de apoio para a elaboração da linha do tempo musical do município, sendo que alguns desses dados indicam que as bandas influenciaram seus descendentes que, posteriormente, criaram as próprias bandas.

A pesquisa teve diversas etapas e a primeira delas visou fazer o levantamento de fontes bibliográficas e documentais e fichamento de leituras. Na segunda, foi realizada seleção de documentos e escolha de pessoas para as entrevistas. Na sequência, foi organizado o questionário e efetivadas as entrevistas. Por último, foi efetuada a análise dos dados, a conclusão da pesquisa, o relatório e o artigo final para publicação e divulgação dos resultados obtidos. A realização da pesquisa exigiu observação atenta, criatividade e utilização de estratégias incrementadas que trouxeram os resultados da pesquisa.

Conforme entende Chizzotti (2001, p. 105):

> O processo da pesquisa qualitativa não obedece a um padrão paradigmático. Há diferentes possibilidades de programar a execução da pesquisa. Vale muito o trabalho criativo do pesquisador e dos pesquisados. O resultado converge para um conjunto de micro decisões, sistematizado para validar um conhecimento coletivamente criado, a fim de se eleger as estratégias de ação mais adequada à solução dos problemas.

Entre as estratégias utilizadas em pesquisas, a seleção de pessoas mais envolvidas diretamente com o tema contribui para seu êxito, facilitando, assim, o trabalho e incrementando na narrativa. Segundo Rudio (1979, p. 31),

> Uma pesquisa geralmente não é feita com todos os elementos que compõem uma população. Costuma-se, neste caso, selecionar uma parte representativa dela, denominada "amostra". Este procedimento de se estudar uma população através de uma amostra é muito comum (Grifo do autor).

Rudio (2004, p. 56) ressalta ainda que: "Descrever é narrar o que acontece, para descobrir e observar fenômenos, procurando descrevê-los, classificá-los e interpretá-los, desejando conhecer a sua natureza, sua composição, processos que os constituem ou que neles se realizam".

Para obter os dados específicos, segundo o objeto desta pesquisa, foi de suma importância descrever, narrar e descobrir os resultados por meio das entrevistas realizadas. A entrevista foi semiestruturada e envolveu entre dois a cinco representantes das categorias: músicos em geral, familiares dos músicos, museólogos, radialistas e jornalistas. Esta pesquisa, por ser de toda a história musical do município, tornou-se grande, sendo assim, alguns recortes foram feitos para alcançar o êxito esperado.

De acordo com o entendimento de Freire (2010, p. 22):

> A pesquisa qualitativa também busca uma compreensão mais totalizante daquilo que está sendo investigado. Os recortes são feitos apenas por necessidade prática, mas, conceitualmente, todo fenômeno é visualizado como integrante de um todo maior, dinâmico e em permanente transformação. Obras de um compositor, por exemplo, em uma investigação subjetivista, podem ser particularizadas em uma pesquisa, desde que não se perca de vista o processo maior em que a criação dessas obras está inserida, pois, elas servem como pontos de apoio para uma reflexão mais ampla sem objetivo de alcançar generalizações.

As entrevistas foram realizadas pessoalmente, por meio de perguntas elaboradas e apresentadas no diálogo com as pessoas entrevistadas. Por questão de ética, as pessoas assinaram o Termo de Consentimento Livre e Esclarecido – TCLE e seus nomes não foram, nem serão revelados, usando-se codinomes para identificá-las na leitura dos dados. Os entrevistados músicos, parentes de músicos, radialistas ou pessoas que vivenciaram as manifestações musicais discorreram sobre o assunto conforme era lembrado e também pesquisando em arquivos pessoais.

No resgate histórico de um município de interior, o papel do pesquisador é de grande importância, responsabilidade e dificuldade, pois os arquivos dependem dos familiares dos músicos e da memória das pessoas com quem conviveram naquela época ou acabaram por saber também de outras pessoas. Assim, este panorama buscou elencar os dados encontrados, estando totalmente aberto para que os familiares ou pessoas que possuam dados históricos, fotos, gravações e partituras possam contribuir e enriquecer o trabalho, tornando-o de conhecimento da sociedade joaquinense, de turistas e das novas gerações.

São Joaquim possui registros históricos datados no ano de 1860 e os dados musicais encontrados nesta pesquisa, juntamente com os relatos colhidos nas entrevistas, sugerem que o histórico musical ocorreu a partir deste período. A linha do tempo do panorama histórico aqui organizado foi descrita em duas etapas: a primeira relata o nome, o ano e um breve histórico das bandas do município, a segunda segue o mesmo processo, porém, elencando nomes de músicos que os entrevistados citaram e que também foram encontrados em arquivos.

Vamos imaginar uma linha do tempo e resgatar a memória de bandas e grupos musicais?

a) **Sociedade Musical Mozart Joaquinense (1895)**

Estreia do novo uniforme da Banda Mozart – 30/06/1937

Por sociedade, sociologicamente entende-se que é um grupo de pessoas que, submetidas a um regulamento, exercem atividades comuns ou defendem interesses comuns, assim surgiu, no meio musical de São Joaquim, a Sociedade Musical Mozart Joaquinense. "A banda Mozart Joaquinense (como ficou conhecida na cidade), foi fundada em 30 de junho de 1895 por

Joaquim Palma da Silva Matos, Adolfo Palma da Silva Matos e Domingos Marturano (O primeiro da linhagem em São Joaquim)", segundo relata Dó Maior.

Foram Maestros da Mozart: Leonel Porto e Sargento Hercílio Cândido da Silva. A banda animou por vários anos a sociedade joaquinense, tocando nos clubes de nome da cidade, em desfiles cívicos, visitas de políticos e em apresentações por outros estados. "A Mozart Joaquinense teve os seus tempos de glória, sendo considerada a segunda melhor banda de Santa Catarina somente perdendo para a Banda da Polícia Militar do Estado de Santa Catarina", relata Ré Maior e Mi Maior.

Tocavam Valsas, Marchas, Tangos, Dobrados e as composições de Leonel Porto como: "Valsa Recordações de Iponina" e a "Valsa Santinha", "Qualquer prazer me conforta (Valsa)", "Cravo Preto (Dobrado)" entre outras. Alguns integrantes que fizeram parte da Banda Mozart, segundo Dó Maior, foram: Teófilo Matos (Presidente da Banda Mozart), Leonel Bernardo Porto (Maestro, Requinta, Clarineta), Sargento Hercílio Cândido da Silva (Maestro após Leonel Porto), Luiz Leandro Porto (Pistom e Maestro), Adolfo Matos Lima (Maestro, regente e compositor), Luiz de Matos Lima (Clarinetista), João Borges – "João Galinha" (Tuba), Benevenérito do Amaral "Bembem" (Contrabaixo), Aristides Costa "Tio Costa" (Trompa), José Pereira de Jesus "José Tereza" (Bombardino e Trompete), José Pereira Filho "Deca" (Ritmos), Luiz Pereira de Jesus "Tio Nina" (Ritmista), Sebastião Paixão (Tião) (Ritmos), Joaquim Pereira "Daia" (Ritmos), Jair Amaral (Tuba), Lourival Vitorino Alves (Contrabaixo), Sebastião Pereira "Bastião da mangueira" (Trompa), Leodegar Assis Rodrigues (Pistom), Alcides Zabot "Cidinho" (Pistom), Benigno Dutra (Clarinetista e Maestro), Tio Doza (Prato), José Dutra "Zeca Dutra" (Piston), Manoel Pedro (Trompa), Dimas Albino [...], Manoel Ferreira [...], Rogério [...], Nelson Porto (Caixa), Faon [...].

Faziam parte da Sociedade Musical Mozart Joaquinense: Egídio Martorano, Aristides Costa, Benevenérito do Amaral, Joaquim Dutra, João Borges, Doquinho Dutra, Aristides Bathke, Sebastião Pereira da Paixão, Adolfo Palma da Silva Matos, Sargento Cândido (Hercílio), José Pereira de Jesus, José Pereira de Jesus Filho, João Soares, Fúlvio Lapolli Dutra, Hilda Mattos (Organista e professora), Cassimiro Costa, Antônio B. Godoy (Totó), Adolfo de Matos Lima, Domingos Martorano, Leonel Porto, Tio Doza Alves, Luiz Leandro Porto, Leodegar Assis Rodrigues, Luiz Porto, José Dutra, Luiz de Matos Lima, Benigno Dutra, Lourival Vitorino Alves, Jair Amaral e Zaldir Dutra.

Após certo tempo desativada, a Banda Mozart foi reativada oficialmente no dia 17 de junho de 1996, permanecendo atualmente sobre a regência do Maestro Francisco Bettoni.

b) Orquestra De Cordas De Paulo Bathke (1916)

Orquestra de Cordas de Paulo Bathke em 1916. DA ESQ/DIR: Thiago Mattos, Júlio Macks, Lorencinho Waltrick (maestro), Teóphilo Vieira da Silva, Paulo Bathke. SENTADAS: Cecília Vieira da Silva, Maria Neves da Fonseca, Rosena Bathke, Alice Arantes, Rosena Cascaes e Aristides Afonso Ribeiro Batke. NO CHÃO: Alice Elizabeth Bathke, Helena Albino e Auta Lueneberg

Foto do Jornal Mural[2]

Orquestra é o conjunto de músicos que executam peças para concerto, desta forma, no cenário musical joaquinense, Paulo Bathke criou sua orquestra com instrumentos de corda, como violões e violinos. Integrantes: Thiago Mattos, Júlio Macks, Lorencinho Waltrick (Maestro), Theóphilo Vieira da Silva, Paulo Bathke, Cecília Vieira da Silva, Maria Neves da Fonseca, Rosena Bathke, Alice Arantes, Rosena Cascaes, Aristides Afonso Ribeiro Bathke, Alice Elizabeth Bathke, Helena Albino e Auta Lueneberg.

---

2   Jornal Mural é uma empresa que trabalhou por muitos anos em São Joaquim com jornais impressos, possui um grande arquivo fotográfico e de matérias a cidade. Atualmente denominasse Portal Serra-SC. Site: http://www.serrasc.com.br/

c) **Coral Santa Cecília (1921)**

Coral Santa Cecília sob a regência de Ivandina Porto

Possivelmente fundado em 08 de maio de 1921, pelo Padre Ernesto Schultz, o Coral Santa Cecília durou mais de 100 anos. O Coral Santa Cecília se apresentou em Aparecida – SP, Caxias do Sul – RS, dentre outros lugares, segundo relata Ré Maior. Mantido pela igreja de São Joaquim, o coral Santa Cecília não tem a data exata da fundação, o que se tem conhecimento por informações verbais é de que o Coral teria mesmo sido criado quando estava à frente da paróquia o Padre Ernesto Schultz.

Sabe-se que Padre Ernesto era bastante ligado à música, tocava órgão e as pessoas de mais idade que viveram no seu tempo afirmam ter o Padre Ernesto criado um coral (Coro da Igreja), existindo, portanto, há cerca de 70 anos. Tendo assumido a paróquia em 08/05/1921, teria, assim, no início de sua gestão, criado o Coral que é, com certeza, o Santa Cecília. Dona Dorotéia Porto (Falecida) é uma das pessoas que afirmavam ter o coral Santa Cecília cerca de 70 anos, assim também afirmou Maria Sebastiana, componente do Coral. Não se pode, desse modo, pensar de outra forma que não tenha o Coral Santa Cecília sido fundado pelo Padre Ernesto Schultz quando de sua chegada nessa paróquia. Hoje (04 de dezembro de 1995), ainda existe o Coral Santa Cecília, porém recentemente reformulado com dirigente vindo de Lages, o Maestro Laurêncio Waltrick (Registrado no Museu Histórico Municipal Assis Chateaubriand). Atualmente com outro nome, o Coral ainda se encontra em funcionamento na Igreja Matriz de São Joaquim, conforme relato de Ré Maior.

d) **Jazz Pedacinho do Céu (1952)**

Aristides Bathke, José Dutra, Nelson Porto, Túlio, Casinha, Cassemiro,
Luiz Pereira de Jesus Filho e Sebastião Paixão Pereira

Fundada em 23 de março de 1952, por José Dutra, Aristides Bathke e Nelson Porto, a Banda Jazz Pedacinho do Céu não se constituiu em um "JAZZ" e sim um conjunto de música regional. Segundo "Tio Nina[3]", "[...] o Jazz era conjunto melódico que tocava dobrados, marchas, valsas, choros, boleros, tangos, mambos, baiões, tchatchatcha entre outras".

Os integrantes que fizeram parte do Jazz Pedacinho do Céu foram: José Dutra (Piston), Nelson Porto (Gaita cromática), José Pereira Filho – Deca (Ritmos), Sebastiao Paixão Pereira – Tião (Ritmos), Luiz Pereira de Jesus – Tio Nina (Ritmos), Cabo Jóca [...], José Aguiar (Guitarra), Aristides Bathke (Violino), Oscar Silva (Casinha) (Contrabaixo), Jaci Costa (Cruner/Vocalista), entre outros músicos que integraram outras formações da banda.

e) **Conservatório de Música (1978)**

Yara Terezinha Bertoldo Costa, formada em música no Conservatório de Belas Artes de Porto Alegre, foi idealizadora e diretora do conservatório de Música de São Joaquim. Em 1978, Iara Costa se instalou nesse município, trabalhando no Clube Astréia e, com o decorrer do tempo, comprou o próprio

---

3   Luiz Pereira De Jesus, conhecido como "Tio Nina", foi ritmista e atualmente é o único músico em vida da Banda Jazz Pedacinho do Céu.

piano. O Conservatório de música, de início, era uma extensão do conservatório de Lages (JORNAL MURAL, 1994).

f) Os Filhos da Estância (1979)

Fundado em novembro de 1979, por Hélio Lima de Matos e Valdemar Guimarães, o grupo de música tradicionalista gaúcha Os Filhos da Estância encerrou seus trabalhos em 1995. Durante sua trajetória, animou bailes por Santa Catarina, Paraná, Rio Grande do Sul e São Paulo. O grupo gravou, em 1985, um disco intitulado Os Filhos da Estância – Sonhos e Fatos.

Foram integrantes do grupo: Valdemar Guimarães – Tio Marzinho (Gaita), Hilário Guimarães (Gaita), Luiz Godinho (Guitarra e voz), Reinaldo Garcia da Costa (Bateria), Elzio Barbosa (Baixo), Hélio Lima de Matos (Diretor e empresário), Pedro Rosa (Guitarra), Célio Waltrick (Baixo), Tio Puca (Baixo), Kiko (Guitarra e voz), Cabelo (Guitarra e voz), Pedro da Bossoroca (Gaita), Ivino Muniz (Gaita), Davenir (Baixo) e Lelêgo (Bateria).

g) Os Farrapos (1983)

Os Irmãos Luiz Leandro Porto Filho e Leonel Leonardo Porto criaram algumas bandas que tocavam músicas populares antes de formarem, com seus colegas, o conjunto tradicionalista "Os Farrapos". A primeira banda foi "Os Fantasmas", depois "Black Star" e "Som Brasil". Assim, "Os Farrapos" foi fundado em 15 de maio de 1983, por Luiz Leandro Porto Filho, Leonel Leonardo Porto, Álvaro Pereira do Amaral, Estacílio Varela da Costa e José Juvenal Steffen Antunes.

O grupo era de estilo gaúcho e tocou em diversos lugares, dentre eles os estados de Santa Catarina, Rio Grande do Sul, Paraná e Rio de Janeiro. Destacaram-se como seus integrantes: Estacílio Varela da Costa (Gaita), Luiz Leandro Porto Filho (Vocalista), Leonel Leonardo Porto (Guitarra), Álvaro Pereira do Amaral (Bateria), José Juvenal Steffen Antunes (Baixo). Além destes, integraram o grupo: José Telmo dos Santos (Bateria), Analdo Nazareno Borges (Baixo), Ari Donizete Schlischting (violão e voz), Marcelo Padilha Ricardo (Gaita), Lelêgo (Bateria), Edvaldo Gonzaga Rocha (Bateria), Wagner (Baixo) e André Alano (Gaita). Lançaram alguns álbuns intitulados: Os Farrapos – Carro de Boi, Os Farrapos – Sesteada e Os Farrapos – Embalo da Vaneira.

h) Querência Serrana (1986)

Fundado em 1986, na localidade do Boava, interior de São Joaquim, por Joaquim Borges de Melo, Cenir dos Santos Melo e Adenir Seifert Melo, o Grupo tocava músicas regionais gaúchas. Foram seus integrantes: Adenir Seifert (Guitarra), Cenir Melo (Acordeom), Nilza (Acordeom), Cascatinha, Jair, João e Sagui (Bateria), Alemão, Cláudio, Aldori, Adenir, Davenir e Tonho (Baixo) e Elizabete e Adilson (Cantores). O grupo tocou em bailes em São Joaquim, Rio Grande do Sul, Urubici, Bom Jardim da Serra, Alfredo Wagner, Criciúma, Lauro Muller, entre outras cidades, porém não chegou a gravar nada. Os Fundadores tocaram no Grupo Sarandeio, de São José dos Pinhais – PR, e logo após foi montado outro conjunto, chamado Canto Gaúcho. Hoje, Cenir e Adenir trabalham com a banda Modão Brasileiro, em São José dos Pinhais – PR. Adenir Seifert é compositor e, dentre suas composições, há uma música de grande alcance popular e que foi gravada por muitos artistas do sul do Brasil "Casamento da Doralice", também composição de Os Bertussi (Adelar e Honeide Bertussi). Adenir é o letrista da música que, por ser o primeiro bugio já gravado, era apenas tocada de forma instrumental.

i) **The Zorden (1991)**

A The Zorden foi fundada em São Joaquim em 1991, por Rafael Martorano Salvador, Marciano Bitencourt, Hiran de Brida e Paulo Mathias, mas acabou e retornou com uma formação totalmente nova em 1998. Sempre tocaram os estilos Rock, Pop e MPB. Hoje, os integrantes são: Rafael Martorano Salvador, João Paulo Martorano Salvador, Eduardo Martorano Salvador, Marcos Annuseck, Sergio Teixeira e Hélio Reichert.

j) **Orquestra Municipal Suzuki de São Joaquim (1993)**

O filho de Iara, o Maestro Osni Costa Junior, lecionava aulas semanais no conservatório para cerca de 100 crianças e adolescentes que aprendiam a tocar violino, violoncelo e flautas. Os instrumentos foram adquiridos pela Prefeitura Municipal de São Joaquim. Com a mudança de método de ensino, Iara Costa mudou também a denominação da escola. Antes, era conservatório de Música, depois se tornou Centro Suzuki (JORNAL MURAL, 1994).

k) **Pablo Amaral e os Piazitos (1996)**

Fundado no ano de 1996, teve como fundadores Pablo Amaral Antunes e Guilherme Amaral Antunes. O grupo gravou seu 1º CD, chamado Vaneira Quebradeira, e teve como integrantes no decorrer de sua trajetória: Pablo (Vocalista), Alexandre (Guitarra), Cláudio (Baixo), Fernando (Bateria), Paulo Guazelli (Gaita), Guilherme Amaral (Percussão), Ivino Muniz (Gaita),

Eduardo Hasckel – Créu (Baixo), Edvaldo Gonzaga (Bateria), Márcio Godinho (Guitarra), Marcelo (Gaita), Gustavo Córdova (Bateria), Jeferson Seifert (Guitarra) e Guilherme Seifert (Gaita). Sempre tocaram o estilo gaúcho tradicionalista. O grupo alterou de nome para "Chão Farrapo", produzindo o CD "Autêntico", gravado e lançado pela gravadora Vertical, de Caxias do Sul – RS. Os integrantes desta formação eram: Pablo (Vocal e sócio proprietário), Guilherme Amaral (Percussão e sócio proprietário), Felipe (Guitarra), Jonatan (Gaita), Ivino Muniz (Gaita), Eduardo Hasckel (Baixo) e Gustavo Córdova (Bateria). Atualmente, o grupo tem por encerrado seus trabalhos.

l) **Associação Coral de São Joaquim (1999)**

A Associação Coral de São Joaquim iniciou suas atividades anteriormente a 1999, com o Maestro Jackson, em seguida, por Nelson Blun, mas, no primeiro registro em ata de fundação, consta o dia 23 de março de 1999, na sede da banda Mozart, com a presença da comunidade e do advogado Dr. Antônio Hugen Nunes, que apresentou o projeto do estatuto.

A primeira diretoria foi composta por Orlando Ivan Matos (presidente), Luiz Carlos Amaral (vice-presidente), Elizabete Matos Mondadori (secretária), Cezare Mariott (tesoureiro), José Edésio Guimarães, Luiz de Matos Lima, Aracídio Zanette (conselheiros fiscais), Cristóvão Colombo Bettoni (Maestro). Em 2007, a diretoria deixou a administração do coral para a Prefeitura Municipal de São Joaquim, no mandato do prefeito Newton Stéllio Fontanella. Assim, o Maestro João, de Florianópolis, ficou responsável por reestruturar o coral, solicitando a eleição de uma nova diretoria. A nova diretoria, que assumiu com mandato de 2008 a 2010, foi composta por Élvio Rodrigues da Rosa (presidente), Tânia Maria Seifert Cardoso (vice-presidente), Leonilda Aparecida Tortelli Pereira (secretária), Luiz Carlos Amaral (tesoureiro), Clodoaldo Costa, Regina Goulart Antunes e Dileta Elizabet Kauling (conselheiros fiscais), Éder de Souza Hugen, Janir Carlos Nunes Pereira e Maria Helena Pereira (suplentes). No total, havia 17 coralistas.

Em 2010, em outra eleição, se constituiu nova diretoria, com Élvio Rodrigues da Rosa (presidente), Hercílio Vitorino da Silva (vice-presidente), Tânia Maria Seifert Cardoso (secretária), Mariana Borges Amaral (tesoureira), Éder de Souza Hugen, Clodoaldo Costa e Isabel Pereira de Medeiros Souza (conselheiros fiscais). De 2010 a 2012, o coral contava com 15 coralistas. De 2012 a 2013, ficou desativado por falta de maestro e a parte contábil, durante esse período, foi bancada por Élvio Rodrigues da Rosa, para que não fosse extinta a associação. Quando Élvio assumiu, de 2008 até 2015, o coral não possuía patrocínio. De 2014 a 2015, a Prefeitura Municipal de São Joaquim e a Secretaria de Educação e Turismo, em parceria com o coral, designou

Tatiane Souza Cardoso para assumir o papel de regente do coral, sendo seu salário ressarcido pela Prefeitura. Atualmente, o coral conta com 16 coralistas e os ensaios ocorrem na Casa da Cultura, localizada no centro do município.

No dia 23 de setembro de 2015, houve a convocação para uma nova eleição, na qual Élvio Rodrigues da Rosa, presidente interino, ficou responsável para organizar nova diretoria, dando continuidade, assim, a mais um Biênio da Associação Coral de São Joaquim, que foi eleita pelos membros: Élvio de Souza Rosa (presidente), Dr. Anacreonte Martins Antunes (vice-presidente), Élvio Rodrigues da Rosa (tesoureiro), Ana Ecilva de Souza Cardoso (secretária), Luiz Carlos Amaral, Sebastião Luiz Pereira e Regina Goulart Antunes (conselheiros fiscais).

m) **Timbre Serrano (2007)**

Esse grupo foi fundado em 09 de setembro de 2007, por Marcelo Padilha Ricardo, Emerson Amaral (Bel), Edvaldo Gonzaga Rocha e Ari Donizete Schlischting. Os primeiros integrantes foram: Leandro, Alison, Ari, Bel, Marcelo e Edvaldo. Timbre Serrano executa, em seus shows e bailes, música gaúcha. Os integrantes atuais são: Ari, Emerson, Guilherme, Ivino, Jeferson, Marcelo e Matheus.

n) **Jeferson e Guilherme (2011)**

A dupla de irmãos, Jeferson da Rosa Seifert (cantor, guitarrista e violonista) e Guilherme da Rosa Seifert (cantor e acordeonista), iniciaram na música no ano de 2002 e, a partir dessa data, se dedicaram estudando e buscando cada vez mais crescer no meio musical. Durante os primeiros passos musicais, participaram de vários grupos da cidade de São Joaquim e também de bandas de outras cidades. Criaram a dupla Guilherme e Jeferson, que fez várias apresentações na cidade de São Joaquim. Logo, criaram outros projetos, como os Grupo Arrastão, Swing Serrano e Swing do Tchê, até chegar à dupla Jeferson e Guilherme. Os irmãos sempre buscaram tocar diversos estilos musicais, mas o projeto de Jeferson e Guilherme voltou-se a composições próprias e estilos diversos. Lançaram, no ano de 2011, o clipe da música "Táxi", composição de ambos, cuja música ficou muito conhecida em São Joaquim e até em outras cidades, tendo divulgação na capital do Estado de Santa Catarina – Florianópolis. Em 2012, lançaram seu segundo vídeo clipe, intitulado "Na pracinha", música também de composição dos irmãos. Devido ao irmão mais novo, Rafael da Rosa Seifert (baterista), ter interesse por música, a dupla mudou, em 2014, para banda, denominando-se "Seiferts", banda esta, que executa diversos estilos musicais, incluindo composições próprias. Atualmente, a banda está na ativa e, de forma paralela, criou, com o mesmo nome, a "Escola de Música Seiferts".

Na sequência, também resgataremos a linha do tempo que mostra importantes músicos que marcaram a história cultural de São Joaquim.

a) **Leonel Bernardo Porto (1896)**

Nasceu em Jaguaruna – SC, em 04 de junho de 1897, e faleceu em São Joaquim, em 08 de julho de 1947. Leonel Bernardo Porto casou-se com Dorotéia Hugen Porto e tiveram dois filhos, Ivandina e Nelson. Leonel é filho de Manoel Leandro Porto e de Idalina Porto, e foi maestro da Banda Mozart Joaquinense durante 25 anos. Além de músico, compôs várias músicas, entre elas: "Santinha (Valsa)", "Recordações de Iponina (Valsa), "Qualquer prazer me conforta (Valsa)", "Cravo Preto (Dobrado)". Leonel mudou-se para São Joaquim com seu irmão, Luiz Leandro Porto, que se casou e constituiu família nessa cidade.

b) **Luiz Leandro Porto (1915)**

Nasceu em Jaguaruna – SC, em 25 de agosto de 1915, e faleceu em 23 de abril de 2002. Luiz Porto era irmão de Leonel Porto e tocava Trombone de Vara e Piston na Banda Mozart. Teve cinco filhos, dentre eles, dois que seguiram na música: Luiz Leandro Porto Filho e Leonel Leonardo Porto.

c) **José Dutra (1920)**

Natural de São Joaquim, José Dutra nasceu em 31 de dezembro de 1920 e faleceu em 21 de março de 1973. Iniciou sua carreira musical por influência familiar, tocava Piston e foi fundador da Banda Joaquinense Jazz Pedacinho do Céu.

d) **Ivandina Porto Kauling – Iva Porto (1923)**

Natural de São Joaquim, Ivandina nasceu em 22 de dezembro de 1923, está com 91 anos[4] é doméstica, cantora de coral e compositora deste os 30 anos de idade. Dentre suas composições, destaca-se o hino do colégio Santa Rosa de Lima, Lages-SC, e ministrou e regeu o Coral Santa Cecília, de São Joaquim.

e) **Nelson Porto (1926)**

Gaiteiro joaquinense, Nelson Porto nasceu em 30 de janeiro de 1926 e faleceu em 10 de agosto de 1994. Filho do maestro Leonel Porto e da Senhora Dona Dorotéia Hugen Porto, casou-se com dona Elza Nunes Costa Porto e teve os filhos: Marielba, Wilson, Nelson Filho, Adilson, Eraldo, Marielza, Leonel Agnaldo e Arnaldo. Exímio acordeonista na sua juventude, fez parte da orquestra do Clube Doze de Agosto, da capital do estado, voltando, depois, para São Joaquim, onde se radicou e se casou com a jovem Elza, filha de Marcelino Costa e de D. Júlia Nunes Costa. Nelson, depois, fez parte do conjunto musical joaquinense "Pedacinho do céu", fundado em março de 1952. Nelson executava com sentimento as músicas de autoria de seu pai, Leonel Porto, entre elas, as valsas "Santinha, Recordações de Iponina e Qualquer prazer me conforta" (Registro do Museu Histórico Municipal Assis Chateaubriand).

f) **Adolfo Matos Lima (1930)**

Adolfo Matos nasceu em 22 de agosto de 1930 e faleceu em 29 de setembro de 1997. Natural de Bom Jardim da Serra, foi maestro da polícia militar estadual, maestro da Banda Mozart e compositor de hinos. Adolfo Compôs os Hinos de São Joaquim, Bom Jardim da Serra, Ponte Alta do Norte e Paulo

---

4 Registre-se que a idade se refere ao ano de 2015. Atualizando, Ivandina tem, hoje, 96 anos de idade.

Lopes, gravados pela banda da polícia militar do estado de Santa Catarina, em Florianópolis. Compôs também 46 hinos de igreja e hinos para escolas e times de futebol. "A letra do hino de São Joaquim foi elaborada em 11 de julho de 1972 e surgiu em decorrência de uma composição intitulada "Saudades de São Joaquim", também de autoria de Adolfo. Em março de 1972, chegou a São Joaquim com a letra e a música do hino joaquinense gravada pela banda da Polícia Militar de Santa Catarina, sob sua própria regência, com participação de 84 sargentos. A Câmara de vereadores aprovou por unanimidade o trabalho" (JORNAL MURAL, 1997). "Primeiro havia feito uma música que falava de minha saudade por São Joaquim. A pedido do Rogério Pereira, o Pirata, escrevi o hino do município. Sentado na mesma pedra, vendo a paisagem de Florianópolis, imaginei São Joaquim. Veio-me a inspiração e, como fruto, duas belas composições", recorda o autor que passou para a reserva da Polícia Militar – PM, em 04 de agosto de 1982, como Sargento (JORNAL MURAL, 1997).

g) **José Pereira de Jesus Filho – Deca (1933)**

Natural de São Joaquim, José Pereira de Jesus Filho, popularmente conhecido como "Deca", nasceu no dia 09 de julho de 1933 e faleceu no dia 27 de julho de 1997. Deca foi baterista da banda joaquinense Jazz Pedacinho do Céu e, além de músico, foi candidato a vereador em São Joaquim por duas gestões, assumindo a câmara em um mandato. Trabalhou como agente de serviços gerais do Banco do Brasil e na Prefeitura, no setor de cultura, como responsável por sonorização. Em 01 de maio de 1981, fundou o popular clube de festas joaquinense, o Centro Operário.

h) **Aura Ribeiro Corso (1939)**

Aura nasceu em São Joaquim em 04 de janeiro de 1939 e foi professora de acordeom por mais de trinta anos. Começou a tocar em Caxias do Sul – RS, inclusive teve uma escola de música na cidade gaúcha. Além de Caxias do Sul, Aura morou em Santos – São Paulo, onde não lecionou. Em 1988, retornou para São Joaquim, falecendo em 09 de abril de 2011.

i) **Luiz Pereira de Jesus – Tio Nina (1941)**

Natural de São Joaquim, funcionário público aposentado, Tio Nina foi ritmista, tocou pandeiro, bongô e malacacheta na banda jazz Pedacinho do Céu, acompanhando a banda até ela encerrar suas atividades. Também tocava na banda Mozart, na parte do ritmo e caixa de rufo na regência do maestro Luiz Porto.

j) **Luiz de Matos Lima (1943)**

Luiz de Matos Lima nasceu em São Joaquim, em 25 de agosto de 1943, filho de Veridiana Córdova Matos e de Gilis de Matos Lima. Foi radialista por 36 anos, jornalista, ator, músico, escritor e telegrafista até se aposentar. É irmão do saudoso Adolfo Matos, compositor do Hino de São Joaquim, foi clarinetista da Banda Mozart e sempre esteve envolvido na história musical e cultural de São Joaquim.

k) **José Rangel Lemos de Amorim – Juquinha Lemos (1944)**

José Rangel Lemos de Amorim, conhecido como Juquinha Lemos, nasceu em 19 de janeiro de 1944, em São Joaquim, e foi acordeonista joaquinense. Começou a tocar sozinho e se apresentou em diversos eventos. Tocou com o Sr. Mário, de Bom Jardim da Serra, com os Srs. Otálio Proença e Darci Nunes e, inclusive, na Rádio Difusora AM de São Joaquim. Faleceu em 28 de abril de 1980.

l) **Estacílio Varela Costa (1945)**

Natural de Bom Jesus-RS, Estacilio Varela começou a tocar acordeom com 14 anos de idade, em sua cidade natal. Em meados dos anos 1970, mudou-se para São Joaquim, onde, juntamente com Luizinho, Leonel, Álvaro e Juvenal, fundou o grupo musical gaúcho "Os Farrapos". Estacílio, conhecido como "Tio Varela" ou "Camuflado", foi, além de acordeonista, compositor do grupo, cuja música "Carro de Boi" é de sua autoria, dentre outras. Hoje, "Tio Varela" é funcionário público aposentado. O pai de Estacílio, Alfredo Varela de Lima, também era acordeonista e compositor, dentre as composições dele, duas foram gravadas pelos Farrapos no Disco "Carro de Boi", a música "Dançando com Tia Jorgina" (Vaneirão), e no disco "Sesteada", a música "Rodeio dos pampas" (Xote).

m) **Darci Rogério Nunes – Darcizinho (1947)**

Darcizinho nasceu em São Joaquim no dia 14 de agosto de 1947. Fruticultor, cabelereiro e gaiteiro, começou a tocar gaita de botão com nove anos de idade. Criou alguns grupos musicais na cidade, no ano de 1970, como:

Darci Nunes e Toninho Fernandes e Darci Nunes e Otálio Proença. Darcizinho, com sua gaita de botão, animou diversos eventos e bailes em Bom Jardim da Serra, Urupema, Urubici, Curitiba, Paranavaí, São Paulo e Rio de Janeiro. Apresentou-se pelo exército para o ex-presidente Fernando Collor, juntamente com Estacílio Varela Costa.

n) **José Guilherme Seifert – Juca Seifert (1950)**

Natural de São Joaquim, José Guilherme Seifert nasceu em 13 de dezembro de 1950 e faleceu em 28 de dezembro de 1975. Foi acordeonista, compositor e escritor de roteiros para teatro. Apresentou-se diversas vezes na Rádio Difusora AM de São Joaquim. Enquanto trabalhava em uma serraria, idealizava as peças teatrais que, após o expediente, eram apresentadas na própria serraria para funcionários e familiares.

o) **Edson Becker Dutra – Edson Dutra (1952)**

Natural de Bom Jesus – RS, Edson Becker Dutra nasceu em 19 de fevereiro de 1952. Aos sete anos de idade, portanto em 1959, iniciou seus estudos de acordeão, solfejo, teoria musical e história da música no Conservatório Musical Carlos Gomes, de Bom Jesus, formando-se em 09 de dezembro de 1965. Em 1968 e 1969, cursou especialização em acordeão, solfejo e teoria musical no Conservatório Musical Rossini, de Caxias do Sul – RS, com o grande mestre Eleonardo Caffi. Ainda em 1968, criou o conjunto musical Os Serranos, juntamente com Frutuoso Araújo. Ganhou o título de cidadão joaquinense, da Câmara de Vereadores e do Poder Executivo de São Joaquim, SC, por ter composto e gravado a música "Serrano de São Joaquim", em 1974[5].

p) **Francisco de Assis Pereira Santos Zapellini – O Campeirinho (1955)**

Gaiteiro joaquinense nascido em 1955, na Vila dos Vicentinos, Campeirinho lançou alguns CDs, dentre eles "Francisco Zapellini Campeirinho – O homem de 1000 Toneladas". (JORNAL MURAL, 1997).

q) **Luiz Godinho Padilha (1961)**

Natural de São Joaquim – SC, da localidade do Boava, nasceu em 19 de setembro de 1961. Trabalhou, na adolescência, no serviço bruto da roça, e

---

5 Disponível em: http://www.osserranos.com.br/artistas/edson-dutra. Acesso em: 11 set. 2014.

depois, dos 17 aos 24 anos, como funcionário público na Prefeitura Municipal de São Joaquim. O primeiro grupo que integrou foi "Os Filhos da Estância", de São Joaquim. Participou da 15ª Califórnia da Canção Nativa com a música de autoria própria denominada "Rio Pelotas", letra que fala de sua infância na junto às barrancas desse rio, no fundo do Boava. Mudou-se para Maringá – PR em 1986, onde, em 1990, fundou o Grupo Bailanta, juntamente com Nelson Elizeu Walker (Nelsinho) e Elizeu Vargas (Capim). Com os demais integrantes da primeira formação, Joel Silva Paes, Alexandre Corrêa e Walter Moraes, gravou o 1º disco, sendo considerado pela crítica como um dos melhores álbuns de música gaúcha lançados em 1990, tendo relevante reconhecimento até a atualidade. O Grupo Bailanta tem uma grande contribuição para a música gaúcha, tanto na discografia quanto na revelação de integrantes, que, através dessa vitrine, projetaram-se para os maiores grupos do cenário musical ou carreira solo, entre os quais se pode citar: Walter Morais (primeiro vocalista do grupo), Alex Moraes (guitarrista dos Serranos), Alexandre Corrêa (banda Só Modão), Júlio César de Lima (atual gaiteiro do cantor Daniel), Frank Joni (atual gaiteiro do Chitãozinho e Xororó), Joel Silva Paes e Marcos Ferreira (baterista e contrabaixista do Ivonir Machado), além de outros que fazem parte dos maiores shows nacionais da atualidade, como Michel Teló. Suas músicas de maior destaque são: Lambada Macanuda e Dos Pampas ao Pantanal, do 1º álbum; Serrana Vacaria e Mexe que Remexe, do 2º álbum; Lida de Campeiro e Baile Xucro, do 3º álbum; Luizão e Começo de Baile, do 4º álbum; Bicando a neguinha, do 5º álbum, Me ajude que eu te ajudo – Clipe, Outras fronteiras – Clipe, Me dei mal no Facebook, do próximo CD a ser lançado. A formação atual do Grupo Bailanta é: Luiz Godinho Padilha (Cantor e Líder do Grupo), André Padilha (guitarrista), Edson Poteriko (gaiteiro), Juliano (baterista), Bruno Marqueto (contrabaixista).

r) **Vilmar de Oliveira (1965)**

Natural de São Joaquim, o irmão de Osmar Donizete Oliveira nasceu em 20 de novembro de 1965 e faleceu em 03 de novembro de 2013. Vilmar era gaiteiro e tocou nos grupos "Os Bombachudos" e "Os Farrapos", de São Joaquim. Também como gaiteiro, gravou algumas faixas do CD do Grupo "Os Farrapos".

s) **Osmar Donizete Oliveira – Cascatinha (1973)**

Natural de São Joaquim, Osmar nasceu em 12 de outubro de 1973 e, como baterista, participou dos grupos de São Joaquim: "Os Bombachudos" e "Querência Serrana" e em outros grupos, como "Chamamento", Fogo de Chão" e "Candieiro". Atualmente é empresário do Grupo Candieiro.

t) **Vilsonei Vieira – Sagui (1973)**

Nascido em São Joaquim em 03 de julho de 1973, Sagui, como é popularmente conhecido, sempre gostou de música. Em 1987, começou a trabalhar como ajudante de palco do grupo "Os Malevas", do Sr. Hélio Corrêa, que lhe deu a oportunidade de começar a aprender. Em 1988, Sagui teve uma passagem rápida pelo grupo Querência Serrana, de São Joaquim – SC, onde tocou até mudar-se para a cidade de Maringá – PR e, mais tarde, para Porto Alegre – RS, entre o ano de 1989/90, quando entrou no grupo Tchê Guri e permaneceu até 1993. Durante dois anos, Sagui permaneceu estudando e depois recebeu o convite, em 1995, para fundar, junto a seus colegas, a banda Tchê Garotos, na qual permanece até hoje como baterista e um dos proprietários.

u) **Cristiano Porto**

Joaquinense, Cristiano Porto cursou violino na Casa da Cultura Musical de Florianópolis. Atuou como Spalla (1º violinista) da Orquestra Suzuki da capital (JORNAL MURAL, 1996).

v) **Geraldo Caetano de Azevedo**

O Distrito (Hoje Distrito de São Sebastião do Arvoredo) possuiu uma das primeiras bandas de música da região dirigida pelo maestro Geraldo Caetano de Azevedo, isso ainda no final do século passado (Registrado no Museu Histórico Municipal Assis Chateaubriand, em 01/05/1992).

w) **D. Hilda Mattos**

Joaquinense de nascimento e de coração, D. Hilda Mattos foi musicista de muita importância para a história da música de São Joaquim. Foi organista por muitos e muitos anos da Igreja Matriz. Filha de Juvenal da Silva Mattos e de D. Mariana M. Mattos, tendo como irmãos: Aparício, Felomena, Teófilo, Aires, Maria e Elvia (Viloca). Dona Hilda faleceu com idade avançada (Registrado no Museu Histórico Municipal Assis Chateaubriand).

x) **Ernesto Fioravante [...]**

Ernesto Fioravante, professor particular em São Joaquim, fundou, nessa cidade, uma banda. Depois, ele mesmo organizou uma segunda banda e foi, para isso, auxiliado por alguns fazendeiros (Registrado no Museu Histórico Municipal Assis Chateaubriand em 01/05/1992).

Cabe aqui ressaltar que não foi possível escrever o histórico musical de diversos músicos de São Joaquim devido à imensidão da pesquisa, ao tempo limitado e à dificuldade de contato com os artistas e familiares, mas fica aqui a citação de seus nomes: Os Malevas, Os Bombachudos, Jair – Zé Olímpio (Baterista), Jair Nunes Aguiar (Acordeonista e poeta), Antônio Antério (Acordeom de pontos), Zeno e Saracura (Alma Gaúcha), Dorval Mattos (Músico e professor de música), Clóvis Porto Borges (Grupo Sarandeio), Alexandre Corrêa (ex-músico do grupo Garotos de Ouro) e os irmãos Kiko (já saudoso) e Cláudio. Assim, ficará em aberto a citação de vários músicos joaquinenses atuais que, com sua música, fazem do presente a história musical de amanhã.

Concluindo esta pesquisa na busca de informações no museu Histórico Municipal Assis Chateaubriand, na biblioteca municipal e em conversas com os familiares dos músicos e pessoas de viva memória, pôde-se encontrar dados de que São Joaquim teve música em seu contexto histórico e que não havia registro musical algum organizado, tais como ano de fundação das bandas, histórico musical, que músicas compuseram e tocaram, seus integrantes e quais instrumentos tocavam, datas de nascimento e falecimento dos músicos, bem como, suas composições. Os arquivos, em sua grande maioria, se encontravam com os familiares dos músicos e pessoas que conviveram com os eles e com as bandas. Pode-se também citar dentro da linha do tempo algumas manifestações musicais, tais como conservatórios, escolas e professores de música.

As entrevistas duraram horas e os arquivos de cada entrevistado eram ricos em informações, em fotos e em partituras, porém, como de hipótese, ambos estavam sobre os cuidados de músicos e seus familiares, portanto arquivados e distantes do contato da sociedade joaquinense. Curioso também é ressaltar que diversas composições se encontram apenas na memória dos músicos que ainda residem em São Joaquim, cabendo somente a eles o acesso a essas composições.

Após diferentes buscas, e diante dos dados encontrados em fontes bibliográficas, documentos e entrevistas, pode-se concluir que a riqueza musical cultural de São Joaquim é mais ampla do que se supunha. Nos relatos dos entrevistados, foi possível perceber a grande influência que seus antepassados músicos lhe causaram, tanto pela musicalidade que carregavam, como pelas oportunidades que deixaram a seus descendentes, pois algumas bandas joaquinenses derivaram da música de sua família, que lhes permitiu criar bandas e músicas e, assim, contribuir para o histórico musical de São Joaquim.

A presente pesquisa tornou-se maior que o esperado e ficará aberta para continuação, ampliação e enriquecimento das informações históricas, mas o objetivo maior foi alcançado, pois em um panorama histórico, os dados encontrados foram organizados e evidenciados para a sociedade joaquinense, contribuindo, desta forma, para o cultivo da cidadania de novas gerações, sejam elas musicais ou não.

REFERÊNCIAS

BATISTA, A. G. **Frei Bernardino Bortolotti (1896-1966) e a cena musical em Lages**: uma contribuição para a historiografia da música na Serra Catarinense. 2009. 157p. Dissertação (Mestrado em Música) – Programa de Pós-Graduação em Música, Centro de Artes, Universidade do Estado de Santa Catarina, Florianópolis, 2009.

BEVILACQUA, L. Travas culturais e desenvolvimento da sociedade do conhecimento no Brasil. **Revista de Ensino Superior – Unicamp**. São Paulo, 2012.

BIANCHINI, S. S. **Recordando São Joaquim**: História. Florianópolis: Edição da Autora, 1986.

CASTAGNA, P. Musicologia portuguesa e brasileira: a inevitável integração. **Revista da Sociedade Brasileira de Musicologia**, São Paulo, n. 1, 1995.

CHIZZOTTI, A. **Pesquisa em ciências humanas e sociais**. 5. ed. São Paulo: Cortez: 2001.

FERREIRA, J. P. **Enciclopédia dos Municípios Brasileiros**. Rio de Janeiro, volume XXXII, 1959.

FREIRE, V. B. (org.). **Horizontes da pesquisa em música**. Rio de Janeiro: 7 Letras, 2010.

GOMES, F. **Panorama histórico da música brasileira**. Semana Acadêmica da Faculdade de Comunicação e Artes da Universidade de Passo Fundo (RS), em maio de 2004.

RUDIO, F. V. **Introdução ao Projeto de Pesquisa Científica**. 2. ed. Petrópolis: Vozes, 1979.

RUDIO, F. V. **Introdução ao Projeto de Pesquisa Científica**. Petrópolis: Vozes, 2004.

APONTAMENTOS PARA UMA HISTÓRIA DA MÚSICA DE SÃO JOAQUIM

Jeferson da Rosa Seifert
Lurdes Caron

Introdução

Conhecer a história da música em São Joaquim é fazer o estudo das origens e evolução da música ao longo do tempo, que compreende, por sua vez, o estudo da evolução cultural dos povos, pois todas as civilizações, segundo a história, possuem um tipo de manifestação musical com diferentes formas de expressão.

Cada povo foi criando o seu legado, a sua cultura e que só foi possível chegar até nós por meio de registros. Isso aconteceu, segundo a história, por pesquisadores/artistas que tinham o propósito de registrar suas aptidões e os fatos acontecidos no seu presente. Com o passar dos tempos, surgiram outras pessoas com propósitos idênticos, interessadas em organizar tais fatos. Neste sentido, uma pesquisa que descubra e traga à tona o cenário musical joaquinense é de suma relevância para o conhecimento das influências e características da cultura musical do Brasil dessa sociedade.

A sociedade joaquinense possui muitos fatos musicais históricos, mas que estão se perdendo. As manifestações que aconteceram no final do século XIX até metade do século XX são contadas por pessoas que as guardaram em suas memórias. Até então, a história musical da cidade estava desprovida de registros de forma organizada. Diante desse problema, as novas gerações ficam confusas, sem saber em que se embasar para manter ou divulgar a cultura musical. Esse problema reflete no crescimento da indústria cultural, que traz informações fragmentadas, por meio da mídia, colocando as pessoas à mercê de um padrão por falta de conhecimento da própria cultura ou por falta de algum estímulo que fomente a curiosidade do seu histórico musical.

A preocupação em manter viva a memória da cultura musical joaquinense nos desafiou a realizar a pesquisa objetivando o registro da memória histórica. Assim, o estudo partiu da questão problema: Como as músicas foram influenciadas e influenciaram a cultura do município de São Joaquim no final do século XIX até metade do século XX? Para responder à pergunta que motivou a realização desta pesquisa, definimos como objetivo geral: identificar as manifestações da cultura musical do município de São Joaquim no final do século XIX até metade do século XX e, como objetivos específicos: conhecer qual o gênero/estilo musical predominante no período e saber o porquê determinadas músicas eram tocadas e como as mesmas foram influenciadas e influenciaram a cultura do município.

Trabalhamos com as hipóteses de que as manifestações musicais de São Joaquim, na época, foram influenciadas pelas músicas tocadas nos grandes centros do Brasil e por manifestações não formais de música. Partimos de três possíveis vertentes musicais, que tiveram manifestações no sul do Brasil, ligadas ao cenário joaquinense: as Bandas de músicas civis com expressão militar, a formação *Jazz* de música regional e a música gauchesca.

A pesquisa é de abordagem qualitativa e adotamos a metodologia de pesquisa em fontes bibliográficas, documental e entrevista semiestruturada com músicos, parentes dos músicos, pessoas coadjuvantes desse processo e/ou participantes das bandas da época que possuam lembranças sobre os fatos e ou manifestações musicais ocorridas na época, fazendo, posteriormente, a análise de dados.

Acreditamos que essa pesquisa ajudará no aprofundamento do conhecimento dos valores que permeiam a cultura em geral, e mais especificadamente da música em São Joaquim, revelando perspectivas das manifestações e da cena musical que aconteceram no final do século XIX até metade do século XX. Assim, estamos colaborando no resgate cultural da música joaquinense, com a nossa própria formação e na formação de novos músicos, bem como no resgate e exercício da cidadania.

A pesquisa resgata a memória histórica das primeiras pegadas musicais de São Joaquim, revelando os importantes caminhos dos primeiros habitantes nas conquistas de terras e do desenvolvimento regional desse município. Na sequência, destaca características históricas do povo joaquinense, com suas respectivas manifestações culturais quanto à arte musical, à organização de bandas e influências das músicas de estilo gauchesco, o jazz, as bandas de formações militares e outras que, ainda hoje, fazem parte do repertório musical regional e, por fim, apresentamos as considerações finais.

Primeiras pegadas

O estudo da história e cultura de um determinado povo nem sempre nos proporciona uma garantia dos fatos, mas nos induze a criarmos perspectivas históricas sobre acontecimentos 5tgxxx que moldaram e direcionaram o conhecimento que chega até nós. Neste sentido, para tentarmos encontrar algumas pegadas dos primeiros habitantes de São Joaquim e da nossa influência cultural, vamos fazer uma digressão sobre o atual território do Estado do Rio Grande do Sul, cujas terras, no século XVI e início do século XVII, não despertavam nenhum interesse aos portugueses e espanhóis. No entanto, essa situação muda a partir do século XVII com a chegada dos jesuítas, aumentando a preocupação dos espanhóis com o avanço dos portugueses.

> No início do século XVII chegaram jesuítas à região formada pelos atuais estados do Paraná e Rio Grande do Sul. Esses padres estabeleceram as Missões Jesuíticas, onde reuniam, em torno de pequenos grupos de religiosos, um grande número de índios guaranis convertidos. Para sustentar essas populações, foi introduzida a atividade pecuária, com o gado solto nas pradarias (CARNEIRO, 2007).

Temendo perder essa região para os espanhóis, o governo português estimulou a colonização dessas terras, onde surgiram grandes propriedades rurais chamadas estâncias[1], e a produção de carne-seca e couro destinados a outras regiões da colônia. Essa movimentação chamada de tropeirismo deu origem às vilas.

> O tropeirismo no Brasil teve seu auge nos séculos XVIII e XIX, quando a atividade do transporte, principalmente de gado e mulas do Rio Grande do Sul até os principais mercados do centro do País, teve grande importância econômica. As tropeadas foram responsáveis pela dinamização da economia gaúcha e muitas cidades se desenvolveram ao longo das rotas tropeiras (KRONE, 2006, p. 16).

A partir da atividade tropeira do Rio Grande do Sul, deu-se início a criação de "[...] rotas mais seguras, dando prioridade a atravessar áreas mais abertas, seguindo o curso dos rios" (KRONE, 2006, p. 17), que passavam pelo atual território de Santa Catarina, com o destino principal de levar as tropas até São Paulo. Essas trilhas eram chamadas de caminho das tropas e compunham-se por três vias principais: O caminho da praia à Estrada Real e Estrada das Missões. Na Figura 1 é possível observar um resumo das diversas rotas dos tropeiros.

---

1   Fazenda ou local utilizado para criação de gado.

Figura 1 – Caminho das Tropas

Fonte: Jornal de Londrina (2015).[2]

Neste trabalho, nossa atenção se concentrou no Caminho da praia e à Estrada Real, rota que passava pelo planalto serrano catarinense, onde começaram a surgir as primeiras povoações em Santa Catarina.

> Nos fins do século XVII a então província de Santa Catarina contava com as seguintes povoações: São Francisco do Sul, a primeira a ser fundada, Desterro, que passou a ser a capital da Província, fundada em 1673 e Laguna, que abrangia todo o sul da província, fundada em 1676 (BIANCHINI, 1986, p. 15).

No Caminho da praia (Figura 2), a rota saía da Colônia Del Sacramento e seguia até a praia de Araranguá – SC, passando pelos campos de Curitiba – PR até chegar a Sorocaba-SP.

---

2 Disponível em: http://www.jornaldelondrina.com.br/brasil/conteudo.phtml?tl=1&id=1464599&tit=O-primeiro-caminho-das-tropas Acesso em: 4 ago. 2015.

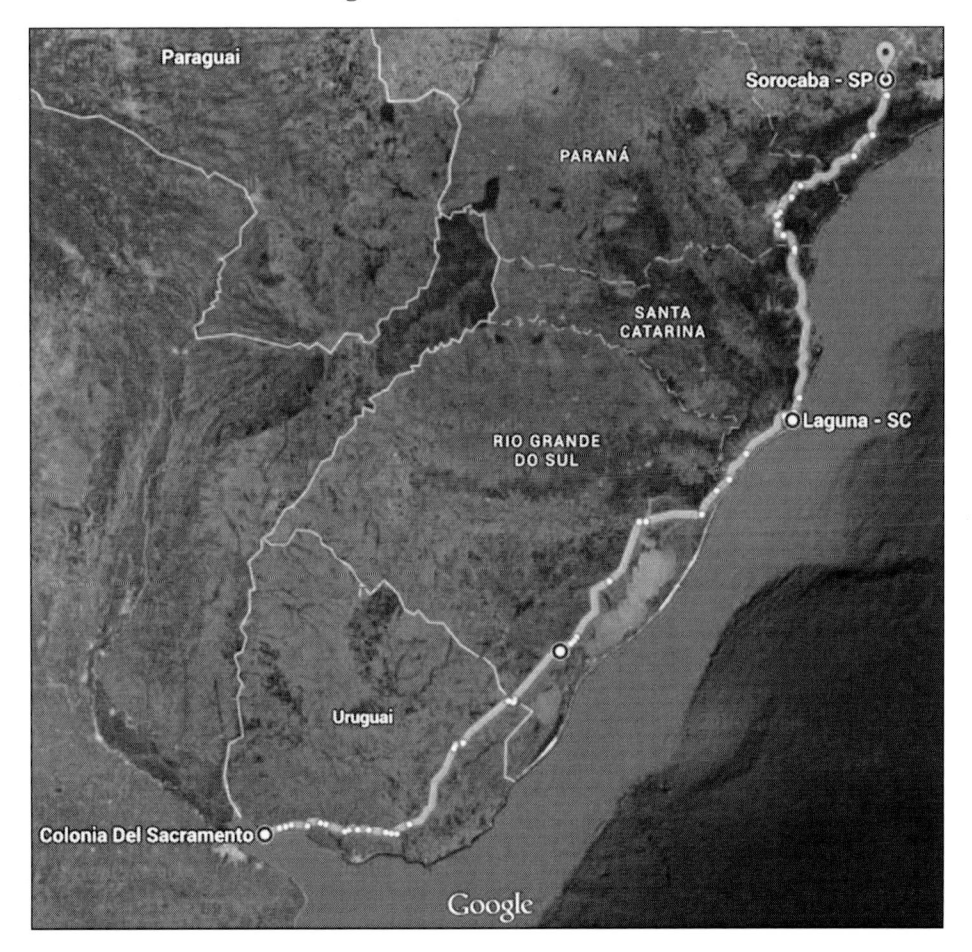

Figura 2 – Caminho da Praia

Fonte: Google Maps (2015).

Depois da criação do Caminho da praia, foi aberto o Caminho dos conventos (Figura 3), caminho importante para o desenvolvimento da região do planalto serrano.

> Nas primeiras décadas do século XVIII, precisamente no ano de 1728, por estas paragens andou o pioneiro Francisco de Souza Faria, que abriu a primeira picada ligando o litoral catarinense ao seu planalto. Essa picada se denominava "Estrada dos Conventos ou de Ararangua". Por esta íngreme estrada subiam os homens e tropas de animais, que, vindo do Rio Grande do Sul, demandavam os campos de Lages, com destino a São Paulo (BIANCHINI, 1986, p. 15).

Os tropeiros partiam da Colônia Del Sacramento, chegavam ao litoral de Araranguá-SC e subiam para o planalto serrano com destino a Sorocaba-SP.

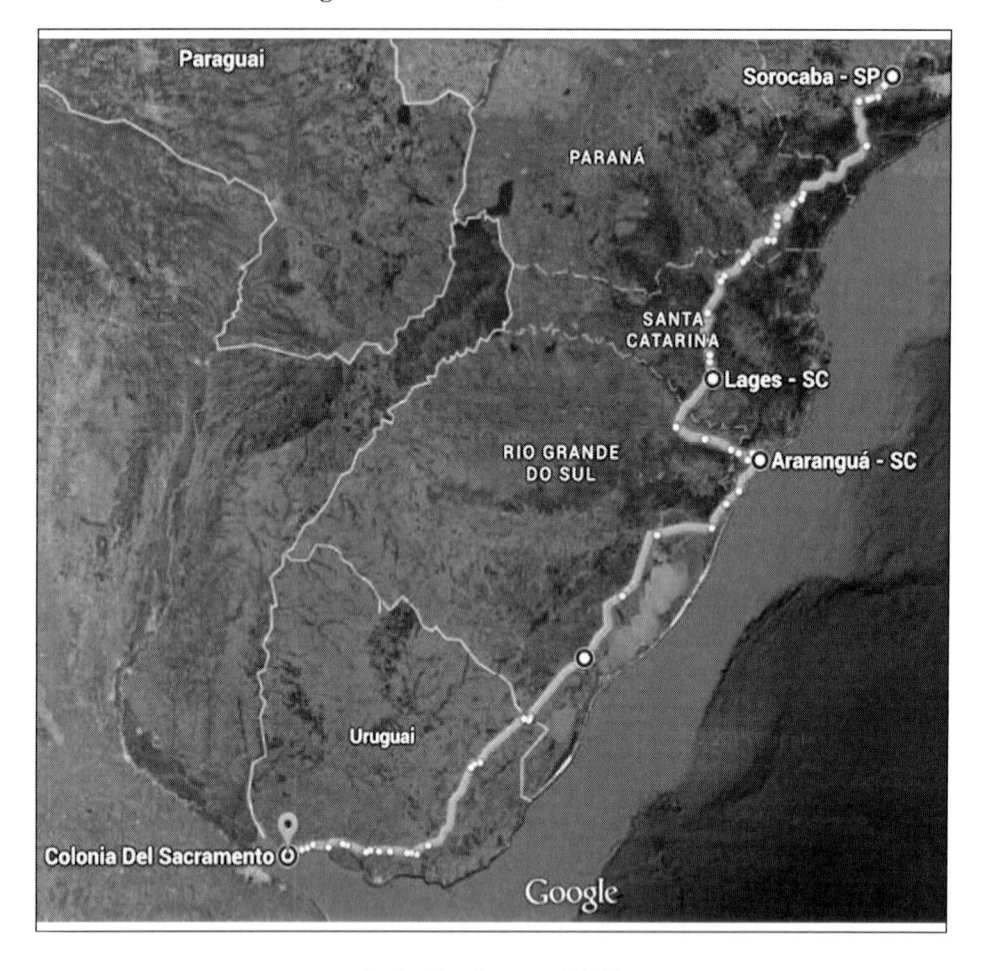

Figura 3 – Caminho dos Conventos

Fonte: Google maps (2015)

Outro caminho fundamental para o povoamento dessa região foi a Estrada Real (Figura 4), aberta por Cristóvão Pereira de Abreu partindo de Viamão, em 1732, aproveitando o Caminho dos conventos, vindo a ser a rota mais utilizada e se tornando o famoso "caminho das tropas". "Sendo assim, os primeiros povoadores eram geralmente tropeiros que já conheciam os campos de Viamão, Rio Grande do Sul, e que vieram se estabelecer nas áreas devolutas dos 'Campos de Lages'" (SCHNEIDER, 2013, p. 19).

Figura 4 – Estrada Real

Fonte: Google maps (2015).

Até aqui, vimos a importância dessa prática tropeira para o desenvolvimento das regiões em que os tropeiros passavam e quais as rotas mais utilizadas por eles. Mais adiante, vamos analisar a possibilidade de identificar alguma herança histórico-musical do caminho das tropas no município de São Joaquim.

Contexto Histórico de São Joaquim

Supõe-se que o território, hoje chamado de São Joaquim, foi cenário da passagem desses homens e tropas de animais vindos do Rio Grande do Sul rumo a São Paulo. Pela carência de registros, não é possível afirmar quando se fixaram os primeiros povoadores nas terras de São Joaquim.

Acredita-se que os gaúchos tenham sido os primeiros habitantes das terras joaquinenses, mas não é possível afirmar, pois não foi encontrado nenhum documento sobre a data em que se fixaram os primeiros povos dessas terras. No entanto, há indícios de que, por volta de 1750, as terras do município já eram habitadas por gente civilizada. Bianchini (1986, p. 15) ressalta que, "[...] segundo a obra 'História de La Conquista', do jesuíta Lozano, editada em 1745, nos diz que, os campos e pinheirais catarinenses, inclusive os de São Joaquim, teriam sido visitados pelos padres espanhóis da Companhia de Jesus". Segundo contam as pessoas de viva memória, São Joaquim foi colonizado por descendentes de portugueses e espanhóis vindos do Rio Grande do Sul e de São Paulo, a partir de 1750, entretanto, parece certo de que as primeiras explorações no atual território do município se processaram na região de Bom Jardim, por gente vinda do Rio Grande do Sul, tendo atravessado o Rio das Contas e o Rio Pelotas.

> Segundo notas do historiador Walter Dachs e do reverendíssimo Pe. João Batista Vieceli, fornecidas ao ilustrado senhor Enedino Batista Ribeiro, chegou-se à conclusão de que as primeiras explorações, nos territórios que são hoje os municípios de São Joaquim e Bom Jardim da Serra, foram efetivadas por gente vinda do Rio Grande do Sul (BIANCHINI, 1986, p. 16).

Com a fundação de Lages em 1766, por bandeirantes paulistas, ocorreu de alguns deles andarem, ou até mesmo se fixarem pela região joaquinense, onde fundaram grandes fazendas de gado que serviam de pouso aos que tropeavam gado do sul para o interior do país. Segundo Ribeiro (1941), citado por Bianchini (1986, p. 20), em 1866, iniciou-se a abertura de um atalho pela serra da Farofa ligando o atual município de São Joaquim à estrada "Lages – São José". Antes disso, foi aberta a serra do Tubarão, que ligava o povoado de Lages a Laguna, o que possibilitou maior progresso para São Joaquim.

A iniciativa dessas estradas é atribuída a Manoel Joaquim Pinto, natural de Piracicaba, que foi celebrado como o fundador da atual cidade de São

Joaquim, por ter mandado erguer uma capela e construir várias casas para seus descendentes e escravos.

Assim, a história de São Joaquim, até o ano de 1867, fica no terreno das hipóteses, pois "[...] os primeiros documentos encontrados fazendo referência ao povoado que é hoje São Joaquim são entre 1868 e 1869" (BIANCHINI, 1986, p. 20). A partir de 1873, com a fundação da freguesia de São Joaquim do Cruzeiro da Costa da Serra, a região recebeu descendentes de alemães e italianos que se integraram ao processo de colonização. Em 28 de agosto de 1886, a freguesia tornou-se vila, emancipando-se em 07 de maio de 1887.

Características e influências: o próprio e o alheio, o nativo e o importado

Neste item do trabalho, refletimos a partir das seguintes vertentes musicais que tiveram manifestações no sul do Brasil: as Bandas de músicas civis com expressão militar, a formação Jazz de música regional e a Música gauchesca. Lembrando que não será aprofundada a questão de como se desenvolveu a música Latina, mas vale ressaltar a sua importância para dar direção às perspectivas desta pesquisa. Neste caso, o aspecto mais importante da música Latina a ser lembrado é que muitos movimentos migratórios trouxeram consigo sua cultura, costumes e tradições, mas é satisfatório pensar que já havia povos aqui, com sua a cultura (como já mencionado sobre o objetivo das missões jesuítas). Os povos que aqui estavam foram, então, influenciando e sendo influenciados culturalmente. Um fato que fortalece essa questão, no sul do Brasil, é a miscigenação que aconteceu em Porto Alegre, como nos conta Vedana (1987):

> Porto Alegre sempre foi um centro cultural de linhas europeias, já que a maioria de seus habitantes descendia do velho Mundo: primeiro vieram os alemães (sem contar os portugueses, é claro) depois os italianos, seguidos de franceses, ingleses e ainda irlandeses, que trouxeram seus gostos pela música, bem como suas culturas, que aqui acabaram por mesclar-se com o que já havia no século passado: índios, portugueses e pretos (estes últimos, escravos). Tal miscigenação proporcionou um florescimento musical bastante grande para a cidade (VEDANA, 1987, p. 12).

É possível pensar, então, que a música latina se desenvolve a partir do próprio e do alheio, do nativo e do importado. Segundo Devoto[3] (2004,

---
3   Escritor e músico Argentino.

tradução nossa), "[...] são quatro elementos que caracterizam as atividades musicais latinas: o indígena, a conquista e a colonização hispânica, o africano, a vida independente e a contribuição imigratória".

Por meio da brevidade desse fato, que sugere outro estudo mais aprofundado, é fidedigno fazer esse recorte e essa reflexão da raiz das influências da música latina para iniciarmos um pensamento emergente.

Diálogos sobre banda de músicas civis com expressão militar

Durante o século XIX, houve forte nacionalização das danças de salão, sendo as principais a *quadrilha, a polca, a valsa, e a mazurca,* importadas da Europa para o grande centro cultural da época: Rio de Janeiro. Já no final do século XIX, Rio de Janeiro e São Paulo estavam vivenciando uma música que animava os seus bailes, como o choro, o samba, a música orquestral, as marchinhas de Carnaval, entre outras que estavam sendo nacionalizadas nos grandes centros do Brasil e, depois, atingiram várias cidades do País para a execução em bailes sofisticados e grandes eventos sociais. Nesse sentido, Napolitano (2002, p. 27) ressalta que,

> Até os anos 50 do século XX, o Rio de Janeiro foi o ponto de encontro de materiais e estilos musicais diversos, além de sediar boa parte das agências econômicas responsáveis pela formatação e distribuição do produto musical (casas de edição, gravadoras, empresas de radiofonia).

A organização e mescla de ritmos das canções executadas por uma banda de músicas civis, no final do século XIX e início do século XX, em São Joaquim nos mostra que o movimento da música no Brasil passou por um momento de nacionalização cultural, vindo a ter reflexo na música que era feita em São Joaquim nesse período. O território de São Joaquim sediava a passagem e o pouso de bandeirantes, vindos de São Paulo, e outros viajantes que transitavam pelas rotas tropeiras, vindos de Laguna. Estes traziam dos grandes centros do Brasil partituras e influências culturais/musicais para cidade.

Neste sentido, em 30 de junho de 1895, foi fundada, em São Joaquim, por Joaquim Palma da Silva Matos, Adolfo Palma da Silva Matos e Domingos Marturano (O primeiro da linhagem em São Joaquim), a Banda Mozart Joaquinense. Esta, apesar de possuir no nome a nomenclatura "banda", que tem significados ambíguos, podendo ser interpretada como banda militar por ocasião do período, baseava sua formação no modelo de banda militar (Figura 5), mas não se enquadrava na função de banda militar, desse modo, foi considerada uma banda de músicas civis.

> As bandas de música civis são os grupamentos musicais compostos por instrumentos de sopro e percussão que funcionam sob um modelo organizacional próprio, subsidiados pelo Estado ou por fundações ou organizações do meio civil, como organizações não governamentais (ONGs) ou associações de músicos. Apesar de historicamente, no Brasil, as bandas de música civis terem como modelo as bandas militares, estas não possuem como princípio organizacional e legal os mesmos preceitos, direitos e deveres que as militares, mas se assemelham em algumas de suas atividades (VIEIRA, 2013, p. 51).

Com a criação da banda Mozart em São Joaquim, iniciaram-se as apresentações e animação em bailes sofisticados e eventos sociais importantes. Segundo Bianchini (1986, p. 60), após a fundação do Clube Ástrea, o mais importante de São Joaquim, "[...] os bailes eram abrilhantados pela banda de Música Mozart Joaquinense. Esta banda foi, durante anos, considerada uma das melhores do Estado".

Segundo consta, não existia, na cidade de São Joaquim, no período abordado, uma orquestra propriamente dita, ou seja, nos moldes das grandes orquestras profissionais que atuavam na Europa, "[...] sendo assim, as bandas de música cumpriam uma função múltipla de orquestra tanto de concerto como de baile, de certa forma recuperando o sentido original[4] de seu nome" (VIEIRA, 2013, p. 14). Seu repertório era composto de valsas, rancheiras, bolero, tangos, dobrados, marchas, samba e chorinho e, segundo um militante memorialista de São Joaquim, as partituras eram compradas em São Paulo e/ou encomendadas de Florianópolis ou Laguna. "Portanto, tanto a disseminação dos gêneros musicais brasileiros quanto a consolidação das modas musicais estrangeiras, a partir das principais cidades brasileiras do século XIX, são inseparáveis da história das casas de impressão e editoras musicais" (NAPOLITANO, 2002, p. 30).

---

4   Orquestra tem como origem a palavra grega orkestra (Orquestra = espaço para a dança), lugar destinado à dança e aos músicos, na antiga Grécia.

Figura 5 – Na foto inauguração do novo uniforme da Banda Mozart – 30/06/1937

Fonte: Arquivos de Pesquisa (2015).

A formação Jazz de música regional

A partir de 1920, surge um novo fenômeno musical chamado "Jazz", que teve início na cidade de New Orleans, nos EUA, e que inaugurou um novo jeito de fazer música. No Brasil, em específico na região Sul, o Jazz abriu fronteiras por intermédio de bandas consagradas no país que já estavam aderindo a esse novo fenômeno musical.

Segundo Vedana (1987, p. 17), que foi pesquisador, maestro, tenor e clarinetista brasileiro de *jazz band*, em Porto Alegre – RS, em 1926, passou por lá um conjunto musical procedente do Rio de Janeiro que, dois anos antes, teria obtido um retumbante êxito em Paris, chamado "Os Oito Batutas", sob a direção de Pixinguinha. Ainda segundo o mesmo autor, Os Oito Batutas realizaram uma série de shows, durante vinte dias, deixando boquiabertos os porto-alegrenses, o que instigou as bandas regionais a copiarem a forma, as harmonias, os arranjos, os improvisos, a substituírem o nome de "Regional" para "Jazz", a trocarem alguns instrumentos e buscarem se aperfeiçoar com arranjos escritos. Ainda, por indicação de Pixinguinha, havia casas musicais na capital da República que imprimiam arranjos para conjuntos de jazz, o que seria um avanço para a época.

Após essa novidade primeiramente se espalhar nos grandes centros do Brasil, surge, em 1952, na cidade de São Joaquim, a banda chamada "Jazz Pedacinho do Céu". Segundo relatos de Luiz Pereira de Jesus[5] – "Tio Nina" (como é conhecido o último integrante em vida da banda), "O Jazz Pedacinho do Céu foi formado para abrilhantar bailes e festas, com intuito de seguir a modernidade", neste caso, se referindo à performance do grupo.

> No entanto, não se deve considerar as *jazz bands* necessariamente como bandas cujo repertório era estritamente tocado na linguagem jazzística. Elas eram muito mais um sinônimo de modernidade do grupo, refletido em sua postura e *performance* – o figurino uniformizado dos músicos: sapatos de verniz brilhante, calça com vinco, camisa branca, paletó escuro e gravata borboleta (GILLER, 2013, p. 28-29).

A Figura 6 traz em detalhes como era o uniforme da banda.

Figura 6 – Formação Jazz Pedacinho do Céu

Fonte: Arquivos de Pesquisa (2015).

---

5   Luiz Pereira de Jesus – Tio Nina, nasceu em 1941 na cidade de São Joaquim, foi funcionário público, hoje aposentado, foi ritmista, tocou pandeiro, bongô e malacacheta na banda jazz Pedacinho do Céu até o final da banda. Tocou também na banda Mozart, na parte do ritmo, caixa de rufo, quando Luiz Porto era maestro.

A respeito de repertório, "Tio Nina" chama atenção para os estilos regionais: "tocávamos dobrados, marchas, valsas, choros, boleros, tangos, mambos, baiões entre outros". Partindo desse conceito, o Jazz Pedacinho do Céu se encaixa em conjunto de música regional com a formação de Jazz. Diante desse relato, e de um documento encontrado no museu de São Joaquim, do repertório da banda Jazz Pedacinho do Céu (Figura 7), não se tem vestígios da música que era feita a partir de 1920 em New Orleans, e nem formação instrumental de naipe de metais característicos das *Jazz Bands* da época, apenas que eles usavam Piston, Acordeom (cromática), Ritmos (referindo-se a percussão), Guitarra, Violino, Contrabaixo e Cruner/Vocalista.

Figura 7 – Repertório Jazz Pedacinho do Céu

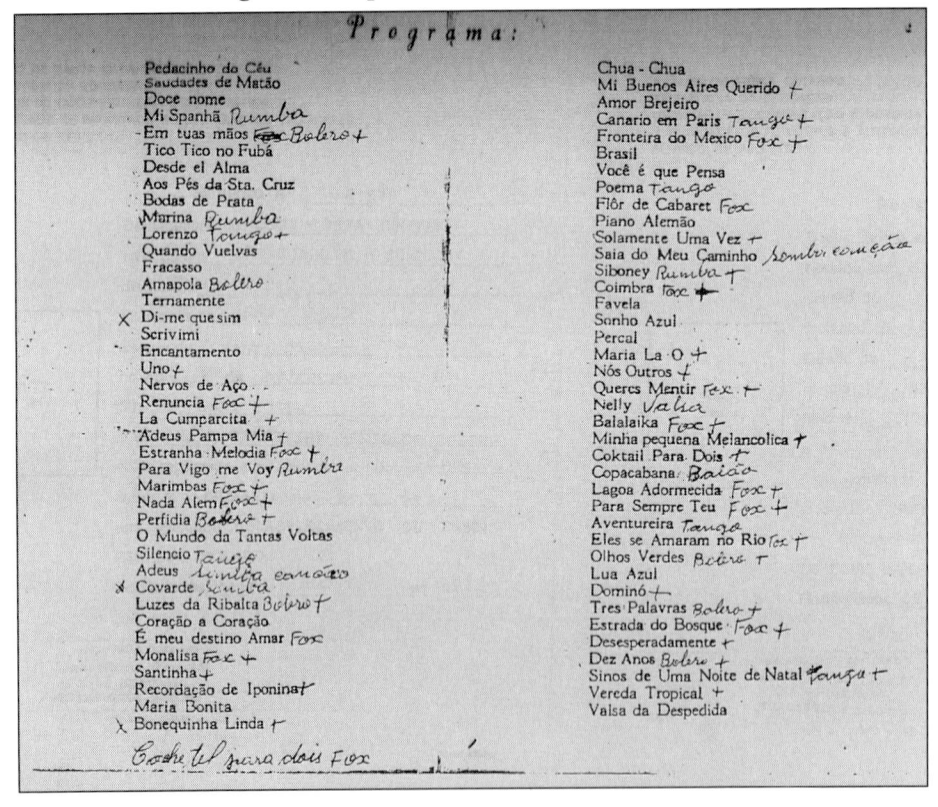

Programa:

Pedacinho do Céu
Saudades de Matão
Doce nome
Mi Spanhã *Rumba*
Em tuas mãos *Bolero*
Tico Tico no Fubá
Desde el Alma
Aos Pés da Sta. Cruz
Bodas de Prata
Marina *Rumba*
Lorenzo *Tango*
Quando Vuelvas
Fracasso
Amapola *Bolero*
Ternamente
X Di-me que sim
Scrivimi
Encantamento
Uno
Nervos de Aço
Renuncia *Fox*
La Cumparcita
Adeus Pampa Mia
Estranha Melodia *Fox*
Para Vigo me Voy *Rumba*
Marimbas *Fox*
Nada Alem *Fox*
Perfidia *Bolero*
O Mundo da Tantas Voltas
Silencio *Tango*
Adeus *Rumba começão*
X Covarde *Rumba*
Luzes da Ribalta *Bolero*
Coração a Coração
É meu destino Amar *Fox*
Monalisa *Fox*
Santinha
Recordação de Iponina
Maria Bonita
X Bonequinha Linda

Chua - Chua
Mi Buenos Aires Querido
Amor Brejeiro
Canario em Paris *Tango*
Fronteira do Mexico *Fox*
Brasil
Você é que Pensa
Poema *Tango*
Flôr de Cabaret *Fox*
Piano Alemão
Solamente Uma Vez
Saia do Meu Caminho *sambá começão*
Siboney *Rumba*
Coimbra *Fox*
Favela
Sonho Azul
Percal
Maria La-O
Nós Outros
Queres Mentir *Fox*
Nelly *Valsa*
Balalaika *Fox*
Minha pequena Melancolica
Coktail Para Dois
Copacabana *Baião*
Lagoa Adormecida *Fox*
Para Sempre Teu *Fox*
Aventureira *Tango*
Eles se Amaram no Rio *Fox*
Olhos Verdes *Bolero*
Lua Azul
Dominó
Tres Palavras *Bolero*
Estrada do Bosque *Fox*
Desesperadamente
Dez Anos *Bolero*
Sinos de Uma Noite de Natal *Tango*
Vereda Tropical
Valsa da Despedida

Coktail para dois Fox

Fonte: Arquivos de pesquisa (2015).

É interessante lembrar, já que estamos falando do Jazz na região sul, no Paraná (Estado que faz parte da região Sul do Brasil), que houve registro de bandas de Jazz com características parecidas com a do Jazz Pedacinho do Céu de São Joaquim. Conforme Giller (2013, p. 32):

A Ideal Jazz Band apareceu entre as décadas de 1930 a 1940. O grupo era formado pelos instrumentos: banjo, acordeão, contrabaixo, saxofone, violino, bateria, pandeiro e cuíca. [...]. Destaca-se na instrumentação a presença de duas gaitas ponto, dois violões e duas flautas. As gaitas-ponto eram muito comuns nos grupos da Argentina. Isso indica que as tendências de adaptação instrumental também sofreram influências vindas do sul da América do Sul.

Desse modo, podemos perceber que a música que acontecia em São Joaquim no período de 1900 a 1940 foi influenciada por estilos e gêneros de várias regiões da América do Sul, como foi visto no repertório do Jazz Pedacinho do Céu. Diante desse fato, supõe-se que o estilo era mais direcionado para regional, mesmo com a formação Jazz, até pela inserção do Acordeão, o que os fazia se diferenciar das *Jazz Bands* que surgiam na América do Norte.

> No tocante à música popular do período entre 1900 e 1940, alguns gêneros musicais foram destinados em sua maioria à dança: o ragtime, o *one-step*, o *fox-trot*, o *shimmy*, o *charleston*, todos relacionados ao jazz na América do Norte; o lundú, o maxixe, a polca e o samba no Brasil; a *cumbia* na Colômbia; a rumba, o mambo, o *cha-cha-cha* e o bolero em Cuba, o tango na Argentina. Identificados como modernos, esses gêneros musicais/dançantes foram também associados às tecnologias que marcaram o período, como o rádio, o gramofone e o fonograma, cristalizando na maioria dos países dois elementos fundamentais de entretenimento: o cinema e os salões de dança animados por jazz bands (GILLER, 2013, p. 28).

Posteriormente, foi se miscigenando e a cultura musical desses povos generalizou no Brasil inteiro através das tecnologias, ou seja, do avanço da modernização que adentrou nesse meio, expandindo-o.

Música gauchesca

Durante o avanço da urbanização e internacionalização da cultura das elites brasileiras, paralelamente foram se desenvolvendo duas correntes musicais muito fortes: a urbana e a de ambientes mais rurais (folclóricas) então, segundo Castagna:

> A partir do final do Séc. XIX essas danças começaram a sofrer profundas alterações, mesclando-se com gêneros brasileiros de dança (como o lundu e o maxixe), gerando pelo menos duas correntes musicais: a primeira ainda urbana, porém desnivelada para camadas médias da sociedade, com a prática de danças já "nacionalizadas"; a segunda mais típica de ambientes

rurais, nos quais essas danças foram "folclorizadas", transformando-se em dezenas de gêneros de danças de expressão local, tanto na música quanto na coreografia (CASTAGNA, 2003, p. 2).

Essas danças e estilos musicais, conforme migravam da Europa e países que fazem fronteira com Rio Grande do Sul, Paraná e Santa Catarina, também foram sendo moldadas e mescladas com o folclore de cada região, o que mostrou que a cultura europeia não chegava da mesma forma para as camadas rurais da sociedade, sendo assim, foram folclorizadas e expressadas de acordo com os costumes locais. Partindo desse pressuposto, surgem, na região sul, manifestações mais intensas de uma prática musical da qual não se tem uma data exata de seu aparecimento, mas trata-se de um gênero disposto a criar raízes.

> Ao que tudo indica, o gênero começou a se estabelecer dentro de estatutos mais ou menos coesos em meados do século XIX. A literatura a respeito indica que os habitantes seminômades da pampa comum às regiões onde hoje estão Argentina, Uruguai e Rio Grande do Sul, tinham na prática musical – especialmente a da rima improvisada, a *payada* – um hábito costumeiro (COUGO JÚNIOR, 2012, p. 5).

Essas práticas musicais comuns dessas regiões começaram a ser expressas e folclorizadas de uma forma mais íntima, mais característica da região do Rio Grande do Sul e foram chamadas de música gauchesca. Cougo Júnior (2012) explica que:

> Utiliza a expressão "música gauchesca" para descrever a produção musical criada e/ou inspirada a partir dos principais fatores identitários do Rio Grande do Sul, especificamente aqueles ligados ao contexto rural/agropastoril que é, em termos rítmico-harmônicos, fortemente influenciado pelo contato direto com a cultura dos países platinos (Argentina e Uruguai) e pela imigração ítalo-germânica – além do estreito vínculo com as culturas indígena, africana e portuguesa (COUGO JÚNIOR, 2012, p. 3).

Como essa música regional estava muito restrita ao sul, era preciso expandi-la e isso só foi possível com o aparecimento das rádios Gaúcha (1927) e Farroupilha (1935), que criaram espaços de difusão do gênero regional, especialmente o programa Campereadas (1935), apresentado por Lauro Rodrigues (COUGO JÚNIOR, 2012). Nesse meio, surgiu, então, o disseminador da música gauchesca no Brasil, Pedro Raymundo, músico de Santa Catarina que, por meio de um contrato com a Rádio Nacional do Rio de Janeiro, concedeu às Regiões do Sul uma vitrine musical, em especial a música gauchesca e sua cultura.

> É no Campereadas que surge Pedro Raymundo, acordeonista nascido em Imaruí (Santa Catarina) que, em 1939, organizou o Quarteto dos Tauras e, quatro anos mais tarde, foi contratado pela Rádio Nacional do Rio de Janeiro, onde "estourou" com o xote Adeus Mariana. Pedro Raymundo, que estrelou dois filmes e gravou dezenas de discos de 78rpm, foi o primeiro cantor sulino de êxito nacional que fez uso do traje típico gaúcho (botas, bombachas, lenço ao pescoço, chapéu de abas largas e cinturão). Seu sucesso chamou atenção de outros cantores que logo passaram a imitá-lo. É neste mesmo contexto que surgiram a Dupla Campeira (Osvaldinho e Zé Bernardes, inspirados nos paulistas Tonico e Tinoco) e o Conjunto Vocal Farroupilha (formado em 1950, por Alceu, Danilo, Estrela, Inah e Tasso). Na mesma esteira, surgiram Honeyde e Adelar Bertussi, acordeonistas que a partir de 1955 deram impulso ao estilo serrano da "música gauchesca", gênero fortemente influenciado pelos ritmos ítalo-germânicos e de muita aceitação em bailes e festas do interior gaúcho (COUGO JÚNIOR, 2012, p. 5-6).

Em meio a esse forte estilo serrano de animar bailes e festas, expandidos na região pelos irmãos Bertussi, surgem em São Joaquim os primeiros grupos tradicionais de música gauchesca, trazendo para o município essa cultura, em bailes e festas, sem ir a fundo na influência que trouxeram pelo uso do acordeom, que se tornou símbolo de festa, churrasco e outras práticas da cultura gauchesca, envolvendo também a dança, como os grupos de invernada artística[6].

Os primeiros grupos de que se tem registro a iniciarem essa prática em São Joaquim foram: Os Filhos Da Estância (1979), grupo de música tradicionalista gaúcha que, durante sua trajetória, animou bailes por Santa Catarina, Paraná, Rio Grande do Sul e São Paulo. Os Farrapos (1983), grupo de estilo gaúcho que tocou por diversos lugares, dentre eles os estados do Paraná e do Rio de Janeiro, e o grupo Querência Serrana (1986), que animava bailes nos estados de Santa Catarina e Rio Grande do Sul, tocando, também, músicas regionais gaúchas. Como é possível ver, a cultura da música gauchesca chegou a São Joaquim em meados dos anos 70, onde se estabeleceu e ainda se mantém forte. Com o passar do tempo, surgiram e surgem novos grupos com o mesmo intuito e vale lembrar a importância desses grupos gauchescos e sua cultura nos principais eventos do município, como rodeios, festas de aniversário, casamentos, bailes típicos gaúchos, formaturas de danças gauchescas, festas de São João, festas da região (maçã, uva, pinhão, hortaliças etc.) entre outras.

---

6   Grupo de pessoas destinado à prática coreográfica de danças de músicas gauchescas abrilhantadas pelo rigoroso traje/indumentária gaúcha, com intuito de apresentar e manter viva a cultura gauchesca.

Caminhos Percorridos

A presente pesquisa se fez tanto qualitativa como de dados quantitativos. A fundamentação teórica foi realizada em fontes bibliográficas de autores que contribuíram para aprofundar o tema da pesquisa, dentre eles, Bianchini (1986), Carneiro (2007), Castagna (2003), Devoto (2004), Giller (2013), Cougo Junior (2012), Krone (2006), Napolitano (2002), Rodrigues Neto (2010), Schneider (2013), Vedana (1987), Chizzotti (2001), Barros (2002), Bardin (2011) e Vieira (2013). Foi utilizado a pesquisa documental na busca de documentos, ou seja, de partituras ou músicas da época. Foi realizada entrevista semiestruturada com pessoas mais antigas e que fizeram parte do histórico musical/cultural de São Joaquim. As entrevistas foram gravadas e digitadas, com o consentimento das pessoas selecionadas. A fundamentação teórica da metodologia de pesquisa teve por base Chizzotti (2001) e Barros (2002). Para a análise das entrevistas, o apoio foi a técnica de análise de Bardin (2011).

A primeira etapa constou do levantamento de fontes bibliográficas, documentais, registros históricos (como fotos, jornais, revistas etc.), bem como, de pessoas para as entrevistas. Na segunda, buscou-se fazer síntese das leituras e seleção de documentos, livros e artigos científicos sobre a música no Brasil nesse período, como forma de levantamento de dados para formular os questionários e escolha de pessoas para a entrevista. Na sequência, ocorreu o desenvolvimento da pesquisa.

A pesquisa qualitativa interfere na história de vida das pessoas, ou seja, nas palavras de Chizzotti:

> A história de vida é um instrumento de pesquisa que privilegia a coleta de informações contidas na vida pessoal de um ou vários informantes. Pode ter a forma literária biográfica tradicional como memórias, crônicas ou retratos de homens ilustres que, por si mesmos ou por encomenda própria ou de terceiros, relatam os feitos vividos pela pessoa. As formas novas valorizam a oralidade, as vidas ocultas, o testemunho vivo de épocas ou períodos históricos (CHIZZOTTI, 2001, p. 95).

Segundo Barros (2002, p. 34), "[...] a pesquisa bibliográfica se realiza comumente em três fases: identificação, localização e reunião sistemática dos materiais ou dos fatos". Para classificar os dados, apoiamo-nos na pesquisa descritiva de Barros (2002, p. 34), que ressalta a descrição do objeto por meio da observação e do levantamento de dados ou ainda pela pesquisa bibliográfica e documental. Das pesquisas descritivas, pode-se chegar à elaboração de perfis, cenários etc. Segundo Bardin (2011 *apud* CHIZZOTTI, 2010, p. 98), é "[...] um conjunto de técnicas de análise de comunicação" que contém informações sobre comportamento humano atestado por uma fonte documental.

Por último, a análise de dados ocorreu segundo Chizzotti (2010, p. 98), cuja técnica se aplica à análise de textos escritos ou de qualquer comunicação (oral, visual, gestual) reduzida a um texto ou documento.

Considerações finais

O interesse pela pesquisa surge de dúvidas ou curiosidades que visam descobrir e entender alguns fatos histórico-musicais que aconteceram e que permeiam os dias atuais em São Joaquim e esclarecê-los, teoricamente fundamentados, para a sociedade em geral, principalmente aos músicos, assim como eu, que também sou músico, quanto a algumas dúvidas sobre a cultura musical.

A tentativa em obter essas possíveis respostas nos mostrou que pessoas da arte-música na história joaquinense foram de suma importância no desenvolvimento da cultura do município, assim como o tropeirismo e o caminho das tropas foram para as influências e características da cultura e principalmente da música em São Joaquim, pois, através destes, foi nos oportunizado conhecer e desenvolver a cultura musical que traziam do sul e dos grandes centros brasileiros, como São Paulo, Rio de Janeiro e Porto Alegre, no final do Séc. XIX e meados do Séc. XX. Essas culturas que iam e viam se fundiram no campo musical, influenciando pequenas vilas que se erguiam, neste caso especificamente São Joaquim, onde foram sendo mescladas com os costumes da região, o que deixou marcas para a posterioridade.

Esses aspectos podem ser percebidos nas duas Bandas que estavam em atividade nesse período, pois tocavam valsas, rancheiras, bolero, tangos, dobrados, marchas, sambas, chorinhos, mambos e baiões, ritmos de diversas partes da América do Sul, o que confirma que os gêneros, o estilo e a formação instrumental foram sendo baseados no que estava em alta nos grandes centros do Brasil, notícias estas que chegavam por intermédio dos viajantes e que refletiam estritamente na música em São Joaquim com a mesma função, animar bailes, ou seja, música destinada à dança.

Logo depois, houve a forte influência dos ritmos advindos do sul, culturas das regiões da Argentina, Uruguai e Rio Grande do Sul, que também possuíam e possuem como função a música dançante. Desse modo, São Joaquim foi influenciada pela música denominada gauchesca, trazendo a formação de vários conjuntos musicais gaúchos, dentre eles, Filhos da Estância, Farrapos e Querência Serrana, dando início à cultura de bailes por toda a região, entre outros que foram surgindo e que ainda se mantêm. Por meio deste estudo, pode-se deduzir que a cultura musical em São Joaquim chegava de "paraquedas" e trazia fragmentos de uma prática cultural muitas vezes distante da nossa realidade, mas muito expressiva e criativa, porém, interoceptivo ao corpo das pessoas, fato este que chegou aos nossos dias.

REFERÊNCIAS

BARDIN, L. **Análise de conteúdo**. Lisboa: Edições 70, 2011.

BARROS, A. J. P. de; LEHFELD, N. A. S. **Projeto de Pesquisa**: propostas metodológicas. 13. ed. Petrópolis: Vozes, 2002.

BIANCHINI, S. S. **Recordando São Joaquim**. Florianópolis: Edição da Autora, 1986.

CARNEIRO, L. G. **Como surgiram, quem eram e o papel dos tropeiros**, 2007. Disponível em: http://www.riogrande.com.br/rio_grande_do_sul_como_surgiram_quem_eram_e_o_papel_dos_tropeiros-o3217.html Acesso em: 29 jul. 2015.

CASTAGNA, P. **A música urbana de salão no século XIX**. Apostilas do curso de História da Música Brasileira IA/Unesp, São Paulo, Apostila 11, 2003.

CHIZZOTTI, A. **Pesquisa em ciências humanas e sociais**. 5. ed. São Paulo: Cortez, 2001.

COUGO JÚNIOR, F. A historiografia da "música gauchesca": apontamentos para uma história. **Contemporâneos – Revista de Artes e humanidades**, Porto Alegre, n. 10, 2012.

DEVOTO, D. Expresiones Musicales; sus relaciones y alcance em las clases sociales *In:* ARETZ, I. **"América Latina en su música"**. 9. ed. México: Editora Siglo XXI, 2004.

GILLER, M. Os jazz bands no Paraná nas décadas de 1920 a 1940. **Anais do IX Fórum de Pesquisa em Arte**. Curitiba: ArtEmbap, 2013.

KRONE, E. E. **Práticas e saberes em movimento**: a história da produção artesanal do queijo serrano entre pecuaristas familiares do município de Bom Jesus (RS). Trabalho de conclusão de curso do Bacharel em Desenvolvimento Rural e Gestão Agroindustrial, Universidade Estadual do Rio Grande do Sul, Encantado, 2006.

NAPOLITANO, M. **História & Música – história cultural da música popular**. Belo Horizonte: Autêntica, 2002.

RODRIGUES NETO, J. A. **Memórias de um Joaquinense.** São Joaquim: Mural Produtos Gráficos, 2010.

SCHNEIDER, I. R. **O voo das curucacas**: estudo genealógico de famílias serranas de Santa Catarina. Florianópolis: Letra Editorial, 2013.

VEDANA, H. **Jazz em Porto Alegre**. Porto Alegre: L&PM, 1987.

VIEIRA, J. P. **Bandas de música militares**: performance e cultura na cidade de goiás (1822-1937). Volume I. Dissertação apresentada ao Programa de Pós-Graduação *Stricto Sensu* da Escola de Música e Artes Cênicas, Universidade Federal de Goiás, 2013.

PLANTAR E COLHER ÁRVORES NATIVAS PARA CONSTRUIR O PRÓPRIO INSTRUMENTO MUSICAL

Vando Roberto de Oliveira
Lurdes Caron
Andrey Garcia Batista

Introdução

O curso de música desenvolvido pela Universidade do Planalto Catarinense – UNIPLAC – estimula que os acadêmicos participem das aulas e de outros eventos científicos. Além disso, que criativamente desenvolvam atividades em vistas da comunidade local em que vivem, objetivando a construção de uma sociedade participativa. A contribuição de cada acadêmico nesse processo parte do entendimento da consciência de cidadania corresponsável e participativa.

A participação de acadêmicos em ações na comunidade onde residem ou em outras instâncias sociais cumpre o tripé Ensino, Pesquisa e Extensão. Isso socializa, eleva e divulga a Universidade como uma instituição que prima pelo conhecimento teórico e prático.

A música faz parte da cultura produzida na sociedade. Ela, como arte e ação, contribui com os professores e diretores de escolas que almejam uma formação mais promissora e mais humana. Segundo Chizzoti (2006), as atividades musicais na escola ajudam o aluno a se expressar e compartilhar ideias.

No Brasil, ser um luthier ainda é algo um tanto novo. Luthier é uma palavra de origem francesa que significa "fabricante de alaúde".

Em 2015, continuamos o projeto iniciado em 2014. Nessa segunda fase, partimos do tema: Articulando arte e música: plantar, colher e tocar cultivando árvores nativas do Planalto Serrano e aprendendo música com a construção de seu próprio instrumento musical.

Para a segunda etapa, organizamos uma turma de 16 educandos de cada escola para a realização de atividades diferenciadas. Estes educandos participaram das três áreas de estudos e pesquisa: meio ambiente, lutheria e música.

Os educandos foram orientados quanto à organização de uma orquestra de cordas de música erudita[1] do período barroco e como se constrói instrumentos de corda. A orquestra é composta por quatro vozes do canto, ou seja, baixo,

---
1 Erudito no sentido de pesquisa, estudo.

tenor, contralto e soprano, representados respectivamente pelo contrabaixo, violoncelo, viola e violino na orquestra de cordas.

O projeto de pesquisa/extensão desenvolvido com alunos de três escolas do ensino fundamental de São Joaquim oportunizou o envolvimento dos educandos em atividades que lhe interessavam, evitando, assim, a evasão escolar, e foi desenvolvido tendo como tripé norteador os temas: meio ambiente, lutheria e música.

A partir dessa dinâmica e da técnica, cada aluno pôde plantar sementes de espécies usadas na produção de madeiras necessárias para a construção do instrumento musical, como: pinho bravo, cedro vermelho, araucária, ipê amarelo e canela, exclusivamente cultivadas para essa finalidade. Cada participante do projeto de pesquisa, ao final, poderá ter o próprio instrumento musical, atuar na orquestra e dar sua contribuição para o meio ambiente.

Em relação à matéria prima para desenvolver o trabalho de construção do próprio instrumento musical, na primeira fase do projeto adquirimos madeiras recicladas e que já estavam serradas. Isso tudo de acordo com a autorização das leis ambientais atuais e já disponíveis em São Joaquim na oficina de lutheria do acadêmico e técnico do meio ambiente, professor Vando Roberto de Oliveira.

Como o processo da construção do instrumento musical demanda tempo, uma segunda ação do projeto visa formar parceria com as instituições relacionadas ao meio ambiente, a exemplo da Fundação do Meio Ambiente – FATMA – e do Instituto Brasileiro do Meio Ambiente e dos Recursos Naturais – IBAMA. Esta parceria será em vista do aproveitamento de árvores derrubadas por resultantes de fenômenos da natureza, como tornados e outras catástrofes naturais.

Por meio desse Projeto de Extensão, os educandos adquirem o saber técnico e prático e, ao mesmo tempo, contribuem com a sociedade joaquinense na preservação de seu patrimônio ambiental-cultural-musical. Os alunos ocupados na fabricação do instrumento musical, bem como na participação na orquestra, com certeza trabalharão na própria personalização e, por certo, com a autoeducação, seja ele/ela criança, adolescente ou jovem.

Para São Joaquim, o Projeto está ajudando a população a gerar o cultivo da cultura, da arte e de princípios saudáveis no respeito à biodiversidade e das tradições ambientais herdadas do comércio do ciclo da madeira e da cultura musical local, auxiliando, por consequência, no exercício da cidadania.

Os educandos aprendem desde cedo a cultivar e acompanhar o crescimento das mudas, cultivadas por meio das sementes coletadas, até a planta chegar à idade adulta, propiciando o corte para a construção do instrumento musical.

Para desenvolver o Projeto de Extensão, fizemos palestras e oficinas com duração de 30 horas para cada uma das três escolas estaduais: São José, Manuel Cruz e Martinho De Haro, do município de São Joaquim.

A partir da realização das palestras e oficinas, coletamos informações que nos permitiram compreender a problemática deste projeto, bem como tivemos um espaço de apoio e de reflexão para os participantes da pesquisa proposta.

A dificuldade financeira para aquisição do instrumento musical, e ao mesmo tempo a dificuldade de manter uma orquestra na cidade, desafia educadores e artistas em música para desenvolver um Projeto de Extensão divulgando a arte da lutheria, a partir da qual o educando pode, na escola, construir o próprio instrumento musical, aprender música, participando de uma orquestra, evitando, assim, a evasão específica nas aulas de música.

O projeto partiu da problemática: Como, com alunos de educação básica, cultivar árvores nativas do Planalto Serrano articulando arte e música e aprendendo com a construção do seu instrumento musical?

Diante dessa indagação, foi de fundamental importância desenvolver o projeto que atendeu educandos desde a mais tenra idade, promovendo o lado artístico e o cultivo das tradições culturais da comunidade.

Entre as hipóteses, destacamos: As experiências e o respeito no cultivo das tradições culturais, hoje, mais do que nunca, são fatores do resgate social. As dificuldades financeiras para a aquisição de instrumento musical se fazem presentes para a maioria da população. O cultivo da música, das tradições, da cultura de um povo devolve à sociedade a alegria de viver, do bem-estar social. Ainda, permite que o educando atue na proteção do meio ambiente, obtenha os conhecimentos necessários para construir o próprio instrumento musical e, ao mesmo tempo, possa interagir no meio em que vive, por meio da música, favorecendo a valorização das tradições culturais do seu povo e o resgate da cidadania.

Desenvolvimento teórico

A fabricação dos instrumentos musicais por meio da arte da lutheria se faz usando as técnicas herdadas dos grandes construtores do século XVII e XVIII (1650-1750), tais como Amatti e Stradivaris. Assim, por meio da execução deste projeto, passamos conhecimentos aos alunos sobre as peças principais a serem trabalhadas para a organização de uma orquestra de cordas. A palavra lutheria é de origem francesa.

> Luthier é uma palavra de origem francesa, que significa "fabricante de alaúde". Com o passar do tempo, a palavra passou a designar a profissão de todo àquele que constrói um instrumento musical, apesar de muitos não concordarem com esse uso genérico, achando que ela deve ser associada apenas aos que fabricam artesanalmente instrumentos de corda. No Brasil o profissional que conserta instrumentos musicais também é

chamado de luthier, mesmo não fabricando nenhum tipo de instrumento. Na verdade a luteria é uma arte que agrega conhecimentos de outras artes, marchetaria, marcenaria, desenho, química, pintura, matemática, eletrônica, etc. Um bom luthier deverá ainda, dominar várias técnicas de construção do instrumento[2].

A aprendizagem que o aluno recebe nas palestras sobre a lutheria e a música facilita a interação do educando com o instrumento musical e sua execução. Por meio desse Projeto de Extensão, o educando inicia o trabalho desde o cultivo de plantas mais próprias para a construção de instrumento musical até a organização da orquestra, que se torna parte essencial das aulas de música.

O Projeto de Extensão "Articulando arte e música: plantar, colher e tocar cultivando árvores nativas do planalto serrano e aprendendo música com a construção de seu próprio instrumento musical" é audacioso pela sua proposta de trabalho.

Encaminhamento metodológico

A pesquisa é de abordagem qualitativa. O suporte teórico-metodológico desta pesquisa/extensão foi de abordagem qualitativa, a partir da visão de Chizzotti (2001 e 2005) e Barros (2003), entre outros. Referente à música, são vários os autores, destacando-se: Amaral (1991), Araujo (2008), Freire (2007), Batista (2009) e Hannoncourt (1982). Os caminhos metodológicos percorridos para o desenvolvimento do projeto foram o da compreensão e da reflexão entre a teoria e a prática e vice-versa. As teorias dos conhecimentos repassados foram paralelas à prática em três áreas que foram testadas e confirmadas pelos resultados das práticas.

A orquestra na escola proporciona uma visão mais abrangente e objetiva no processo de seleção e aprendizagem musical. A confecção dos instrumentos musicais para a orquestra trará maior resultado prático ao que se espera do aluno, ou seja, sua total dedicação às aulas de música na escola e a participação em todo o seu processo desde seu princípio. Tanto as escolas como a comunidade podem usufruir dos resultados deste trabalho de pesquisa.

Foram realizadas palestras e oficinas com alunos interessados das escolas básicas de São Joaquim já mencionadas. A primeira palestra foi prevista para início dia 03 de julho de 2015, com 03 horas/aula, no período noturno e as demais seguiram até o dia 16 de julho do mesmo ano. Cada escola teve

---

2   Disponível em: https://br.toluna.com/opinions/1311913/Voc%C3%AA-sabe-o-que-%C3%A9-um-Luthier,-o-que-ele-faz-e-qual-a-origem-da-palavra. Acesso em: 8 abr. 2014.

duas palestras e oficinas. O projeto global compreendeu 30 horas, divididas entre as três escolas. Os locais foram as dependências de cada uma das escolas mencionadas.

Os alunos aprenderam a plantar as árvores que, no futuro, serão usadas para fabricação dos instrumentos musicais de outros alunos subsequentes aos da contemporaneidade. Fabricar o próprio instrumento musical e ao mesmo tempo ensinar o aluno a tocar é uma meta que, mesmo difícil, merece todo o empenho, atenção, apoio e dedicação. É um desafio a ser vencido.

A coordenação do Projeto foi efetuada pela Professora Dra. Lurdes Caron – do Programa de Pós-Graduação em Educação – PPGE/UNIPLAC, com a participação e apoio do coordenador do Curso de Música Prof. Mestre Andrey Garcia Batista e, como palestrante, o acadêmico da Quinta fase do curso de graduação em música pelo Fundo de Apoio à Manutenção e ao Desenvolvimento da Educação Superior do Estado de Santa Catarina (FUMDES) da Universidade do Planalto Catarinense – UNIPLAC, Vando Roberto de Oliveira.

Os alunos frequentaram as três áreas em tempos (estágios) diferentes e em cada escola foi trabalhado um tema diferente. Exemplo: os alunos da Escola estadual de educação básica "São José" iniciaram o curso básico em música. Os alunos da escola estadual de educação básica "Manuel Cruz" iniciaram o curso básico em meio ambiente. E, na Escola estadual de educação básica "Martinho de Haro", os alunos começaram o curso básico em lutheria. Isso resultou num total de 48 alunos por escola, divididos em 16 alunos em cada uma das três fases.

No caso da participação de 16 alunos de cada escola, significa que serão 16 instrumentos e, no final, teremos um total de 36 instrumentos musicais. Assim, 16 alunos de cada escola produzirão 100 mudas de plantas, perfazendo um total de 1.600 plantas por escola. Entre as três escolas, dará um total de 4.800 plantas.

Considerações finais

Hoje, o custo financeiro para aquisição de um instrumento musical está fora do alcance da população brasileira. No entanto, por meio desse trabalho, o educando cultiva as plantas e depois constrói o próprio instrumento musical. Isso permite um custo bem mais acessível para a aquisição e manutenção dos instrumentos musicais, bem como, oportuniza à comunidade joaquinense a organização de uma orquestra, parte essencial para aulas de música, e o cultivo do patrimônio cultural. A prática musical se torna mais presente, propiciando ao educando comprovar por si o que o instrumento fala, grita, chora, canta, timbra e diz por meio da partitura musical.

Reafirmamos que, a partir do projeto, os alunos aprendem a plantar as árvores que, no futuro, serão usadas para fabricar os instrumentos musicais de outros alunos subsequentes aos da contemporaneidade. Reiteramos, então, que fabricar o próprio instrumento musical e ao mesmo tempo ensinar o aluno a tocar é uma meta que, mesmo difícil, merece todo o empenho, atenção, apoio e dedicação.

Resultados esperados

Que os educandos obtenham o conhecimento necessário sobre o meio ambiente para a produção de matéria prima e, por meio da prática da luteria, produzam o próprio instrumento musical e participem de uma orquestra de cordas, contribuindo para o resgate e o cultivo das tradições culturais do município de São Joaquim. Esperamos também proporcionar aos educandos um espaço de desenvolvimento de suas potencialidades artísticas e compartilhamento destas, colaborando, assim, para o resgate da cidadania e das tradições culturais do município de São Joaquim.

REFERÊNCIAS

AMARAL, K. F. do. **Pesquisa em música e educação**. Loyola: São Paulo, 1991.

ARAÚJO, S.; CAMBRIA, V.; PAZ, G. L. **Música em debate**: perspectivas interdisciplinares. Rio de Janeiro: Mauad, 2008.

BARROS, A. J. P. de. **Projeto de pesquisa**: propostas metodológicas. 13. ed. Petrópolis, RJ: Vozes, 2002.

BATISTA, A. G. **Frei Bernardino Bortolotti (1896-1966) e a cena musical em Lages**: Uma contribuição para a historiografia da música na Serra Catarinense. Dissertação de Mestrado em 2009 na UDESC/CEART/PPGMUS. Florianópolis, 2009.

CHIZZOTTI, A. **Pesquisa em Ciências Humanas e Sociais**. 5. ed. São Paulo: Cortez, 2001.

CHIZZOTTI, A. **Pesquisa qualitativa em Ciências Humanas e Sociais**. Petrópolis, RJ: Vozes, 2006.

FERREIRA, M. **Como usar a música na sala de aula**. 8. ed. São Paulo: Contexto, 2012.

FREIRE, V. L. B. **Música e Sociedade**: uma perspectiva histórica e uma reflexão aplicada ao ensino superior de música. 1992. Tese (Doutorado) – Pós-Graduação em Música. Universidade Federal do Rio de Janeiro, Rio de Janeiro, 1992. (Exceto o Capítulo II.).

FREIRE, V. L. B.; CAVAZOTTI, A. **Música e pesquisa**: novas abordagens. Belo Horizonte: Escola e Música da UFMC, 2007.

GIL, A. C. **Métodos e técnicas de pesquisa social**. 6. ed. São Paulo: Atlas, 2010.

GRIFFITHS, P. **A música moderna**: uma história concisa de Debussy a Boulez. Rio de Janeiro: Jorge Zahar, 1993.

HARNONCOURT, N. **O discurso dos sons**. Rio de Janeiro: Editora Zahar, 1988.

ILARI, B.; BROOCK, A. (org.). **Música e educação infantil**. Campinas, SP: Papirus, 2013.

KERMAN, J. Análise, teoria e música nova (Capítulo 3). *In:* **Musicologia**. São Paulo: Martins Fontes, 1987.

LÜDKE, M.; ANDRÉ, M. E. D. A. **Pesquisa em educação**: Abordagens Qualitativas. São Paulo: EPU, 1986.

PAZ, E. **Pedagogia musical brasileira no século XX**. Brasília: Musimed, 2000.

PIANA, G. Tempo. *In:* **A filosofia da música**. Bauru, SP: EDUSC, 2001.

SWANWICK, K. **Ensinando música musicalmente**. São Paulo: Editora Moderna, 2003. (Capítulos 1 e 3).

BANDAS DE MARCHINHA:
um resgate do passado

Rafael Machado

Com a banalização do carnaval e suas intenções capitalistas e imorais, agora chega o momento de resgatarmos a cultura carnavalesca do passado da população lageana, por meio das marchinhas, que eram alegres e totalmente familiares, aliadas à funcionalidade das bandas e fanfarras preexistentes em nossa cidade. Essas encontram-se em diversos contextos e relacionadas às manifestações e eventos sociais populares de natureza diversa, sendo bem presentes nas comunidades.

Além disso, constituem espaço importante de ensino e aprendizagem musical para os educandos do ensino fundamental e médio, envolvendo inúmeras perspectivas de ensino. Na nossa cidade, Lages-SC, existe um número expressivo de Bandas e Fanfarras, que infelizmente são vistas como meros coadjuvantes em festas, desfiles cívicos, e funcionam por pouco tempo, aproximadamente três meses (3 meses).

Então, dentro nesse contexto, necessita-se de um projeto que propicie a valorização do profissional e o resgate histórico-cultural das bandas e fanfarras, aliado à necessidade cultural do carnaval da cidade de Lages. Estes grupos musicais se justificam por sua função social, imprimindo em nossa cidade traços culturais importantes para a manutenção de determinadas festas e comemorações.

Historicamente, Tinhorão (1998) admite que, antes do findar do Século XIX, já era notório o envolvimento das bandas e fanfarras em festas e comemorações populares. O que chama a atenção é o fato de que esses grupos musicais continuam atuais e se mostram muito ativos em várias escolas do Brasil, e em nossa cidade, não se faz diferente. Elas se mantêm em cena, principalmente devido ao empenho e dedicação dos profissionais que estão à frente destas corporações, se preocupando com sua funcionalidade, mesmo sem a devida valorização cultural e profissional, assim, os desfiles cívicos, campeonatos e festividades são os que dão sentido a sua existência.

Destacamos que a importância destes grupos vai além dos aspectos ligados à prática musical, apresentações e aos conhecimentos resultantes das relações de interação, inclusive aqueles produzidos na escola-sociedade onde as relações e as práticas musicais se configuram de forma particular. "Dentro da função educacional as bandas e fanfarras normalmente mantem uma escola de música aberta a comunidade" (BARBOSA, 1996; CAJAZEIRA, 2004).

Já para Costa (1998, p. 136), as bandas e fanfarras podem ser consideradas uma escola de música não formal que contempla uma fatia da sociedade que, pelos mais variados motivos, não tem acesso ao ensino musical das escolas especializadas. O que se percebe, é que estratégias devem ser pensadas e concretizadas em ações que, de alguma forma, garantam a continuidade das bandas e fanfarras. Do ponto de vista do impacto social, elas promovem o fortalecimento e o crescimento das práticas musicais, valorizando e frisando a autoestima dos membros destes grupos e da visibilidade de suas escolas na sociedade, mantendo atividades musicais tradicionais e contemporâneas, contribuindo positivamente para um processo educacional condizente com as necessidades locais.

A música tem a capacidade de atingir nossas emoções, intelecto e nossa psicologia. As letras podem aliviar nossa solidão ou estimular nossas paixões. Desse modo, a música é uma poderosa forma de arte, cujo apelo estético está altamente relacionado com a cultura na qual é executada. A música funciona como um mediador das relações sociais e promove o desenvolvimento afetivo de todos os envolvidos. Analisando todo esse contexto, vi a necessidade de elaborar um projeto que fosse ao encontro das necessidades existentes no universo musical das bandas e fanfarras, e na diferenciação e resgate histórico-cultural do carnaval de marchinha.

Há alguns agravantes que travam a importância destes grupos, juntamente com a desvalorização dos profissionais da música, contratações de curta duração nas bandas do estado, problema esse que não acontece somente no município, a falta de recursos para a compra de materiais de reposição e de uso permanente, entre outros. Tendo visto todos esses fatores, associei a importância dos mesmos para suprir inúmeras necessidades e o resgate cultural, utilizando as bandas e fanfarras como bandas de marchinhas carnavalescas, resgatando uma vivência do passado, valorizando o profissional, lhe oportunizando mais funcionalidade e importância, e as bandas e fanfarras sendo autossuficientes.

Relembrar as marchinhas de carnaval é retomar a tradição original da festa com o objetivo principal, as apresentações das bandas e fanfarras de marchinha e dos desfiles de blocos carnavalescos de rua direcionados à família e que eram sucesso no passado. As marchinhas de Carnaval encantam foliões de diferentes idades por mais de um século. A primeira marchinha foi composta por Chiquinha Gonzaga em 1889. A canção "Ó abre alas" foi criada especialmente para animar o cordão Rosa de Ouro.

A questão orientadora do estudo foi: Como organizar bandas e fanfarras valorizando os profissionais da música e, ao mesmo tempo, resgatando a história cultural das marchinhas?

As bandas e fanfarras encontram-se em diversos contextos e estão relacionadas às manifestações e eventos sociais populares de naturezas diversas, estando bastantes presentes nas comunidades e influenciando a vida das pessoas. Além disso, constituem espaço importante de ensino e aprendizagem musical, envolvendo muitas perspectivas de ensino (VECCHIA, 2008).

Esse projeto vai ao encontro das necessidades vigentes, elucidando uma solução para a questão da valorização dos profissionais, dos recursos, da funcionalidade e da questão cultural de resgate histórico das bandas de marchinhas. Nesta direção, os estudos de Vicent e Thin (1994) tornam-se importantes, na medida em que propõem práticas musicais e sob a perspectiva de que todos produzem formas de socialização que sejam projetadas, de certa forma, em outros espaços sociais e culturais.

> A música como capacidade exclusivamente humana tem sido compartimentada e compartilhada pelos diversos povos e sociedades através dos tempos, e colaboram com a efetividade da transformação da sociedade moderna, bem como, com as diversas divisões e, mais ainda com adesões dos ouvintes de nosso século, através do resgate histórico-cultural (ARROYO, 1991, p. 35).

As marchas de carnaval se tornaram um cartão de visitas do povo, abriram espaço para o povo passar, um povo ligado à música (à "lira"), que conseguiu transformar uma festa violenta e sem graça (o entrudo, que consistia em jogar farinha, areia e bolas de água suja uns nos outros, sem música) em uma manifestação cultural que o mundo admira. E que se renova, tendo como prova o atual renascimento dos blocos. Como dizia o sambista: "agoniza, mas não morre". Bem, se tomarmos por base essas informações, podemos confirmar a importância e funcionalidade das bandas e fanfarras aliadas ao carnaval alegre, irreverente, familiar e com seus temas sempre atuais. As marchinhas de carnaval consagraram-se entre as décadas de 1920 e 1960. Após esse período, entraram em declínio, porém, nunca chegaram a desaparecer. Até hoje, suas letras debochadas e irônicas são cantadas por foliões em todo o país.

A proposta foi resgatar a cultura das bandas e fanfarras em forma de bandas de marchinhas carnavalescas na serra catarinense (Lages – SC), assim valorizando os profissionais da música.

A pesquisa é de abordagem qualitativa com procedimentos de pesquisa bibliográfica, também é descritiva e conta com diferentes autores para a fundamentação teórica.

De acordo com um andamento mais vivo e acelerado – além da óbvia participação dos batuques, é claro –, a marcha carnavalesca não nasceu do nada. A maioria dos historiadores e músicos concorda que Chiquinha Gonzaga trouxe das marchas portuguesas a inspiração para escrever uma música mais festiva e abrasileirada. Essas marchas portuguesas eram conhecidas pelos brasileiros frequentadores dos espetáculos teatrais que as companhias "d'além--mar" traziam ao Brasil. A grande influência sobre Chiquinha foi a crescente participação musical no carnaval: a fusão de gêneros musicais, o encontro de percussão e instrumentos africanos que se inseriam nos festejos e se misturavam às composições de partituras de origem europeia.

Um carnaval ingênuo, humilde, alegre e principalmente popular, exatamente coerente com sua época. Portanto, este projeto tem por objetivo ajudar na preservação desta cultura quase esquecida. A marchinha passou a ser um retrato do Brasil, e espelhava o que havia de bom e de ruim nessa sociedade. A maneira brincalhona de lidar com seus problemas é uma das maiores características do nosso povo, e nisso a marchinha é nossa expressão ideal.

Este projeto primeiramente irá contribuir para suprir uma necessidade cultural de nossa cidade que o carnaval de rua ou de blocos não supria mais, devido a grandes gastos para a festa ocorrer, aliada à má aplicação de verba pública e mesmo à banalização e desinteresse de muitos pelo carnaval de Lages, visto que o custo era muito alto, e a cidade tem outras prioridades, dentre elas, educação, saúde, transporte e infraestrutura. Contudo, este projeto irá reduzir gastos e enaltecerá as bandas e fanfarras já existentes, além de resgatar o carnaval das famílias que existia no passado, este como forma de socialização e interação.

Assim sendo, espero, por meio deste projeto, ajudar a solucionar a problemática dos recursos para as bandas e fanfarras e ao mesmo tempo a aplicação de recursos diretamente para as bandas de marchinha que serão formadas. Assim, resgata-se as bandas de marchinha do passado e, aliado a esse contexto, a valorização dos profissionais da música, beneficiando integrantes, sociedade, órgãos governamentais e a cidade como um todo.

A priori, busca-se organizar as bandas e fanfarras preexistentes nas comunidades de Lages, no caso as fanfarras escolares, incorporando os membros que já fazem parte das mesmas, aliadas aos membros da sociedade que se fazem interessados em participar dos blocos carnavalescos e das bandas de marchinha.

Resgatar a cultura das marchinhas do século XX, na cultura de Lages é de suma importância. Naquele período havia na região do Planalto Serrano, mais especificamente em Lages, sociedades recreativas carnavalescas, dentre elas a sociedade carnavalesca do CRAVO PRETO, cujos integrantes saíam para abrilhantar as ruas da cidade com os carros alegóricos da agremiação.

A sociedade carnavalesco-recreativa do CRAVO PRETO foi fundada em 1919, inaugurando sua sede na antiga Loja Maçônica Luz Serrana, situada na Praça municipal, atual Praça João Costa. Além desta sociedade, também teve destaque a sociedade carnavalesca recreativa do VAE OU RACHA.

Esta sociedade foi fundada em fevereiro de 1917, e teve as dependências do teatro municipal como sua sede provisória. A cavalaria participou da festa Momesca de 1920, desfilando com carros alegóricos e membros da sociedade carnavalesca recreativa do CRAVO PRETO.

De acordo com a imprensa local da época, o carnaval apresentado na ocasião foi um glorioso marco do progresso da vida social da cidade. Era um carnaval de encantos, brilhantismo e exuberante beleza.

Tendo visto todas as situações envolvidas no contexto das bandas e fanfarras, constata-se que as atividades desenvolvidas pelas mesmas contribuem para adquirir valores humanos, a aquisição da cultura e da socialização como forma de interação. Obtendo como produto final, um projeto inovador e útil da parte educacional, musical, social e cultural.

A incorporação das bandas e fanfarras no segmento do carnaval vai muito além de apenas se ter somente mais um grupo musical. Compreende a sua contribuição para a inserção da comunidade no meio das bandas e fanfarras escolares, reativando o espírito perdido de comunidade e sociedade, favorecendo aos menos favorecidos, das práticas musicais e a necessidade de um resgate histórico das bandas e fanfarras de marchinha.

Letras originais cifradas das 108 marchinhas e frevos mais populares do nosso Carnaval são datadas de 1899 a 1982, entre as quais se destacam **A Jardineira, Bandeira Branca, Mamãe eu quero, Me dá um dinheiro aí, O teu cabelo não nega, Pastorinhas, Yes! Nós temos bananas, Máscara negra, Chuva suor e cerveja, Festa do interior**, entre outras, músicas essas inocentes e alegres.

A organização do professor alia-se a um trabalho consistente através de atividades como: ver, ouvir, mover, sentir, perceber, pensar, descobrir, fazer, expressar, a partir dos elementos da natureza e da cultura, analisando e transformando-os. Inúmeros são os benefícios através da prática musical, social e cultural.

Histórico das bandas e fanfarras e suas relações no passado com o carnaval

A continuidade da tradição no campo da produção de música instrumental ao gosto das amplas camadas das cidades iniciada em meados de setecentos pelos ternos barbeiros, com a chamada música de porta de igreja, seria garantida a partir da segunda metade do século XIX pelas bandas de corporações militares nos grandes centros urbanos, e pelas pequenas bandas municipais ou liras formadas por mestres interioranos, nas cidades menores. Formada a partir do século XIX em alguns regimentos de primeira linha, em substituição da confusa formação de músicos tocadores de caixas e trombetas vindos dos primeiros séculos da colonização, as bandas militares tiveram organização e vida precária até a chegada do príncipe D. João.

Após a chegada da corte portuguesa, em 1808, no Brasil, por volta de 1830 as bandas de música da Guarda nacional – organização paramilitar criada pelos grandes proprietários, por lei de 18 de agosto de 1831 -, foram as primeiras a incluir em seu repertorio, além dos hinos, dobrados e marchinhas entre clássicas e populares O fato é que com a valorização das bandas e fanfarras, e a contratação de civis para participarem das bandas militares, a música se tornou mais popular e esta mistura de militar com popular originou as primeiras bandas de marchinha, que faziam parte do carnaval de rua estilo de divertimento ao agrado da classe média (TINHORÃO, 1990, p. 17).

Essas bandas colaboravam com a música durante concentrações públicas, desde festas da elite até as populares, dentre elas o carnaval, sendo importantes para a divulgação da música popular.

Esta pesquisa vai ao encontro da problemática e ajuda a resolver situações relacionadas ao resgate cultural carnavalesco e das bandinhas de Lages. Este projeto visa o resgate da música dos velhos carnavais e realiza um resgate cultural dentro da música popular brasileira, bem como de seus músicos. Este mesmo músico ao qual nos referimos, em Lages, está longe do seu instrumento, longe da sua música, longe da sociedade, e por consequência, um Brasil silencioso está surgindo diante do futuro da cultura das bandinhas.

Nós, como educadores musicais, não podemos nos calar diante disso, e a nossa missão é reunir da melhor forma possível, pelo menos a expectativa de grupos musicais, para que o Brasil sonoro jamais se cale.

A banda como um grupo de pessoas interagindo entre si por meio da música é talvez a manifestação em grupo mais antiga do mundo. Basta olharmos as tribos da África, com suas (FANFARRAS) rítmicas maravilhosas e eternamente originais, para intuirmos o que seriam as bandas nos tempos do mundo antigo.

Provavelmente deste legado surge a música em grupo na Europa, levando a música aos mais altos níveis nunca vistos até então. Desta manifestação, chegamos às bandas de rua, bandas estas, fabricantes silenciosas de quantos músicos geniais, que não chegaram à fama, mas certamente deixaram um legado que até hoje se expande pelo mundo silenciosamente, convidando as novas gerações a saírem para a rua, não só para ver a banda passar, mas também para nessa banda atuar.

Assim, chegamos aos nossos alunos, como legítimos herdeiros deste legado musical, e nós, como seus orientadores, temos como meta única e imutável, colocar a banda na rua para tocar.

Sejam quais forem os instrumentos: Panelas, Apitos, a própria fanfarra, ou a nossa tão sonhada banda de instrumentos de sopro, sejam quais forem estes instrumentos, a rua é o nosso teatro, e a população, a nossa plateia.

E quanto aos nossos alunos, estes são os herdeiros, não só das antigas marchas de carnaval, mas de todo legado que a música em grupo gerou até hoje na terra. Desde a filarmônica de Berlim, a qualquer grupo de africanos reunidos em uma batucada, até um grupo indígena cantando e dançando nos confins da Amazônia, isto tudo é uma banda, ou melhor, há uma banda, seja qual a forma musical expressa ali, há sempre um grupo de pessoas tocando juntas, fazendo música em grupo, há sempre uma banda tocando em todos os cantos do mundo.

O homem não existe para viver isolado. A vivência em grupo, seja de qual forma for, possibilita a expansão do indivíduo, a expansão da comunidade, gerando a unidade da sociedade e a música em grupo é a grande vitrine deste momento de paz na sociedade. Paz esta, que nada mais é do que o progresso do indivíduo se descobrindo, e melhor ainda, expressando o que ouve dentro de si.

REFERÊNCIAS

TINHORÃO, J. R. **História da música popular brasileira**. Porto alegre: Livraria Avenida, 1990.

TINHORÃO, J. R. **Música popular um tema em debate**. Porto alegre: Ladeira livros, 1997.

VECCHIA, F. D. **Iniciação ao trompete, trombone, bombardino e tuba**, processos de ensino e aprendizagem dos fundamentos técnicos na aplicação do método da capo. Disponível em: http://www.academia.edu/7684815/A_pesquisa_sobre_ensino_coletivo_de_instrumentos.

VIRGINIA, C. C. S. **A função da música popular na educação musical contemporânea.** Disponível em: http://abemeducacaomusical.com.br/sistemas/anais/congressos/ABEM_2001.pdf.

EDUCAÇÃO MUSICAL PARA A CIDADANIA: relato de experiências no Hospital Infantil Seara do Bem

Josias Zanqueti Alves
Rodrigo José de Oliveira

É de suma importância que o educador musical tenha um referencial definido de metodologias e conteúdo a serem trabalhados na educação musical. A Lei 11.769/2008 aprova o ensino da música na educação básica. Este ensino requer metodologia adequada à faixa etária de cada etapa para proporcionar ao aluno uma musicalização sequencial, para que ele possa assimilar e relacionar as atividades musicais ao seu desenvolvimento social, educacional, cognitivo, físico, mental, entre outros.

Este projeto tem por objetivo investigar a importância da educação musical, para a formação de crianças e jovens, promovendo discussão sobre o assunto e as possibilidades de formar um indivíduo autônomo, desenvolvendo neles a arte musical, através da apreciação e interação direta no ambiente hospitalar, investigar ainda as reações dos mesmos ao ter este contato com a arte.

Para dar início a este trabalho, é preciso despertar na criança interesse musical, para que ela não se sinta condicionada à música. Isso pode ser alcançado através de atividades lúdicas, que podem ser a improvisação de peças musicais, execução de músicas compostas por eles mesmos, ou ainda a criação de sons para uma história. Com essas atividades, a criança passa a ter contato com a música cotidiana e social e desenvolve as percepções sensoriais, interpretação, criação. Ao interagir com a música desta forma, passa de simples ouvinte passivo, a criar internamente um significado musical individual.

> O sentido da audição foi, desde o princípio, responsável por significativa leitura das coisas deste mundo, já que sons e silêncios são portadores de informações e significados. Os sons da natureza (vento, trovões, tempestades...), os cantos e urros dos animais ou sons produzidos pelas pessoas (com a voz, com o corpo, ou com os materiais disponíveis) traduzem informações objetivas (a aproximação de uma fera, uma tempestade ou um carro que passa...), provocando, também, sensações, emoções e reações subjetivas. O universo vibra em diferentes frequências, amplitudes, durações, timbres e densidades, que o ser humano percebe e identifica, conferindo-lhes sentidos e significados (BRITO, 2003, p. 19).

Ao decorrer da discussão, relataremos fragmentos de uma experiência de estágio realizado no Hospital Infantil Seara do Bem, Lages-SC, em que pudemos compreender a necessidade da música naquele local, tanto para os pacientes quanto para a comunidade que o frequenta ou acompanha seus pacientes. A parte prática relacionada ao relato da experiência no HISB tem por objetivo desenvolver entre as crianças e jovens, por meio de atividades musicais, a criatividade e atitudes de solidariedade, cultivo e respeito ao outro.

> A concepção de "inteligência musical" ou da musicalidade como um traço específico tem sido objetada por numerosos especialistas. De acordo com um deles, musicalidade não é um traço, mas deriva de operações mentais que são comuns as atividades de criar, ouvir e executar. (SERAFINE, 1998)

A etapa realizada no Hospital Infantil Seara do Bem continua em andamento, paralelo à possibilidade de lecionar para crianças e jovens carentes. A pesquisa é de abordagem qualitativa, com fases de pesquisa bibliográfica e documental e ainda pesquisa de campo, no HISB.

Sabendo a força que a música tem no ensino-aprendizagem e na formação do ser humano, neste projeto enfatizamos a Arte como um instrumento facilitador da socialização, preparando o indivíduo para o bom convívio, musicalizando crianças e a comunidade através da apreciação e o fazer musical na prática, ressaltando o importante papel da música no desenvolvimento cognitivo, de coordenação motora e psicossocial.

A música nunca é algo pronto, está sempre em movimento, em todo lugar e em todo o espaço.

> Pois música é, antes de mais nada, movimento. É sentimento ou consciência do espaço – tempo. Ritmo; sons, silêncios e ruídos; estruturas que engendram formas vivas. Música é igualmente tensão e relaxamento, expectativa preenchida ou não, organização e liberdade de abolir uma ordem escolhida; controle e acaso. Música alturas, intensidades, timbres e durações – peculiar maneira de sentir e pensar. A música que mais me interessa, por exemplo, é aquela que me propõe novas maneiras de sentir e de pensar. Algo como ouvir, ver, viver: ou viver a música (MORAES, 2001, p. 7-8).

Como toda arte feita pelo ser humano, a música é algo interno, de dentro para fora, é um sentimento, um estado de espírito. Para Candé, ela "imita a alma humana", tem função de ser interpretada, de ser sentida.

Há, na música, elementos capazes de desenvolver a criatividade das pessoas. Neste sentido, acredita-se que ela pode integrar a formação global da criança. Segundo Brito (2003): "A música é um projeto contínuo de construção que envolve perceber, sentir, experimentar, criar e refletir". A música desperta os aspectos intrínsecos da pessoa, desenvolve as capacidades sensoriais, traz alegria, contribui com a cultura da solidariedade e para a integração do ser humano no grupo social. Conforme Bréscia (2003, p. 81), "[...] o aprendizado de música, além de favorecer o desenvolvimento afetivo da criança, amplia a atividade cerebral, melhora o desempenho escolar dos alunos e contribui para integrar socialmente o indivíduo".

Ensinar Música é parte do processo de formação do cidadão, pois esta prática propicia não só a transmissão dos bens culturais da humanidade, como também traz benefícios de ordem social, física e psíquica. Ela consiste em significativos benefícios no desenvolvimento e equilíbrio da personalidade da criança e do adolescente, como consideram Forquin e Gagnard (1982).

Por todo esse bem que faz a música, ela tem necessidade de estar presente em uma roda de amigos, uma festa, nas escolas, em hospitais, clínicas de reabilitação etc. Porém, não há caminhos para que crianças, adolescentes e cidadãos mudem seus padrões e expectativas de futuro sem que haja ações para desenvolver estas mudanças.

A música com certeza pode ser, no ensino-aprendizagem e na formação do ser humano, a ponte auxiliar não simplesmente para que se tornem bons musicistas, mais sim cidadãos de bem, pois é por meio deste aspecto que a utilizaremos, com algumas especificidades dentro do ensino, para desenvolver em cada um, além de um melhor desempenho cognitivo e de motricidade, seu valor, sua ética e o desenvolvimento de capacidade para a realização das mais diversas atividades, sejam elas em grupo ou individual.

É importante trabalhar a educação musical para que desde cedo as crianças compreendam sua identidade e a importância da música na sua vivência. É um processo de autoconhecimento, e a partir disso um processo de criação artística. A educação musical visa criar indivíduos autônomos, capazes de sentir, expressar e criar música de forma significativa. Segundo Swanwick (2003, p. 56), existe um processo metafórico para entender a importância e o significado da música, que pode ser: "1. Transformamos sons em *melodias*, gestos; 2. Transformamos essas *melodias*, esses gestos, em estruturas; 3. Transformamos essas estruturas simbólicas em experiências significativas".

Com a intenção de desenvolver ações estruturadas e intencionais, que partam da reflexão e do diagnóstico sobre a problemática supracitada, a música, como afirma Wickel (1998), "[...] exerce papel fundamental, pois, ela participa de forma considerável na configuração do nosso dia a dia e de certa forma nos desafiam em todas as áreas da atuação social". Significa dizer que

> [...] corresponde à educação musical instrumentalizar com eficácia os processos espontâneos e naturais necessários para que a relação homem

música se estabeleça de maneira diretiva e efetiva. Uma vez assegurado o vínculo, a música fará, por si só, grande parte do trabalho de musicalização, penetrando no homem, rompendo barreiras de todo o tipo, abrindo canais de expressão e comunicação a nível psicofísico, induzindo, através de suas próprias estruturas internas, modificações significativas no aparelho mental dos seres humanos (UNGLAUB, 2000, p. 61).

Vemos que a Arte musical pode ser importante fator contribuinte para o desenvolvimento integral da criança, com diferenças, oportunizando possibilidades de bom convívio em sociedade. Isso porque,

> Como ser social, os alunos não são iguais. Constroem-se nas vivências e nas experiências sociais em diferentes lugares, em casa, na igreja, nos bairros, escolas, e são construídos como sujeitos diferentes e diferenciados, no seu tempo-espaço. E nós, professores, não estamos diante de alunos iguais, mas jovens ou crianças que são singulares e heterogêneos socioculturalmente, e imersos na complexidade da vida humana (SOUZA, 2004, p. 10).

Além de toda a diferença, de personalidade, caráter e vivências, existe ainda quem sinta música ou atribua significado musical também no silêncio. Pode-se sentir a música não só nos "barulhos", pois, conforme propõe Koellreutter (1990, p. 56): "O silêncio deve ser percebido como outro aspecto do mesmo fenômeno, e não apenas como ausência de som".

Quando pensamos em levar a música às crianças e à comunidade como ponto de partida para a educação musical, proporcionamos-lhes elementos indispensáveis, como autoequilíbrio e autoformação, criatividade, autonomia e personalização, o que contribui para a formação de caráter social e artístico. Todos esses aspectos vão sendo despertados e uma identidade musical ativa e criativa se constrói. De acordo com Moraes:

> Já que tudo pode ser música – e por que não? – todos podem ser músicos. Não apenas compondo obras a partir de certos padrões já devidamente catalogados por determinada tradição, mas também inventando novos processos composicionais. E não deixa de ser músico aquele que interpreta uma obra alheia – seja através da simples leitura de sua representação gráfica em partitura, seja com o auxílio de um instrumento, E mais: é musico aquele que ouve ativamente, criativamente, pois nem sempre colocar um disco no aparelho de som e sentar – se para ouvir o dado escolhido significa alienação (MORAES, 2001, p. 9).

Através da vivência sonora da criança, ela segue classificando o que pode ou não ser música para ela ou, então, fazer um apanhado de vários sons cotidianos e realizar uma construção musical significativa. Conforme Cage,

> [...] a música não é só uma técnica de compor sons (e silêncios), mas um meio de refletir e de abrir a cabeça do ouvinte para o mundo. [...] Com sua recusa a qualquer predeterminação em música, propõe o imprevisível como lema, um exercício de liberdade que ele gostaria de ver estendido à própria vida, pois 'tudo o que fazemos' (todos os sons, ruídos, e não-sons incluídos) 'é música (CAGE, 1985, p. 5).

Com isso, além de contextualizar conceitos e práticas musicais e cidadãs, conduzimos os indivíduos de meros ouvintes para integrantes ativos e capazes de criar e inovar a Arte, com capacidade para produzir interpretações e composições entre outras habilidades, desde que ensinados de forma significativa e contextualizada com a realidade social, porque, se não for desta forma, pode não surtir efeito algum.

Relato de Experiências no Hospital Infantil Seara do Bem

Na primeira intervenção, realizada no dia 29 de abril, a assistente social da instituição apresentou o espaço aos estagiários, tendo como sede do nosso trabalho a brinquedoteca. Assim, deu-se início a nossa primeira intervenção partindo pelos corredores do hospital onde os estagiários executaram inicialmente um improviso em forma de marcha, tendo por harmonia FÁ maior e DÓ maior.

Conforme caminhávamos pelos corredores, os pacientes se manifestavam das mais diversas formas enquanto os estagiários visitavam seus leitos. Um dos pacientes colocou um boneco como microfone para o clarinete, enquanto seu pai chorava e a mãe lhe dizia: "Olha, vieram fazer uma serenata para você. Nesse mesmo apartamento, havia outro paciente que estava mexendo em seu celular, mas, ao ouvir a música, rapidamente encantou-se e deixou o celular de lado para apreciar. Nos corredores, algumas enfermeiras interromperam suas atividades para ouvir a música.

Prosseguindo, os estagiários visitaram um quarto em que o pai fotografou enquanto a mãe e a paciente ficaram muito agradecidas e emocionadas.

> [...] *Logo se manifestou chamando os estagiários para tocar para seu neto. A criança que estava em uma ala isolada ficou emocionada e a professora do hospital, que nos acompanhava neste dia, o abraçou enquanto tocávamos e conversava conversávamos com ele, enquanto sua avó chorava em um canto do quarto, muito agradecida e emocionada pela música.*

Como entende Serafine:

> A concepção de "inteligência musical" ou da musicalidade como um traço específico tem sido objetada por numerosos especialistas. De acordo

com um deles, musicalidade não é um traço, mas deriva de operações mentais que são comuns as atividades de criar, ouvir e executar (SERAFINE, 1988).

Enquanto a professora conversava com o paciente, foi possível ver que ele fazia apenas pequenos gestos com as mãos e quando os estagiários saíam do quarto pôde-se observar um sorriso a abrir-se no rosto do menino.

Seguindo para o corredor, foi avistada, em outro quarto da ala isolada, uma criança de pé sobre a cama a dançar no ritmo da música. A professora acompanhante ficou emocionada com a cena e comentou com os estagiários que a criança estava constantemente apática. Partindo dessa ala, os estagiários de música foram abordados por estagiários de medicina e por uma médica que reconheceu um dos estagiários, pois havia sido seu professor muitos anos atrás.

> *[...] Chegando no primeiro quarto, com três pacientes, logo uma mãe levantou-se e começou a filmar o grupo e sua filha que estava num leito. Partindo deste quarto, uma criança de colo (em torno de 3 a 4 anos) que estava no corredor começou a chamar o grupo acenando com as mãos, criança esta que, segundo a professora, estava no hospital há mais de vinte dias. A professora pegou-a no colo e, com ela, acompanhou o grupo por quase todo o percurso da intervenção.*

Passando pelo corredor, uma mãe que estava com o filho no colo saiu do quarto e chamou o grupo para que seu filho e os outros pacientes pudessem ver e ouvir. A mãe soltou o filho de pé sobre a cama e ele começou a dançar e bater palmas, muito animado com a música.

Seguindo em frente, ao passarem por uma sala de observação, uma enfermeira se manifestou e pediu aos estagiários que entrassem, pois, um menino havia saído de uma cirurgia e estava muito aflito. Os estagiários entraram na sala tocando e logo foi possível ver um sorriso no rosto do garoto, que, ainda muito debilitado, chamou seu pai para sentar-se com ele na cama e apreciar a música. A enfermeira dançava no ritmo da música enquanto trocava o soro do menino e ele se alegrava com toda a movimentação.

> *[...] Na Ala Adelaide escolheu-se a música de um do estagiário LUA, que foi a música "Bem Viver". Após a execução da música, a professora nos apresentou a todos os pais e pacientes, e propôs a eles que cantassem uma música, sugerida pelos estagiários. Eles concordaram, e então o estagiário SOL, cantou o tema "Upa Lalá", de autoria do estagiário LUA. Sendo a letra: "Upa Lelê ô ô, Upa Lalá, Upa Lelê ô ô, Upa Lalá".*

A proposta foi a seguinte: todos cantaram o tema batendo palmas conforme podiam e, em seguida, foi sugerido que fizessem uma paródia sobre o tema. A primeira sugestão foi da avó de uma paciente, que dizia assim: "Upa Lelê ô ô, Upa Lalá,/ Nossos amigos vieram nos visitar". Assim foi ensaiado esta versão várias vezes, com todos os presentes cantando e batendo palmas, até que um paciente pediu que seu pai sugerisse aos estagiários uma ideia sua, que era assim: "Hoje é dia de muita atenção. Vamos todos juntos nessa canção". Como a primeira paródia, essa também foi ensaiada e várias vezes repetida, provocando a interação dos pacientes, familiares e enfermeiras ali presentes.

> [...] *no Hospital Infantil Seara do Bem, o grupo pode perceber como a música pode atingir as pessoas emocionalmente. A música apresenta várias funções em espaços variados. Com certeza no Hospital, neste momento de estágio, verificamos que ela pode trazer alegrias e amenizar um pouco o sofrimento de quem está doente ou debilitado.*

Os estagiários, ao chegarem ao final deste projeto, entenderam que fora dado apenas a partida para este. A expectativa é grande, pois todos são unanimes na capacidade da ideia e na potencialidade que ela pode gerar. Também foi constatado a alegria dos alunos de todas as faixas de idade em aprenderem da forma lúdica e isso talvez seja a mola mestra da ideia, ensinar brincando. Constata-se, assim, o equilíbrio perfeito entre educador e educando, pois, enquanto o educador se sente feliz e realizado ao transmitir conhecimento, o educando também se sente feliz e realizado ao adquirir conhecimento e tantos outros atributos "brincando".

Assim, podemos constatar que a promoção da Cidadania pode ser alcançada através da Educação Musical, além de despertar nas crianças o interesse pelos mais variados estilos musicais. Por meio da prática, aprofundar as percepções sensoriais através da apreciação e a execução em grupo, no qual também se pode alcançar o conceito de socialização, desenvolvendo entre as crianças e a comunidade ali presentes atividades musicais que desencadeiam a criatividade e atitudes de solidariedade, cultivo e respeito pelo outro. Ao mesmo tempo, através do lúdico, construir um caráter crítico conforme as várias formas de fazer arte-musical e "desvendar" a necessidade da música nos inúmeros lugares onde ela pode, deve ou, ainda, precisa estar presente.

REFERÊNCIAS

ABEM. III Encontro Anual da ABEM. **Anais abem – Educação musical no Brasil**: Tradição e Inovação. Salvador: Associação Brasileira de Educação Musical, 1994.

ARROYO, M. G. "Os educandos, seus direitos e o currículo". *In:* MOREIRA, A. F.; ARROYO, M. **Indagações sobre currículo**. Brasília: Departamento de Políticas de Educação Infantil e Ensino Fundamental, 2006.

BRASIL. MINISTÉRIO DE EDUCAÇÃO E CULTURA. SECRETARIA DE EDUCAÇÃO FUNDAMENTAL. **Parâmetros Curriculares Nacionais.** Arte. 2. ed., v. 4. Rio de Janeiro: DP&A, 2000. p. 77.

BRÉSCIA, V. L. P. **Educação Musical**: bases psicológicas e ação preventiva. São Paulo: Átomo, 2003.

BRITO, M. T. A. de. **Música na educação infantil**. São Paulo: Editora Peirópolis, 2003.

CAGE, J. **De segunda a um ano**. São Paulo: Hucitec, 1985.

CANDÉ, R. de. **História Universal da Música**. São Paulo: Martins Fontes, 1994.

CONDORCET, J. M. C. **Esboço de um quadro histórico dos progressos do espírito Da Comissão Internacional sobre Educação para o século XXI**. São Paulo: Cortez, 2013.

DELORS, J. **Educação um Tesouro a descobrir**: relatório para UNESCO. São Paulo: Cortez; Brasil: UNESCO; Brasília: MEC, 1998:

FORQUIN, J.; GAGNARD, M. Música: em busca de um desenvolvimento da educação musical *In:* PORCHER, L. **Educação artística**: luxo ou necessidade? São Paulo: Summus, 1982.

KOELLREUTTER, H. J. **Terminologia de uma nova estética da música**. Porto Alegre: Movimento, 1990.

MANZINI COVRE, M. L. **O que é cidadania**. São Paulo, Brasiliense, 2003.

MARCUSE, P. Enclaves, sim; guetos, não: a segregação e o estado. **Espaço & Debates**, São Paulo, SP, v. 24, n. 45, jul. 2004.

MARZULLO, E. **Musicalização nas escolas**: crianças do 1º ao 3º ano do Ensino Fundamental. 4. ed. Petrópolis, RJ: Vozes, 2009.

MARZULLO, E. **Musicalização nas escolas**: crianças do 4º e 5º ano do Ensino Fundamental. 4. ed. Petrópolis, RJ: Vozes, 2011.

MOLL, J. (org.). **Educação de jovens e adultos.** Porto Alegre: Mediação, 2004.

MORAES, J. J. de. **O que é música**. São Paulo: Brasiliense, 2001.

SCHAFER, M. **O ouvido pensante**. São Paulo: UNESP, 1991.

SOUZA, J. (org). **Música, Cotidiano e Educação**. Porto Alegre: Programa de Pós-Graduação em Música. UFRGS, 2000.

SPOZATI, A. **Cidade, Território, Exclusão/Inclusão Social**, texto digitado. p. 6, 2001.

SWANWICK, K. **Ensinando música musicalmente**. São Paulo: Editora Moderna, 2003.

UNGLAUB, T. R. R. **O Ensino da Música no Processo Educativo**: Implicações e desdobramentos nas séries iniciais do ensino fundamental. 2000. 165f. Dissertação (Mestrado em Educação) – Faculdade de Educação, Universidade Estadual de Campinas, Campinas, 2000.

WISNIK, J. M. **O som e o sentido**: uma outra história das músicas. 2. ed. São Paulo: Companhia das Letras, 2001.

PARTE 2

ARTES VISUAIS

Há duas maneiras de ultrapassar a figuração (ilustrativa ou narrativa): em face à forma abstrata, ou à Figura. Para esta via da Figura, Cézanne dá um nome simples: a sensação. A Figura é a forma sensível relacionada à sensação; ela age imediatamente sobre o sistema nervoso, que é a própria carne. Enquanto a Forma abstrata se volta para o cérebro, agindo por intermédio deste cérebro, mais próxima ao osso. É claro que não foi Cézanne que inventou esta via da sensação na pintura. Mas ele deu a ela uma posição sem precedente. A sensação é o contrário do fácil ou do já feito, do clichê, mas também o contrário do "sensacional", do espontâneo... etc.

Gilles Deleuze

APRESENTANDO AS PESQUISAS EM ARTES VISUAIS E EDUCAÇÃO

Como diz Jorge Amado[1], "A solução dos problemas humanos terá que contar com a literatura, a música, a pintura, enfim com as artes. O homem necessita de beleza como necessita de pão e de liberdade. Daí a importância do cultivo das artes, da luta por manter o ensino de artes na escola".

Como já descrevemos na parte 1, aqui também os/as acadêmicos/as de Artes Visuais realizaram suas diferentes pesquisas sob a orientação da Profa. Dra. Lurdes Caron durante as aulas de Pesquisa e Prática Pedagógica compartilhadas com os estudantes de música. Assim, a partir do projeto geral de pesquisa, os/as estudantes escolheram temas que lhe interessavam para o exercício de iniciação científica.

A formação continuada do professor e o ensino de artes visuais foi a temática de Doriane Mendes da Silva e Gisele de Brito Prestes Neto, partindo do pressuposto de que a arte é uma linguagem comunicativa e criativa e muito necessária para a formação do aluno. Ela é vista, muitas vezes, como perda de tempo, talvez de apenas trabalhinhos, confundido com pinturas e desenhos simplesmente mimeografados. A arte é um processo de criação por meio da qual o ser humano pode demostrar toda a sua emoção e criatividade. Faz parte de cada ser humano o pensar, o criar, o agir e o fazer. Neste sentido, é importante valorizar as atividades, as obras de cada aluno na sala de aula. Para o professor de Artes, é de suma importância a formação de professores que lhe dê suporte para a prática pedagógica de sala e aula.

A pesquisa partiu do questionamento de como a formação continuada do professor no ensino das artes visuais contribui nas suas práticas pedagógicas e teve por objetivo geral investigar sobre as práticas pedagógicas na formação continuada do professor no ensino das artes visuais. Como objetivos específicos, delineou-se: investigar a contribuição da formação continuada e conhecer como se dá a formação de professores na disciplina de artes. A pesquisa mostrou o quanto é importante à formação de professores e poderá contribuir na reflexão sobre as práticas pedagógicas dos professores para que as aulas de artes visuais oportunizem a criatividade, o respeito e a valorização dos trabalhos artísticos de cada educando.

Alessandra Marques Machado e Cristiane Rodrigues da Silva pesquisaram sobre o ensino de artes visuais na educação infantil no município de Lages, entendendo que Artes Visuais são todas as manifestações artísticas que têm a visão como a principal forma de compreensão, envolvendo tudo o que

---

1 https://www.pensador.com

está relacionado com a estética e a criatividade do ser humano. São linguagens, portanto, e caracterizam uma das formas mais importantes de expressão e comunicação humana, o que, por si só, explica sua presença e importância na educação. A proposta foi refletir sobre o ensino das Artes Visuais na dimensão específica da Educação Infantil, pois uma das principais atribuições dessa disciplina é a possibilidade que a criança tem de ampliar seu conhecimento, suas habilidades e descobertas comuns nesta fase da vida. Através da arte, a criança expressa seus sentimentos e expande sua relação com o mundo de forma espontânea. Dessa maneira, ela se apropria de diversas linguagens, adquirindo sensibilidade para criar formas, cores, imagens, gestos, fala, sons e outras expressões importantes para o desenvolvimento cognitivo e emocional.

Artes visuais no currículo do ensino fundamental constituem o objeto investigativo de Luciane das Graças Ribeiro da Silva Paim, que apresenta a disciplina de Artes Visuais em nosso cotidiano. Nós, como educadores de artes visuais, somos desafiados a elaboração e realização de aulas dinâmicas, possibilitando ao educando autoconfiança, imaginação criadora e a capacidade de enfrentar desafios que estão em sua volta. Assim, cultivamos uma criança inventiva. Para isso, é necessário um compromisso com a qualidade da disciplina de artes e sua melhoria. O objetivo do estudo foi identificar o currículo escolar do 1º ao 9º ano da disciplina de artes visuais e como se dá a formação de professores. Para tanto estudou sobre a importância de artes visuais na escola, lançou o olhar para os modos como são desenvolvidas as aulas de artes visuais do 1º ao 9º ano e tentou conhecer como se dá a formação de professores para artes visuais. Os conteúdos tratados são relevantes porque vêm ao encontro da formação de professores, possibilitando criar e recriar suas práticas no dia a dia da escola. Assim, ajudaram na nossa formação individual e por extensão a do grupo de pessoas com quem trabalhamos. As melhorias das práticas pedagógicas, com certeza, tornarão a aula de artes atraentes e criativas aos educandos.

Franciele da Silva Amarante dos Passos e Mayco Elvis dos Passos investigaram sobre os diferentes conhecimentos e olhares a partir da interdisciplinaridade em Artes Visuais no ensino fundamental II da Escola Municipal de Educação Básica Suzana Albino França do município de Lages, SC. Esta pesquisa iniciou com a participação no Curso sobre TRÂNSITO, promovido pelo Serviço de Atendimento Móvel de Urgência (SAMU), realizado em abril de 2014, na Escola Municipal de Educação Básica "Suzana Albino França" (EMEB), também de Lages, SC. Esse curso despertou o interesse e a motivação para desenvolver o estudo sobre interdisciplinaridade. Como professores da disciplina de Artes Visuais, Mayco e Franciele perceberam que, para a melhoria da aprendizagem do aluno na escola, seria de suma importância um trabalho articulado entre as diferentes disciplinas do currículo escolar. Assim, a pesquisa estudou a interdisciplinaridade entre os componentes curriculares, entendendo que interdisciplinaridade é desenvolver um trabalho com todas as disciplinas do projeto curricular da escola, tendo em vista o bem comum dos educandos e, por extensão, para todas as famílias e sociedade.

A importância das artes visuais no contexto educacional é abordada por Anderson Eduardo de Barros, partindo da asserção de que, desde os primórdios da humanidade até a atualidade, o homem, em busca de expressar-se em meio aos seus semelhantes, utilizou-se da arte. Assim, pintura, escultura, desenho, gravura, modelagem, fotografia, dentre outras técnicas, permeiam o ensino da arte e suas manifestações artísticas e culturais, independentemente das diversas funções dentro da sociedade e das diferentes ações na vida das pessoas. Durante a infância, mesmo em seu lar, a criança é influenciada por uma observação informal da arte. Ao chegar na escola, todo seu conhecimento comum é moldado para uma utilização e compreensão específica no campo das artes visuais. Quanto aos adolescentes e jovens, as artes visuais contribuem na interação social, comportamental e em sua formação cultural. Assim, este trabalho teve como objeto de pesquisa a importância das práticas artísticas visuais no contexto educacional, isto é, o papel desempenhado pela disciplina desde a infância até a adolescência de um indivíduo, sendo este um construtor de conhecimentos e habilidades. Neste sentido, a problemática da pesquisa pressupõe o seguinte: "Quais as contribuições das artes visuais no contexto educacional?" O estudo teve como objetivo analisar e reconhecer a importância da disciplina de artes e suas contribuições para a formação cultural do indivíduo, e como objetivos específicos, compreender informações pertinentes ao ensino das artes visuais e sua utilização no currículo escolar com ideias mais compreensivas sobre a importância da arte visual. Os resultados obtidos por meio da pesquisa foram compatibilizados com os objetivos idealizados e responderam à problemática levantada.

Ionara Waltrick Abreu, Karine Miranda Pinheiro, Léo da Luz Moreira e Roseceli Martinhago Vieira entraram na cultura africana para um vivenciar do Maculelê em sala de aula, entendendo que a história e a cultura dos povos africanos são parte da história do Brasil, tal como a história dos nossos indígenas, tratando de heranças culturais e dando ênfase à dança do Maculelê. O Maculelê é uma manifestação cultural oriunda da cidade de Santo Amaro da Purificação – Bahia, berço também da Capoeira. É uma expressão teatral que conta, por meio da dança e de cânticos, a lenda de um jovem guerreiro que, sozinho, conseguiu defender sua tribo de um grupo rival usando apenas dois pedaços de pau, tornando-se o herói da tribo. Sua origem é desconhecida. Uns dizem que é africana, outros afirmam que ela tenha vindo dos índios brasileiros e há quem diga ser uma mistura dos dois. O próprio Mestre Popó do Maculelê, considerado o pai do Maculelê, deixa claro a sua opinião de que é uma invenção dos escravos no Brasil, assim como a capoeira. Assim, este artigo relata as atividades teórico/práticas desenvolvidas por ocasião do Estágio Curricular Obrigatório – ECO, no 7º e 8º semestre do curso de Arte Educação-Visuais da Universidade do Planalto Catarinense – UNIPLAC. Esta disciplina de estágio curricular obrigatório agrega a matriz curricular do curso de Licenciatura em Artes, que atende o que recomendam as Diretrizes Curriculares Nacionais para a Formação de Professores da Educação Básica quando determina que esta seja uma atividade de caráter profissional e, portanto, há que ser desenvolvida no campo de atuação, isto é, na escola de Educação Básica. O relatório partiu da pergunta: Como os alunos vivenciam o Maculelê e a diferença étnica racial na sala de aula? O objetivo geral foi conhecer a arte e a cultura afro-brasileira manifestada na dança do Maculelê lutando pelo combate ao preconceito racial de modo a valorizar a cultura local em todo o seguimento escolar e universalizar a cultura afro-brasileira, bem como, estudar a dança e o processo histórico da capoeira desde sua criação até os dias atuais.

As joaquinenses Lucilene Terezinha de Souza e Rosemery da Silva Melo resolveram valorizar os recursos culturais de sua cidade pesquisando sobre o Museu de Artes em São Joaquim, SC, como espaço para a educação não formal e o cultivo da arte local na memória dos educandos de hoje, visando contribuir para o seu desenvolvimento cultural e do público em geral. Nesse sentido, torna-se importante a valorização e o cuidado com o patrimônio cultural guardado na instituição. Os autores obtiveram os dados sobre os artistas e as obras expostas com informações retiradas dos documentos e da contribuição do recepcionista e da museóloga entrevistada. Assim, puderam conhecer a história do Museu, o espaço físico e identificar artistas e obras. O Museu foi um sonho idealizado por Nelza Aparecida Couto, com a contribuição doada do acervo particular de Joaquim Galete da Silva. O museu, que ocupa uma sala vinculada à Casa da Cultura de São Joaquim, foi inaugurado em 31 de outubro de 1997. Na ocasião, contou com a participação de artistas plásticos, pintores, autoridades e convidados especiais e recebeu o nome de Martinho de Haro, por este ter sido o maior pintor joaquinense e considerado um dos principais de Santa Catarina. Na ocasião, abriu-se as portas do referido Museu com 92 obras, com o tempo, a instituição se transformou em uma das principais atrações turísticas da cidade de São Joaquim.

A arte da cerâmica na educação básica com o artista catarinense José Cristóvão Batista foi o objeto de estudo de Fabiana Marques da Rosa, de modo a subsidiar o ensino pela prática da cerâmica com o artista e escultor catarinense José Cristóvão Batista e também buscando suporte por meio de autoras como Schaam (2007), Bergamaschi e Gomes (2012) para uma prática escolar comprometida com a valorização do indivíduo e suas particularidades, a fim de que se possam resgatar os valores culturais e as nossas tradições, percebendo o quanto a arte da cerâmica vem contribuindo com artistas ao realizarem suas obras em diferentes épocas e lugares. Através das autoras, se buscou suporte por meio dos procedimentos de coleta de dados bibliográficos, caracterizando-se como uma pesquisa qualitativa com bases em pesquisa bibliográfica. Os principais pressupostos teóricos foram os estudos de Bergamaschi e Luana, que foram sistematizados para uma melhor análise qualitativa de dados, proposta metodológica optada para a pesquisa, na importância e responsabilidade sobre o que está sendo ensinado e para quem está sendo direcionado o ensino. Inserido na escola, onde o aluno transcorre por um longo caminho escolar, o projeto está repleto de conteúdos culturais norteadores das ações que levam ao progresso e à avaliação do sujeito pela escolaridade. Com o questionamento de como trabalhar com os alunos da educação básica a arte da cerâmica a partir das obras do artista José Cristóvão Batista, juntamente com as autoras e os subsídios teóricos de Maria Aparecida Bergamoschi, Luana Barth Gomes e Denise Pahl Schoon, a proposta focalizou estudar a arte da cerâmica com alunos da educação básica a partir das obras dos artistas José Cristóvão Batista, Maria Aparecida Bergamoschi, Luana Barth e Denise Pahl Schoon.

Geise Aparecida Antunes e Nilceia dos Santos Amaral trazem a história da vida e obra de Rosa Werner, refletindo como a sociedade, em todos os tempos, cria e recria, pensa e repensa, vive e convive com diferentes formas de expressar sua cultura. Neste sentido, foi pesquisado sobre a história e vida da pintora Rosa Werner e o seu estilo artístico que, desde 1978, é o da arte *naif*, também conhecida como "estilo ingênuo" e representa parte da arte popular brasileira. O conceito de arte *naif* é originário da França com o significado de "ingênuo". No Brasil, ficou definida com "arte primitiva ou ingênua", isto é, um estilo livre, não sistemático e trata-se de um estilo pouco conhecido pela sociedade. No estilo da arte *naif*, cada pintor é único e as obras são únicas, por isso não há uma coletividade de artistas *naifs*. O que os une são as diversas expressões de produzir linguagens na arte ingênua. A artista Rosa Werner, por meio da arte *naif*, resgata histórias da própria vida e a de muitos lageanos. Ela nasceu na cidade de Lages no dia 04 de novembro de 1960. A arte da pintora apresenta características da pintura "nata", registrando as memórias da artista que enriquecem cada vez mais a cultura do Planalto Serrano. A leitura das obras de arte *naif* tem como características principais: imagens, paisagens e lugares em que a artista vivenciou na região. São fortes características em suas obras as cores puras usadas pela artista com planos bem definidos, tornando assim uma fácil leitura de imagem. A pesquisa responde à problemática: Quais as contribuições que a história da vida e das obras da artista Rosa Werner trazem para a população da cidade de Lages? Teve como objetivo conhecer a história de vida e obras da artista Rosa Werner, valorizando e resgatando a cultura lageana. Os objetivos específicos foram: resgatar a vida e as obras de Rosa Werner; conhecer a poética da artista; distinguir arte *naif* buscando a valorização da história da pintora e dos demais artistas da cultura lageana.

Geandria Corrêa escreve sobre Clênio Souza e a arte moderna no município de Lages, com o objetivo de ofertar à comunidade do Planalto Catarinense informações sistematizadas sobre artistas dessa região, especificamente sobre um artista plástico que iniciou e desenvolveu a maior parte de seu trabalho na cidade de Lages, SC. Existem diversas menções a Clênio Tadeu Paz de Souza (1958-2006) disponíveis em blogs e sites da cidade e do estado, sendo estas fontes o principal referencial de pesquisa para a comunidade. Sabe-se, através dessas fontes, que seus quadros já participaram de mais de cem exposições individuais e coletivas em diversas cidades do estado de Santa Catarina e que sua produção é comumente associada aos estilos expressionista, regionalista e surrealista. Com isso, levantou-se o problema: Qual o cenário das artes plásticas no município de Lages no XX e qual a contribuição de Clênio Souza para a Arte Moderna neste local e contexto? Assim, foram pesquisados, inicialmente, os dados biográficos sobre o artista mencionado para, então, verificar sua contribuição para as Artes plásticas no município de Lages-SC com enfoque no que o modernismo artístico consiste. Para tanto, foi tratado o conceito de moderno e identificadas as manifestações do modernismo artístico na Europa, Brasil, Santa Catarina e no município de Lages para descortinar aspectos do trabalho artístico de Clênio Souza e relacioná-los ao cenário local. A pesquisa é de natureza aplicada com abordagem qualitativa. Adotou procedimentos de análise documental, levantamento bibliográfico e historiográfico.

Assim, como um caleidoscópio de percepções sobre as artes visuais, as reflexões de nossos alunos geraram esta riqueza multicolorida e diversa, cujo interesse comum é o artístico em suas conexões com a educação.

FORMAÇÃO CONTINUADA DO PROFESSOR E O ENSINO DE ARTES VISUAIS

Doriane Mendes da Silva
Gisele de Brito Prestes Neto

Todos sabemos que a arte passou por diversas transformações nos últimos tempos, trazendo diferentes e importantes contribuições na disciplina de artes, auxiliando no desenvolvimento dos educandos.

Nessas transformações estão os conteúdos trabalhados em sala de aula, pois tiveram uma mudança considerável no que tange às metodologias expressivas. Assim, imagens nunca estiveram tão presentes em sala de aula como hoje, dando a liberdade de livre-expressão. Com tantos avanços, é impossível pensar em uma aula de arte sem imagens e isso se deve ao fato de que as propostas pedagógicas de arte se constituem por novas concepções.

Nesse novo contexto surgem questionamentos: Professores estão repassando conteúdos de arte de forma adequada? Existe um objetivo? Qual a importância de uma formação de professores?

Sendo assim, para responder a essas questões e conseguir uma clareza sobre a importância da formação de professor de arte é que este trabalho foi desenvolvido, tendo como base diferentes autores, dentre eles: Tardif (2002), Leite (2004), Puccetti (2004), Nóvoa (1995), Cabral (2004), Ferreira (2001), Fusari (1993) Ferraz (1999) e Santos (1998).

Para iniciar o trabalho, buscou-se saber como se desenvolveu o ensino da arte na escola no decorrer dos tempos e como foi de suma importância a obrigatoriedade dessa disciplina no currículo escolar. Em seguida, tratou-se da importância da formação do professor, oportunizando qualidade e dando subsídios necessários ao trabalho pedagógico.

Formação continuada

A disciplina de Artes Visuais é um componente curricular importante para a formação do indivíduo, pois, é por meio dela que se conhecem suas raízes, seu passado histórico e artístico. Na contemporaneidade, por estarmos em estágio, seja de observação seja ministrando aulas, pudemos observar nas salas de aula que alguns professores de artes estão ensinando sem aplicar o conhecimento, apenas tendo a disciplina como uma matéria que ensina a pintar, muitas vezes com cópias xerox de desenhos, colar ou desenhar sem nenhum contexto. Por isso entende-se que a formação de professores para o desempenho das Artes Visuais no ensino fundamental é de suma importância. Segundo informa Cabral (2004),

> [...] apesar de todas as transformações que aconteceram na educação brasileira, principalmente nas três últimas décadas, e que também atingiram o ensino da arte, ainda não foi possível obter, nesta área, um ensino realmente de qualidade (CABRAL, 2004, p. 25).

Nesse sentido, a formação continuada tem uma importância significativa para o professor no exercício da docência, permitindo aproximação entre processos dentro da escola. Uma formação bem-sucedida implica em habilidades técnicas e estimula a capacidade de compreensão dos professores em relação a mudanças que estão enfrentando.

O professor precisa sempre ampliar suas didáticas, possibilitando melhor preparação para o desafio diário de uma unidade escolar, porém, isso, na prática, muitas vezes não acontece. Cabe lembrar, então, que a formação só tem a acrescentar na vida de um professor, pois possibilita melhor preparação e faz diferença no processo de ensino-aprendizagem. Nas palavras de Santos:

> Caracteriza a formação continuada ou formação contínua, ou formação em serviço, em sentido mais restrito, todas as formas deliberadas e organizadas de aperfeiçoamento profissional docente, seja através de palestras, seminários, cursos, oficinas ou outras propostas (SANTOS 1998, p. 124).

O professor, enquanto sujeito do contexto educacional, tem a condição, por meio de ações, de mudar e transformar o mundo que o cerca. A formação continuada pode ser encarada, portanto, como meio articulador de novas ideias, novas práticas, sempre buscando novos conhecimentos. Nesse sentido, a formação vem ao encontro pessoal como fonte de autonomia, resultando em práticas positivas no seu ambiente de trabalho na escola, assim, as relações pessoais e sociais refletem em sala de aula com os educandos.

Para o professor no processo de formação é fundamental e necessário discutir que a formação contínua se torna um expoente de reflexão que vem acompanhado por um dos componentes importantes na arte que é a prática. Na disciplina de Artes, a teoria e a prática permeiam o trabalho do professor. Assim, refletir sobre a prática e transformar reflexões, por meio das quais o professor constrói seus próprios conhecimentos, segundo Tardif: "Essa lógica profissional deve ser baseada na análise das práticas, das tarefas e dos conhecimentos...]" (TARDIF, 2004, p. 242).

A formação continuada é um processo que exige uma reflexão a partir de questionamentos sobre as ações educativas.

A arte dentro da escola

Por vários anos a arte foi somente um luxo acessível a estudantes de escolas particulares que ofertavam essa possibilidade, contudo. Nas demais escolas, foi apenas uma maneira disfarçada de arte, com criações de desenhos geométricos, artes domésticas e manuais, ou seja, arte que não era arte.

Com o tempo, a arte passou a ser regularizada e tornou-se educação artística inserida no currículo escolar, com carga horária semanal de duas horas/aulas.

Embora isso, ainda é encarada nas escolas mais como um lazer, uma distração, do que uma disciplina. O professor de Arte muitas vezes ocupa o lugar de faz tudo, vira um decorador nas festas oferecidas na escola e aquele que pode ceder suas aulas a outros professores.

Frente a essa realidade, entende-se que a arte precisa ser vista como uma expressão, não apenas como desenhos iguais, pintar desenhos mimeografados, xerocados, fazer recorte de desenhos já traçados, pois, desse modo, realmente é apenas mais uma disciplina. Essa mudança se reflete nas palavras de Cabral (2004), para quem:

> Na visão atual, a arte necessita ser conhecida e compreendida por crianças, jovens e adultos, como linguagem que desperta a emoção, inspira a imaginação, a sensibilidade e o pensamento, refletindo a complexidade de diferentes culturas. E quanto mais sedo as crianças tiverem acesso ao conhecimento das diversas linguagens artísticas, mais cedo estarão preparadas para melhor compreender, fruir, valorizar e apreciar arte (CABRAL, 2004, p. 26).

Pode-se dizer que esse conceito está sendo visto de uma maneira diferente, ou seja, evoluiu, oportunizando ao ser humano uma relação com o mundo, criando outros mundos através de pensamentos e da imaginação.

Um trabalho que envolve construção e transformação consiste na "produção artística" por meio da qual é revelado "o esforço de explicitar e ideia, o pensamento e a visão" (PUCCETTI, 2004, p. 17).

Sendo assim, a arte não pode ser uma atividade mecânica, ela precisa ser realizada em sala de aula por um professor que faça um trabalho sério e compreenda a arte como uma educação que vem do conhecimento e da expressão, aspectos que dão ao ensino da arte uma concepção educativa. Isso porque: "A arte está vinculada não apenas ao 'fazer', ao 'inventar', ao 'figurar' e ao 'descobrir', mas também à expressão, pois caracteriza uma ação humana" (PUCCETTI, 2004, p. 14, grifos do autor).

Para que ocorra essa transformação a partir da arte, é necessário que cada professor veja a importância da disciplina e a responsabilidade pelo trabalho realizado. Um professor, ao entrar numa sala de aula, precisa estar preparado, saber o que quer passar e onde deseja chegar, tendo bem claros seus objetivos para que sua aula não se torne apenas o fazer ou a repetição.

Para conseguir esses objetivos, o professor necessita encontrar uma maneira de recuperar a disciplina de artes como conhecimento, tendo a interação com uma realidade da necessidade humana e alcançando um trabalho artístico, por meio do qual consiga maior representação através da arte. Assim:

> Consequentemente, para desenvolvermos o nosso trabalho com eficiência, precisamos praticar ações tais como estudar, praticar, participar de cursos, buscar informações, discutir, aprofundar reflexões e praticar com os colegas docentes. É importante participar andas das associações de professores, de arte-educadores, que contribui para a atualização e o desenvolvimento profissional e político, em todos os níveis de ensino (FUSARI E FERRAZ, 1993, p. 49).

A formação do docente no ensino de Artes Visuais

Tardif nos fala da necessidade de, "[...] em primeiro lugar, reconhecer que os professores de profissão são sujeitos do conhecimento, é reconhecer ao mesmo tempo em que deveriam ter direito de dizer algo a respeito de sua própria formação profissional [...]" (TARDIF, 2002, p. 240), sendo assim, a formação de um profissional não está caracterizada apenas num título de graduação, nem sempre vai estar ligado a uma prática nem com uma realidade da escola que irá encontrar. E essa prática é indispensável para um professor na formação de artes visuais.

No livro "Teoria e prática do ensino da arte", Mirian Celeste Martins (2009) fala que tratar a arte como conhecimento é ponto fundamental e condição indispensável para o enfoque do ensino de arte que vem sendo trabalhado há anos por muitos arte-educadores.

> Ensinar arte significa articular três campos conceituais: a criação/produção, a percepção/análise e o conhecimento da produção artístico-estética da humanidade, compreendendo-a histórica e culturalmente. Esses três campos conceituais estão presentes nos PCN-Arte e, respectivamente, denominados produção, fruição e reflexo (MEC/PCN, 2009, p. 12).

Assim, vemos a importância da formação do/a professor no ensino da arte, questionamos se uma graduação com período de quatro anos será o bastante para afirmar que ele já é um professor. Como saber se tudo aquilo que adquirirmos, como os saberes, as experiências enquanto acadêmicos, está realmente correto diante de tanta responsabilidade a ser assumida? Isso porque, com o conhecimento vem junto todo um saber e eles estão diretamente ligados.

Para Tardif (2002), "[...] a questão do saber dos professores não pode ser separada das outras dimensões do ensino, nem do estudo do trabalho realizado diariamente pelos professores de profissão de maneira mais específica" (TARDIF, 2002, p. 10).

Diante disso, atualmente, com tantas transformações repensando a formação do professor de arte, pode-se dizer que não é mais admissível o professor ficar somente em modelos, sem ter a reflexão de que as relações estão mudando e que a tecnologia está cada vez mais avançada.

Tardif (2002) nos fala que:

> [...] finalmente, é preciso notar que a multiplicação das novas tecnologias da informação (internet, multimídias, correio eletrônico, CD-ROM, etc.) permiti imaginar, no futuro bem próximo o surgimento de novos modos de colaboração entre os práticos e os pesquisadores, entre universidades e escolas (TARDIF, 2002, p. 293).

Em resumo, há necessidade de se compreender que, para sala de aula, é de suma importância reverter essas transformações que estão à volta de seus educandos. Para isso, a formação do professor precisa ser contínua, surgindo, então, a relevância de uma teoria que venha junto com uma mediação, sempre em busca de pesquisa que contribua para a ação. "A formação de professores é, provavelmente, a área mais sensível das mudanças em curso no setor educativo: aqui não se formam apenas profissionais; aqui se produz uma profissão" (NÓVOA, 1995, p. 26).

Cabe lembrar que uma reflexão sobre a prática pedagógica precisa permear toda a formação docente. Um professor não caminha sozinho, então, a coletividade é de suma importância e seu principal objetivo são seus alunos.

A criação de novos desafios fica onde o conhecimento, o saber, está ligado a uma visão social de mundo que os alunos vivem, portanto, se reflete na prática educativa e na seleção de conteúdos aplicados.

Junto com a obra e a expressão, Leite (2004) cita que

> Se cada época fabrica a si a sua interpretação de épocas anteriores a partir do material e dos recursos de que dispõe, uma obra fala do autor, do mundo e, ao ser contemplada, entra e dialoga com o contemplador. Por esta razão, as obras de arte podem ser entendidas como expressões simbólicas de memórias-de dimensão estética e poética- de uma sociedade (LEITE, 2004, p. 63).

Podemos, assim, considerar a importância para a formação de um professor como um profissional que pesquisa e se compromete dando o valor à docência.

Na concepção de Ferreira (2001),

> [...] estas ações desenvolvidas estão relacionadas, dialeticamente, à formação do professor e, por isso mesmo, sujeita ao sucesso ou ao fracasso. Nem sempre os professores estão preparados para esta ou aquela mudança e nem sempre as ações planejadas são condizentes à realidade que se pretende transformar (FERREIRA, 2001, p. 7).

A pesquisa nos mostra que, com uma aproximação entre a teoria e a prática, o professor inclui um processo pedagógico com o sujeito e então acontece a capacidade de formar, inventar um novo mundo entre a arte.

Tardif (2004) fala que, dentro da carreira profissional, "[...] a pesquisa na área da educação procura esclarecer e, potencialmente, melhorar a formação inicial, fornecendo aos futuros professores conhecimentos oriundos da análise do trabalho docente em sala de aula e na escola" (TARDIF, 2004, p. 290).

Considerações finais

Diante da pesquisa, pudemos observar a grande contribuição para nossa futura profissão e ampliamos nossos conhecimentos, angariando uma nova visão relacionada à formação da arte. Pode-se concluir que tanto a formação do professor quanto a formação continuada devem estar em constante mudança, procurando sempre o melhor caminho para ser um bom profissional, assim firmando o grande valor da arte para a criança, pois enquanto ela cria, canta e dança, se sente aberta para se expressar. E é justamente nesse momento das aulas da disciplina de arte que a criança aprende a usar seus sentidos, a sentir e a se expressar. Entendemos que a arte expressa os valores da humanidade e é uma forma de sensibilizar e inseri-los na produção artística.

Foi possível perceber que a reflexão dentro do processo de formação e na prática pedagógica constrói razões fundamentais para a produção de conhecimento e transformação dentro do contexto escolar.

O estudo realizado sobre a formação do professor permite afirmar a importância de uma formação docente no contexto profissional, permitindo a ação/reflexão/ação com diferentes sujeitos, por meio das vivências compartilhadas nos diferentes campos da cultura artística e da docência dentro das instituições de ensino onde se dá o trabalho dos profissionais das artes.

REFERÊNCIAS

BARDIN, L. **Análise de conteúdo**. ed. rev. ampl. São Paulo: EDICOES 70, 2011.

FERRAZ, M. H. C. de T.; FUSSARI, M. F. de R. e. **Metodologia do ensino da Arte**. 2. ed. São Paulo: Cortez, 1999.

FERREIRA, S. (org.). **O ensino das artes construindo caminhos**. Campinas: Papirus, 2001.

FLORIANÓPOLIS: **Laboratório de Ensino a Distância da UFSC**, 2001.

FUSARI, M. F. R. **Arte na educação escolar**. São Paulo: Corte, 1993.

MAGNABOSCO, S. A. **Ensino da Arte a Formação de Professores**. Monografia. Lages: UNIPLAC, 2004.

NÓVOA, A. **Profissão professor**. Portugal: Porto Editora, 1995.

SEMINÁRIO ESTADUAL ARTE NA EDUCAÇÃO: Uniplac/Univille/Furb/UnC: livro de memórias. Lages, SC: Editora Uniplac, 2004.

SILVA, E. L. da.; MENEZES, E. M. **Metodologia da pesquisa e Elaboração de Dissertação**. Florianópolis: EdUFSC, 2001.

TARDIF, M. **Saberes docentes e formação profissional**. São Paulo: Vozes: 2002.

O ENSINO DE ARTES VISUAIS NA EDUCAÇÃO INFANTIL NO MUNICÍPIO DE LAGES

Alessandra Marques Machado
Cristiane Rodrigues da Silva

Introdução

Esta pesquisa partiu do nosso interesse em fazer um estudo de como o ensino de artes visuais na educação infantil no município de Lages vem se consolidando.

Nós, como acadêmicas do curso de Artes visuais da Universidade do Planalto Catarinense – UNIPLAC, e, também, professoras da rede de ensino municipal, nos preocupamos com a situação do ensino de artes nos Centros de Educação Infantil (CEIMs) e como vem sendo planejado, executado, explorado e se estão sendo vivenciadas aprendizagens significativas para o aluno e para nós, acadêmicas, que estamos iniciando a caminhada como professoras de artes.

As Artes Visuais são linguagens e, portanto, uma das formas mais importantes de expressão e comunicação humanas, o que, por si só, justifica sua presença no contexto da educação.

Muitos dos profissionais da educação reconhecem a importância dessa atividade e a valorizam como podemos fazer, assim, vamos relatar aqui. As Artes Visuais expressam, comunicam e atribuem sentido a sensações, sentimentos, pensamentos e realidade por meio da organização de linhas, formas, pontos, além de volume, espaço, cor e luz na pintura, no desenho, na escultura, na gravura, na arquitetura, nos, entalhes etc.

Nessa perspectiva, esse texto nos ofereceu grande aprendizagem, enriquecimento e troca de experiências em nossa formação acadêmica e posteriormente será de grande valia e influência em nossa prática em sala de aula.

A criança e o ensino de artes visuais

A presença das Artes Visuais na educação, ao longo da história, tem demonstrado caminhos diferentes entre a produção teórica e a prática pedagógica existente. Em muitas propostas, as práticas de Artes Visuais são entendidas apenas como passatempos em que desenhar, colar, pintar e modelar com argila ou massinha não têm importância nenhuma para a aprendizagem.

As crianças têm suas próprias ideias, vontades e interpretações sobre a produção de arte e o fazer artístico. Essas produções são elaboradas a partir de suas experiências, ou seja, como é seu repertório de imagens que a envolvem com a produção de arte e com o mundo dos objetos, cores e formas. Isso porque as crianças exploram, sentem, agem, refletem e elaboram sentidos e, a partir daí, criam significados sobre como se faz, o que é, para que serve a arte.

Outra prática pedagógica injusta é considerar que o trabalho do professor de artes tem uma função decorativa, servindo apenas para ilustrar temas de datas comemorativas, enfeitarem as paredes com motivos considerados infantis, elaborar convites, cartazes e pequenos presentes para os pais etc.

As atividades das aulas de artes precisam envolver os mais diferentes tipos de materiais indicando às crianças as possibilidades de criação, de reutilização e de construção de novos elementos, formas, texturas etc. Para que as crianças criem seus trabalhos artísticos, é preciso que o professor ofereça oportunidades diversas para que elas conheçam alguns procedimentos aos materiais utilizados, aos diversos tipos de suporte e para que possam refletir sobre os resultados obtidos.

É importante que o trabalho seja organizado e ofereça ao aluno a possibilidade de contato, uso e exploração de materiais, como caixas, latinhas, diferentes papéis, papelões, copos plásticos, embalagens de produtos, pedaços de pano etc. e materiais típicos da região, pois são fáceis de encontrar.

A arte da criança, desde cedo, sofre influência da cultura, seja por meio de materiais e suportes com que faz seus trabalhos, seja pelas imagens e atos de produção artística que observa na TV, em revistas, em gibis, rótulos, estampas, obras de arte, trabalhos artísticos de outras crianças etc.

Embora seja possível identificar espontaneidade e autonomia na exploração e no fazer artístico das crianças, seus trabalhos revelam: o local e a época histórica em que vivem; suas oportunidades de aprendizagem; suas ideias ou representações sobre o trabalho artístico que realiza e sobre a produção de arte à qual têm acesso, assim como seu potencial para refletir sobre o que faz, de acordo com os Referenciais Curriculares Nacionais para a Educação Infantil – RCNEI (1998).

> O ponto de partida para o estímulo às práticas criativas é o desenho. Para a criança um lápis pressionado a um pedaço de papel pode significar muito além do que meros rabiscos, pois é através do desenho que ela vai expressar suas ideias, pensamentos e emoções. Desenhar, para ela, é tão natural e prazeroso quanto brincar (RCNEI, 1998, p. 78).

A arte está presente na vida da humanidade desde o período da pré-história, quando se pintava nas paredes das cavernas e assim o homem daquele tempo já fazia sua arte. Aroeira (1996, p. 167) confirma que:

> A Arte promove o desenvolvimento de competências, habilidades e conhecimentos necessários a diversas áreas de estudo, entretanto, não é isso que justifica a sua inserção no currículo escolar, mas seu valor na construção humana apropriado por todos (AROEIRA, 1996, p. 167).

Desde cedo a criança utiliza a arte para se comunicar e representar sua realidade. Desenhar, pintar, moldar, esculpir ou construir alguma coisa constitui um processo complexo no qual a criança reúne diversos elementos de sua experiência e sua maturidade para formar e criar algo novo e significativo para ela.

As crianças estão em constante procura de novidades, por isso têm necessidade de tocar nos objetos, de experimentar novas sensações e descobrir novas possibilidades, portanto, é nessa fase que o contato com a arte pode ser extremamente positivo para o seu desenvolvimento.

Este processo em que a criança interpreta imagens, formas, cores e linhas reformula os elementos é de extrema importância, pois ela direciona a arte para si, expressando seus pensamentos, sentimentos e emoções. Seria importante que a criança tivesse a liberdade de se expressar sem a interferência do adulto, porque, sem perceber, o adulto interfere no processo criativo quando orienta o uso de uma determinada cor ou limitando um espaço no papel. Isso inibe a criança a utilizar a arte como meio de autoexpressão.

O papel da arte na educação é influenciado pelo modo como o professor e o aluno veem o papel da arte na escola. O ensino da arte não precisa ser limitado à sala de aula, desse modo, passeios na escola, nos jardins e nos seus arredores podem ser um bom exercício de exploração de materiais, percepção de espaços e imaginação, pois o ambiente pode ser um bom aliado para as práticas artísticas. Como diz Barbosa (1975):

> A arte não tem limite nem importância para o homem somente como instrumento para desenvolver sua criatividade, sua percepção, mas tem importância maior em si mesma, como objeto de estudos, ou seja, espaço explorados e dominados (BARBOSA, 1975, p. 27).

Quanto mais rico e desafiador for esse ambiente aos alunos, mais ele possibilitará a ampliação de conhecimentos acerca de si mesmos, dos outros e do meio em que vivem (BRASIL, 1998, p. 15).

Uma das funções do ensino da arte na educação infantil é a possibilidade para que a criança amplie seu conhecimento, suas habilidades e a descoberta. Por meio da arte, a criança expressa sentimentos, medos e frustrações. Ao pintar uma tela, uma folha ou até mesmo uma parede de azulejo, ela amplia sua relação com o mundo de forma espontânea. Dessa maneira, apropria-se de diversas linguagens, adquirindo capacidade de usar as formas, cores, imagens, gestos, fala, sons e outras expressões importantes para o seu conhecimento e desenvolvimento emocional e perceptivo. O professor deverá incentivá-la em suas criações, valorizando suas diferentes formas de se expressar e comunicar com o meio.

A criança na educação infantil precisa ser estimulada a conquistar novos saberes e se aproprie de conhecimento. É importante que o educador apresente obras de arte de diferentes artistas e movimentos da história da arte, mas sempre deixando a criança criar a própria obra ou fazer uma releitura.

O bom professor de artes tem que ser comprometido com o processo de ensino e aprendizagem, pois será um fator determinante para que sua prática seja realmente significativa. Assim, o percurso da criança pode ser significativamente enriquecido pela ação do professor, porém, a criação artística deve ser um ato exclusivo da criança. Por outro lado, um professor despreparado considera uma aula de artes como hora de lazer e recreação, não sendo dada a devida importância para esta área do conhecimento.

Para orientar o modo como as aulas de artes podem ser aplicadas na Educação Infantil na faixa etária dos quatro aos seis anos, os Referenciais Curriculares para a Educação Infantil (RCNEI) apontam o ensino da arte como uma linguagem que tem estrutura e características próprias, cuja aprendizagem se dá por meio de articulações dos seguintes aspectos:

> **Fazer artístico** centrado na exploração, expressão e comunicação de produção de trabalhos de arte por meio de práticas artísticas, propiciando o desenvolvimento de um percurso de criação pessoal.
> **Apreciação** percepção do sentido que o objeto propõe, articulando-o tanto aos elementos da linguagem visual quanto aos materiais e suportes utilizados, visando desenvolver, por meio da observação, a capacidade de construção de sentido, reconhecimento, análise e identificação de obras de arte e de seus produtores;
> **Reflexão** considerado tanto no fazer artístico como na apreciação, é um pensar sobre todos os conteúdos do objeto artístico que se manifesta em sala, compartilhando perguntas e afirmações que a criança realiza instigada pelo professor e no contato com suas próprias produções e as dos artistas (BRASIL, 1998, p. 89).

O desenvolver da arte na infância passa por algumas fases, pois na medida em que as crianças mudam sua forma de representação ela também se transforma. O desenvolvimento progressivo do desenho, por exemplo, implica mudanças significativas conforme sua idade.

A fase das garatujas (desenhos ou rabisco) acontece, geralmente, na fase dos dois aos quatro anos de idade. Desenhar garatujas é um estímulo prazeroso para a criança e quando os traços se tornam mais ordenados e organizados e controlados representa uma grande conquista; no desenvolvimento visual e motor. E as crianças poderão permanecer por mais tempo envolvidas com seu desenho, pois já serão capazes de descobrir alguma relação entre o que desenharam com seu meio. Para Ostrower:

> A partir do momento em que a criança começa a nomear suas garatujas estará na fase de atribuição de nomes; neste momento, a criança passa não somente a pensar o desenho como um movimento impresso no papel. Agora estes traços terão intenção de representar o mundo a sua volta Serão traços mais ordenados; poderão ocupar a folha toda e será anunciada a intenção antes de iniciar a garatuja (OSTROWER, 1983, p. 78).

Desta maneira, a partir dos seus desenhos, as crianças criam e recriam formas, brincam de faz de conta e instigam a imaginação e a sensibilidade.

É o momento em que a criança descobre a relação entre desenho, pensamento e realidade exprimindo sua fantasia, desenhando vários objetos ou o que imagina deles. Esse é período de exploração e conhecimento de diversas possibilidades de criação. O professor poderá enriquecer esse momento apresentando aos alunos os diferentes tipos de materiais como: lápis preto, lápis de cor, giz de cera, carvão, canetas, tintas etc. e suportes, dentre eles, caixas, latas, diferentes tipos de papéis, papelões, retalhos de tecidos, plásticos, lixas, terra etc. Ou seja, procurar, diante de um tema, explorar cada linguagem da arte de forma integrada e de maneira lúdica que contribua para o desenvolvimento de um olhar mais sensível para as coisas.

A história e percurso do ensino de artes e de Educação Infantil

A importância do ensino de artes arte na Educação Infantil vem se fortalecendo a partir do reconhecimento de que pelas artes são envolvidos aspectos cognitivos, sensíveis e culturais necessários ao desenvolvimento das crianças. No entanto, no Brasil, o aspecto cognitivo da aprendizagem das artes na Educação Infantil foi pouco valorizado. Historicamente a educação infantil não foi tratada com sua respectiva importância, pois a imagem assistencialista se sobrepôs ao educacional.

Dessa forma, a necessidade de capacitação profissional não se tornou primordial na política educacional brasileira. Em relação à formação docente, o Referencial Curricular para a Educação Infantil (1998, p. 97) afirma que:

> Que o professor precisa ser polivalente, trabalhando com conteúdos de naturezas diversas, que abrangem desde cuidados básicos

essenciais até conhecimentos específicos provenientes das diversas áreas do conhecimento.

No processo de criação e construção de creches, o discurso assistencialista foi fortemente confundido e direcionado ao setor social dirigido para crianças das classes populares e carentes. Ao evidenciar a função pedagógica, estamos tentando superar a imagem somente de assistir e atender a criança historicamente construída, definindo, então, a função da pré-escola, chamando a atenção para atividades desenvolvidas em espaços seguros de caráter educativo, garantindo assistência, alimentação, saúde com condições materiais e humanas que tragam benefícios sociais e culturais para as crianças.

"A necessidade de formação, pensando na função pedagógica do atendimento à criança, compreende-se que está atrelada à alteração no conceito de infância que ocorreu a partir de transformações econômicas, sociais e culturais" (DELORS, 1996, p. 101).

Após as conquistas na Educação Infantil como: leis, trabalhos pedagógicos e formação de professores, bem como o ambiente escolar apropriado, é essencial que os profissionais estejam continuamente em formação, buscando melhorias para o processo de ensino e aprendizagem. Também mudanças nas concepções e propostas pedagógicas ocorrem em relação à construção do saber e à escola, necessitando modificações na formação docente.

Se há alguns obstáculos na implementação de novas propostas educacionais para a primeira infância, essa realidade torna-se ainda mais problemática quando se discute o ensino de Artes Visuais.

Com relação ao ensino de Arte, apesar dos pressupostos serem muito mais voltados à recreação, é possível observar, segundo Pillotto (2000, p. 61),

> [...] que esse Caderno, embora tenha uma fundamentação teórica voltada às concepções do ensino da arte modernista, na sua essência é muito mais tecnicista no que diz respeito aos exercícios repetitivos, mecânicos e sem a preocupação com a reflexão com estímulos e desenvolver da criatividade.

A partir da década de 1990, a arte deixa de ser tratada apenas como atividade prática e de lazer, incorporando o ato reflexivo, contudo, o ensino de arte permanecia ainda com foco em abordagens psicológicas e temáticas procurando construir uma consistência teórica, conceitual e metodológica.

A partir dos anos 2000, as discussões sobre a arte na Educação Infantil ganham espaço nas propostas curriculares e especialmente na pesquisa. O objetivo é avaliar as ações dos programas de educação continuada para profissionais da educação, no intuito de perceber os aspectos frágeis com relação à arte no contexto escolar, diagnosticando a realidade para construir coletivamente novas proposições.

> Como historicamente pode-se observar, a arte na educação infantil possuía um perfil de recreação e de desenvolvimento emotivo e motor. Hoje, a arte na educação infantil está em processo de rupturas e transformações, exigindo das políticas educacionais, dos cursos de Formação de Professores, especialmente das Licenciaturas em Arte, um comprometimento com os aspectos cognitivos, sensíveis e culturais. Cabe então, a todos os profissionais que atuam direta ou indiretamente com o ensino da arte, uma reflexão não somente dos processos de sala de aula, mas também do seu papel como cidadãos, protagonistas de uma história (BARBOSA, 1991, p. 4).

Assim, surge a necessidade desenvolver práticas nas quais haja a total integração do profissional da Educação Infantil, do profissional da Arte na educação, sendo a função da arte-educadora não apenas a de ministrar aulas de arte, mas, também, organizar um espaço de cultura que possibilite a ampliação das expressões e das linguagens da criança. E isso só será possível por meio de condições das instituições (salas de aulas, organização curricular, seleção de atividades) e formação adequada e contínua dos seus profissionais, promovendo a reflexão no seu fazer pedagógico e o conhecimento das mais recentes propostas educacionais no campo das artes.

E hoje, como está o ensino de artes visuais na Educação Infantil?

No município de Lages, a responsabilidade na contratação de professores de artes visuais para a Educação Infantil fica sob a responsabilidade da secretaria da educação do município de Lages, com a condição de que o professor seja aprovado em um processo seletivo anual.

Comumente os professores já habilitados ficam melhores classificados, consequentemente escolhem primeiro as vagas colocadas à disposição. Essas vagas são de Escolas de Educação Básica – EMEBs, com carga horária maior em uma mesma escola, pois têm um número maior de turmas. Posteriormente há escolha de vagas em Centros de Educação Infantil Municipal – CEIMs, contudo, nestes, somente as turmas de Pré I (de 4 a 5anos) e Pré II (5 a 6 anos) têm direito a duas aulas de 45 minutos semanalmente. Direito garantido pela atual coordenadora do setor do ensino de artes da secretaria municipal da educação de Lages, Terezinha Ataide. Em uma conversa com a professora Terezinha, ela relata que anteriormente professores de qualquer área do conhecimento poderiam ministrar essas aulas de artes para os CEIMs, pois eram considerados apenas como projetos para a professora regente da sala complementar as horas atividade, garantido em lei, e não havia profissionais formados. Além disso, não havia como contratar profissionais interessados em aceitar uma carga horária tão reduzida. Com isso, quem se prejudicava mais eram os alunos, que passavam essa etapa tão importante que é a Educação Infantil sem o ensino de artes ou trabalhada erroneamente.

Atualmente, os professores de artes do CEIMs de Lages, no mínimo, estão cursando graduações em artes visuais e, nas ofertas de vagas, são ofertados aos professores "pacotes" com quatro a cinco CEIMs para que se possa ter uma carga horária de 20 horas semanais, um mínimo de respeito ao aluno tão jovem, mas que tem ideias próprias, vontades e interpretações sobre a produção de arte e o fazer artístico.

Considerações finais

Percebemos a importância do ensino de artes na Educação Infantil. A pesquisa nos ofereceu uma grande aprendizagem, enriquecimento e troca de experiências em nossa formação acadêmica e, posteriormente, será de grande valia e influência em nossa prática em sala de aula. Conquistar experiências no campo de trabalho como ensino de Artes Visuais não é algo fácil. Além de conhecimento é necessário motivação, organização e criatividade para que possamos promover um trabalho de qualidade. Por isso, esse é o nosso momento de ler, pesquisar, buscar respostas, pois, enquanto estamos em formação, é na universidade que estamos sendo amparados por excelentes professores, colegas de sala, livros e leituras. Assim, vamos nos descobrindo e criando nossa identidade enquanto profissionais.

REFERÊNCIAS

AROEIRA, M.; SOARES, M.; MENDES, R. **Didática de pré-escola**: vida e criança: brincar e aprender. São Paulo: FTD, 1996, p. 167.

BARBOSA, A. M. **Arte-educação**: leituras no subsolo. São Paulo: Cortez, 1997.

BARBOSA, A. M. **A imagem no ensino da arte**. São Paulo: Perspectiva/Iochpe, 1991.

BRASIL. **Referencial Curricular Nacional para a Educação Infantil** (RCNEI). Brasília: MEC/SEF, 1998.

DELORS, J. Educar para o futuro. **Correio da Unesco**, a. 24, n. 6. Rio de Janeiro: 1996.

OSTROWER, F. **Acasos e criação artística**. Rio de Janeiro: Campus, 1990.

OSTROWER, F. **Universos da arte**. Rio de Janeiro: Campus, 1983.

PROJETO CONHECER: A excelência na busca do saber. Lages, Santa Catarina, 2010.

SANTA CATARINA, Secretaria de Estado de Educação e do Desporto. **Proposta Curricular**. Florianópolis: SED, 1998.

ARTES VISUAIS NO CURRÍCULO DO ENSINO FUNDAMENTAL

Luciane das Graças Ribeiro da Silva Paim

Considerações iniciais

Pesquisar sobre artes visuais no currículo escolar do 1º ao 9º ano do ensino fundamental faz parte do nosso interesse pessoal como estudante da graduação no Curso de Artes Visuais da Universidade do Planalto Catarinense.

O propósito com essa pesquisa era ter uma visão sobre a importância da disciplina de artes visuais do 1º ao 9º ano do ensino fundamental, para ampliarmos nossa prática pedagógica e nossos conhecimentos sobre Artes.

A partir desta pesquisa, temos uma versão mais aprofundada a respeito do tema em questão. Os professores têm um papel fundamental na formação de seus alunos, pois fazem a "ponte" entre eles e o conhecimento para melhor aprendizagem usando sua criatividade, aguçando o interesse em fazer com que a arte visual seja apresentada de maneira mais eficaz nessa faixa etária. Então, surgiu a seguinte pergunta: Como o professor trabalha a disciplina de Artes Visuais e qual é sua formação?

Entendemos que cabe ao educador a valorização do conhecimento deixado na história por meio da arte e da cultura de cada época. Conhecendo as raízes deixadas nos registros encontrados pelos historiadores em cada linguagem, damos oportunidade aos alunos de se expressarem por meio da arte.

Sendo assim, é de extrema necessidade o estudo do tema em questão para tratar da importância das Artes Visuais no currículo escolar do 1º ao 9º ano, por nos proporcionar uma resposta a todas as questões que forem apresentadas ou levantadas em que deixam muitas dúvidas sobre quais os procedimentos a serem aprimorados, aperfeiçoados, inovados e que precisam de maior atenção.

A importância da disciplina de artes visuais e seus desafios

Desde que surgiu a humanidade a arte está presente, pois podemos relembrar que a cultura nos mostra várias formas de arte registradas em rochas e rupturas, onde as pessoas mostravam acontecimentos e relatavam o seu dia a dia por meio de traços e desenhos feitos por elas mesmas.

Cada obra ou imagem tem um significado, porém a interpretação é individual, ou seja, cada pessoa possui uma forma de visualizar e entender. Isso faz com que a disciplina de Artes Visuais desenvolva o conhecimento e o senso crítico sobre o que percebeu e onde se pode concretizar a liberdade de expressão de cada indivíduo. Por isso, é de extrema importância essa disciplina no currículo escolar.

Notou-se uma necessidade primeiramente informal para mais informações a respeito do tema abordado para aprofundar e pesquisar como está sendo aplicada a Arte nas escolas e como ela vem sendo tratada pelos professores e afins.

A pesquisa tem abordagem qualitativa e, para o desenvolvimento teórico, foram buscadas fontes bibliográficas em autores que refletem sobre o tema da pesquisa. O objeto da pesquisa partiu da necessidade de conhecer a importância da disciplina de artes.

Por meio de conversas informais, formais e por observações que ao longo do tempo vêm sendo apresentadas, pode-se notar que as Artes Visuais, para muitas pessoas, não têm importância. Além disso, críticas sempre aparecem a esse respeito, como muitos se perguntam "O que isso irá contribuir para a formação intelectual do ser humano?" ou então, "desnecessária a utilização de obras sem explicação e formatos". Por isso, é necessário que o professor habilitado tenha interesse, estude sobre a obra e conheça a história que cada obra revela por trás dos riscos e formas que se apresentam.

A disciplina de artes visuais do 1º ao 9º ano faz parte do currículo escolar e está garantida na Lei de Diretrizes e Bases da Educação Nacional – LDB (Lei nº 9.394/96). No Art. 26, parágrafo 2º, ressalta-se que: "O ensino da arte, especialmente em suas expressões regionais, constituirá componente curricular obrigatório nos diversos níveis da educação básica, de forma de promover o desenvolvimento cultural dos alunos".

Por meio das Artes, a criança desenvolve a criatividade, a coordenação motora, a socialização e, de certo modo, a responsabilidade. Também por meio das artes a criança desenvolve a sensibilidade e, podemos dizer, ainda, que se relaciona melhor no meio em que vive (PILLOTO, 2001, p. 17). Em outras palavras: "A criança tem a oportunidade de construir, criar, inventar, tornando-se" ativa e crítica "ao longo de sua caminhada escolar, pessoal, profissional (CHRISTIANNE, 2001, p. 58).

A criança tem várias habilidades e ideias próprias que precisam ser notadas e valorizadas por meio das artes visuais no ensino fundamental do 1º ao 9º ano, pois é nos primeiros anos escolares que ela se relaciona com o meio em que vive (CHRISTIANNE, 2001, p. 58). Para isso, o professor tem um papel fundamental. Assim, Elliot Eisner ressalta que "[...] O papel do professor é vital em todo o encaminhamento metodológico que envolve o ato de ler, de fazer e de pensar com as crianças" (FIESC, 1997 *apud* PILLOTTO; SCHRAMM, 2001, p. 58).

Para compreendermos e assumirmos melhor as nossas responsabilidades como professores de Artes, é importante saber como a arte vem sendo ensinada, suas relações com a educação escolar e com o processo histórico-social. A partir dessas noções poderemos nos reconhecer na construção histórica, esclarecendo como estamos atuando e como queremos construir essa nossa história (FUSARI; FERRAZ, 1992 *apud* PILLOTTO; SCHRAMM, 2001, p. 21).

A educação escolar está muito presente na vida das crianças desde os primeiros anos de vida, por isso não podemos perder a oportunidade de ensinar, instigando-as a construir, inventar, criar. Assim, por meio do fazer, podem desenvolver uma reflexão crítica sobre a arte e não ser somente observadoras de arte, tornando-se, também, participativas na arte e, com isso, tornarem-se seres pensantes e mais críticas na sociedade em que vivem (CHRISTIANNE, 2001, p. 58).

Na minha formação como professora, notei que tenho muito o que aprender e ensinar por meio das artes e farei o máximo que puder para que isso se concretize. A criança, em seu primeiro ano escolar, traz consigo formas de construção, ideia de cores, formas e criatividade, pois teve contato com isso nas atividades da pré-escola (SANTAELLA, 2000, p. 35).

Além disso, tem sido um desafio para o professor de artes desenvolver aulas de artes visuais, pois o maior aliado é a mídia, e esta passa uma informação que influencia a vida da criança, que acaba por adotar algumas normas expressas nas mídias (SANTAELLA, 2000, p. 35). No primeiro ano escolar, são muitas as novidades de aprendizado e a disciplina de artes visuais acaba perdendo um pouco sua liberdade de expressão.

A preocupação dos pais está na alfabetização em primeiro lugar e muitos não sabem a importância da disciplina de artes visuais para a vida do seu filho. Os alunos perdem o interesse pela disciplina de artes visuais por estarem focados na alfabetização e nas mídias e entram em uma fase do "eu não sei desenhar" (SANTAELLA, 2000, p. 36).

Para ser um educador de excelência, é necessário que façam parte da rotina aulas dinâmicas que resgatem a imaginação criadora, a capacidade de enfrentar desafios que estão à volta. Assim, poderemos resgatar uma criança inventiva, mas, para isso, é necessário um compromisso com a qualidade da disciplina de artes (SANTAELLA, 2000, p. 38). Por meio da arte, a criança percebe a importância do respeito com os colegas e os limites com materiais, e isso ajuda muito na formação cidadã.

Cantar, dançar, interpretar, pintar, enfim todas essas ações estão ligadas ao ser humano e envolvidas com a arte, pois cada um de nós nasceu com um talento ou um dom e precisamos de estímulos para poder desenvolvê-los, por isso a importância do estímulo às artes na vida do ser humano (CHRISTIANNE, 2001, p. 57).

A arte é cultura e cada um de nós se identifica de alguma forma com a arte e descobre suas raízes por meio dela, cria uma personalidade, cresce intelectualmente e na área que irá seguir na vida profissional. É por meio da arte também que o ser humano muitas vezes transmite o que sente e expõe ao mundo (KETLEEN, 2001, p. 67). Muitas crianças se expressam por meio do desenho, da pintura e passam para o papel o que estão sentindo ou passando no momento (BUORO, 2000, p. 24).

A arte acrescenta conhecimento e muitas vezes é isso que precisamos. A partir do momento em que vivenciarmos a arte, estaremos sempre ligados a ela de alguma forma e poderemos ser indivíduos mais sensíveis com as pessoas e com diferentes manifestações artísticas (OLIVEIRA, 2001, p. 138). A função da disciplina de Artes Visuais não é formar artistas, mas pessoas conscientes e aptas a exercer a cidadania, contribuindo para que se tornem reflexivas e críticas. A arte quebra preconceito, quebra barreiras, tem uma interação (OLIVEIRA, 2001, p. 131).

A arte é algo fundamental na vida do ser humano, pois arte é cultura e nós não vivemos sem cultura. Quem é que não gosta de uma música que muitas vezes fala no íntimo da nossa alma através da letra e da melodia? Da pintura, por meio da qual podemos, até mesmo com rabiscos, expressar nossos sentimentos? Na dança, explorar habilidades e exercitar "o esqueleto", como se diz por aí? E isso ocorre em cada uma das manifestações artísticas. Como podemos viver em uma sociedade sem cultura, se nossas raízes e costumes a cada dia que passa evoluem? Nessa perspectiva, temos muito a aprender com a arte (BUORO, 2000, p. 25). Esse mesmo autor afirma que:

> Partindo da concepção de que a arte é uma linguagem manifestada desde os primeiros momentos da história do homem e estruturada, em cada época e cultura, de maneira singular, o conhecimento dessa linguagem contribuirá para maior conhecimento do homem e do mundo. Portanto a finalidade da arte na educação é propiciar uma relação mais consciente do ser humano no mundo e para o mundo, contribuindo na formação de indivíduos mais críticos e criativos que, no futuro, atuarão na transformação da sociedade (BUORO, 2000, p. 33).

Arte, pode-se dizer, nasceu com os primeiros seres humanos desde as primeiras manifestações nas cavernas com pinturas rupestres, na dança e na pintura corporal com os indígenas (BUORO, 2000, p. 20).

Cabe ao educador resgatar o conhecimento deixado na história por meio da arte e cultura de cada época. Conhecendo um pouco das nossas raízes deixadas nos registros encontrados pelos historiadores em cada linguagem artística e oferecer oportunidades aos alunos de se expressarem através da arte. Por meio da arte podemos incentivar a criatividade, a sensibilidade e a imaginação criadora da criança (BUORO, 2000, p. 21).

O desafio do professor de arte é fazer com que a disciplina de artes visuais passe de uma disciplina incorporada no currículo e para uma ação constante na vida do sujeito e que o faça buscar a arte como necessidade e prazer, pois ambos contribuem para o desenvolvimento do ser humano (PILLAR, 2001, p. 131).

Segundo Buoro (2000, p. 33):

> Ao expressar-se por meio da arte, o aluno manifesta seus desejos, expressa seus sentimentos expõem enfim sua personalidade. Livre de julgamentos, seu subconsciente encontra espaço para se conhecer, relacionar, crescer dentro de um contexto que acontece e norteia sua conduta.

O professor de arte tem um papel muito importante no aprendizado de seus alunos, compromisso que condiciona o educador a oferecer uma educação de qualidade (FERRAZ; FUZARI, 2010, p. 51). Os mesmos autores ressaltam que:

> O compromisso com um projeto educativo que vise reformulações qualitativas na escola precisa do desenvolvimento, em profundidade, de saberes necessários para um competente trabalho pedagógico. No caso do professor de Arte, a sua prática-teórica artística deve estar conectada a uma concepção de arte, assim como a consistentes propostas pedagógicas. Em síntese, ele precisa saber arte e saber ser professor de arte.

Além de ser um canal entre a arte e o educando, o professor de arte não só precisa saber arte ou saber ser professor de arte, mas em falta de qualquer amparo tecnológico, acesso à Internet, ele é responsável em manter o acervo de livros e materiais audiovisuais, como fitas gravadas em áudio e vídeo, máquinas fotográficas e aparelhos de som, além de computador que poderão ser usados para músicas, dança, artes plásticas e teatro.

Como sugerem Ferraz e Siqueira (2010, p. 52):

> Uma vez que as bibliotecas escolares podem incluir inúmeros documentos icônicos, sonoros (mídias), devemos lutar por sua ampliação, transformando-as em midiatecas, onde professores e alunos de Arte tenham a possibilidade de contar com as seguintes condições.

O docente no ensino das artes tem um papel fundamental, por isso é necessário a atualização, buscando conhecimentos por meio da formação inicial e continuada, isto é, por meio de cursos, seminários, congressos e outras formas.

A criança tem a oportunidade de construir, criar, inventar, tornando-se ativa e crítica ao longo de sua caminhada escolar, pessoal e profissional e é através dessa disciplina pouco valorizada que isso será possível.

Considerações finais

Diante da pesquisa realizada, observa-se a importância da disciplina de artes visuais nas escolas. Desde a infância a criança está envolvida com a arte. A arte é importante no desenvolvimento da criança em todos os aspectos, pois, por meio dela, aprende-se se relacionar melhor com as pessoas ao redor, a dividir com os colegas, a ter um olhar crítico em relação à arte, também se desenvolve a coordenação motora e a expressão através da dança, da música, da pintura, do desenho, do teatro e até mesmo amplia as possibilidades de verbalizar o que acontece no seu interior e ao seu redor. O professor passa a ser fundamental neste processo de aprendizado, para isso precisa estar sempre atualizado, buscando novos conhecimentos, lendo bastante sobre os temas abordados a fim de encontrar formas de seus alunos se expressarem artisticamente.

Nascemos envolvidos pela arte e desde o berço conhecemos diferentes formas dos objetos; histórias contadas pelos nossos pais e, com isso, desenvolvemos a fantasia e a criatividade. No decorrer dos primeiros anos escolares, em que nos relacionamos com a arte, vamos descobrindo vários tipos de manifestações artísticas. O futuro das crianças pode até não estar ligado à arte, mas é com a arte que elas encontrarão sua melhor forma de se relacionar com a sociedade.

As aulas de artes visuais precisam de recursos visuais e materiais que instigue na criança a vontade de criar e de se expressar, aquelas aulas prazerosas em que as crianças não querem que terminem, pois é por meio da arte que muitas crianças têm a liberdade de se expressar. O importante seria se os pais tivessem essa informação em relação à disciplina de artes visuais nos primeiros anos escolares de seus filhos, não focando só nas ditas disciplinas importantes como matemática, português, mas que englobassem todas as disciplinas, pois todas são relevantes para o desenvolvimento da criança.

Espero que nos próximos anos possamos ver, ler e ouvir pessoas falando sobre a importância das artes visuais no desenvolvimento das crianças, e como isso fará a diferença até mesmo na busca de conhecimento de professores, se especializando sempre e atualizando na área de artes visuais para que tenhamos aulas mais produtivas.

Acreditarmos que arte se ensina, arte se aprende, pois, quando nos deparamos com uma criança deixando seus registros em desenhos ou pinturas, há inocência nos seus traços. Citamos como exemplo um boneco que, para nós, parece totalmente desproporcional, porém, para a criança que o fez, o boneco está perfeito. E isso é muito lindo. Que possamos sempre aprender com experiências dessa magnitude.

Por isso, o que temos para aprender não possui um final, o conhecimento é contínuo e passa por mudanças todos os dias, então, além de ensinar, o professor tem muito para aprender dia após dia.

O que realmente se espera é que com essa pesquisa os conhecimentos venham a ser aprofundados e correspondentes às expectativas que foram lançadas com a escolha do tema em questão. Por isso, vale lembrar que tudo depende do interesse e automotivação, primeiramente do professor que irá apresentar as Artes Visuais aos seus alunos.

REFERÊNCIAS

BAGNO, M. **Pesquisa na escola**. 5. ed. São Paulo: Edições Loyola, 1998.

BARROS, A. J. P. de; LEHFELD, N. A. S. **Projeto de Pesquisa**: propostas metodológicas. Petrópolis, RJ: Vozes, 1990.

BUORO, A. B. **O olhar em construção**: uma experiência de ensino aprendizagem da arte na escola. 4. ed. São Paulo, Cortez, 2000.

CAMPOS, V. L. **A Leitura de imagem como recurso pedagógico no ensino aprendizagem das Artes Visuais**: uma experiência desenvolvida de 5º a 8º séries do Ensino Fundamental. 2018. Monografia (Trabalho de Conclusão de Curso). Graduação em Artes Visuais. UNINTER, PR.

COELHO, R. S. A. **ABC do trabalho acadêmico e científico.** Curitiba: Juruá, 2012.

FERRAZ, M. H. C. de; FUSARI, M. F. R. **"Arte na Educação Escolar"**. São Paulo: Cortez, 2010.

PILLAR, A. D. (org.). **A educação do olhar no ensino das artes**. 2. ed. Porto Alegre: Mediação, 2001.

PILLOTTO, S. S. (org.). Reflexões sobre o ensino das Artes. *In:* PILLOTTO, S. S.; LIMA, M. de. **Reflexões sobre o ensino das artes**. Joinville, SC: Univille, 2001. p. 112 a 127.

ARTES VISUAIS E INTERDISCIPLINARIDADE NO ENSINO FUNDAMENTAL

Franciele da Silva Amarante dos Passos
Mayco Elvis dos Passos

Essa pesquisa iniciou com a participação no Curso sobre Trânsito promovido pelo Serviço de Atendimento Móvel de Urgência (SAMU), realizado em abril de 2014, na Escola Municipal de Educação Básica "Suzana Albino França" (EMEB), do Município de Lages – SC. Este curso despertou-nos o interesse e a motivação para desenvolver estudo sobre interdisciplinaridade. Assim, definimos como tema de pesquisa "Arte Visuais no Ensino Fundamental II da Escola Municipal de Educação Básica Suzana Albino França do Município de Lages – SC: Diferentes conhecimentos e olhares a partir da interdisciplinaridade".

Como professores da disciplina de Artes Visuais – Mayco um ano e Franciele três anos -, percebemos que para melhorar o processo de aprendizagem do aluno na escola seria de suma importância um trabalho articulado entre as diferentes disciplinas do currículo escolar.

Neste sentido, desenvolvemos a pesquisa estudando a interdisciplinaridade entre os componentes curriculares. Entendemos que interdisciplinaridade é desenvolver um trabalho com todas as disciplinas do projeto curricular da escola, tendo em vista o bem comum dos educandos e por extensão de todas as famílias e sociedade.

A disciplina de Artes Visuais, por si só, contribui com a criança para a criatividade, a liberdade, a imaginação, a responsabilidade e o comprometimento escolar. Assim sendo, mais poderá contribuir com o educando se for em um trabalho interdisciplinar. Acredita-se que os conteúdos curriculares desenvolvidos interdisciplinarmente possibilitam a aquisição de um novo olhar sobre o mundo, novas relações sociais, novos conhecimentos.

A proposta do estudo é de verificar alternativas para trabalhar Artes Visuais e as demais disciplinas do currículo do ensino fundamental de forma interdisciplinar, portanto, é precedida do estudo da interdisciplinaridade.

Para a pesquisa empírica foi aplicado questionário a professores de diferentes disciplinas para obter diferentes olhares e reflexões a partir da narrativa de professores no sentido de ordenar os dados essenciais para refletir sobre o problema pesquisado e dialogar com as variantes observadas ao longo desta. O campo de pesquisa foi a EMEB Pinha Brasil, situada no município de

Lages-SC, onde dez professores de várias disciplinas compõem o público-alvo. A pesquisa partiu da seguinte inquietação: "Como os professores percebem as contribuições dos conhecimentos relativos à disciplina de Arte nas diferentes áreas do currículo escolar durante proposições interdisciplinares?"

As ferramentas utilizadas para coletar os dados para análise foi um questionário composto por dezoito perguntas. As perguntas foram comuns a todos eles, independente da disciplina que lecionavam, inclusive contribuições trazidas pelos professores de Arte, já que neste sentido foi importante observar a compreensão destes sobre sua própria área de atuação. Isso porque, um projeto em parceria com professores requer alguns pressupostos básicos, como o diálogo, o respeito, a interação e a cooperação entre os envolvidos.

Neste contexto, percebemos, pelas declarações dos professores pesquisados, um forte apego aos conteúdos de sua área de atuação, como se os conhecimentos de cada disciplina não dialogassem entre si. Tal circunstância muitas vezes é o que distancia o educador de um trabalho em parceria, uma vez que se o professor não percebe a contribuição dos conhecimentos de outras disciplinas na sua área específica, automaticamente não se sentirá motivado a participar de uma proposta interdisciplinar.

Optamos por dividir as análises em um único nível de pergunta, uma vez que realizada a pesquisa com professores se faz necessário discutir primeiramente os resultados de forma isolada para então poder integrá-las em uma análise comum. No primeiro subcapítulo apresentaremos discussões sobre o resultado da pesquisa realizada com três professores que atuavam na EMEB "Pinha Brasil".

Após o emprego do questionário, esperávamos um resultado que diagnosticasse a participação de todos do Conselho e que o percebessem como um momento extremamente importante para troca de informações sobre o desempenho, dificuldades, habilidades e comportamento dos alunos em sala de aula. Por meio da interdisciplinaridade, podemos valorizar o contexto em que o aluno está inserido como recurso. Porém, o professor precisa contemplar outros meios de elaboração do seu plano de ensino, visando a construção de um sujeito mais crítico e atuante, com vistas a garantir possibilidades de mudança na realidade já instalada.

Esta pesquisa propôs primordialmente refletir sobre a percepção de professores sobre a contribuição dos conhecimentos de Arte nas diferentes áreas do currículo e a importância desta disciplina até o 9º ano do ensino fundamental. Conforme os resultados, ficou evidente que os professores participantes da pesquisa desconheciam o sentido da arte na educação. Vale esclarecer que não compete a nenhum professor, nem mesmo ao de Arte, compreender tudo sobre ela e sobre suas amplas possibilidades dentro da realidade educacional, já que ela está em constante transformação e readaptação, acompanhando e influenciando os moldes sociais de um contexto histórico. Entretanto, na condição de educadores, independente da área de atuação, é importante que todos, sem exceção, preocupem-se não apenas com a educação, mas também com a formação de cidadãos inteligentes, sensíveis, estéticos, críticos e reflexivos.

Em seguida, observamos o entendimento dos professores sobre o conceito de interdisciplinaridade, questionando sobre se trabalhavam ou haviam trabalhado em projetos, o que nos permitiu identificar que "todos" os professores investigados atuavam ou atuaram interdisciplinarmente, mesmo que raras vezes. No entanto, analisando o resultado com maior atenção, foi possível observar que quando os professores declararam participar ou terem participado em projetos interdisciplinares, levavam em consideração o entendimento que possuíam sobre o assunto, porém, não significando que, realmente, trabalhassem interdisciplinarmente, tendo em vista que, na questão anterior, alguns atribuíram significações imprecisas ou incoerentes com as especificidades que circundam um trabalho interdisciplinar no contexto escolar.

Demo (2004) aponta que a profissão de educador nos dias de hoje exige uma reconstrução completa, sendo preciso que o profissional saiba renová-la, reconstruí-la e refazê-la com frequência, principalmente porque os conteúdos se desatualizam com o tempo e, para acompanhá-los, é fundamental que o professor os renove constantemente.

A interdisciplinaridade no campo educativo vem sendo discutida por vários autores, principalmente por aqueles que pesquisam as teorias curriculares e as epistemologias pedagógicas. Para estes, a interdisciplinaridade é uma forma de articulação no processo de ensino e de aprendizagem, vista como uma atitude (FAZENDA, 1994) e um elemento orientador na formação de profissionais da educação (PIMENTA, 2002).

De modo geral, embora não exista uma definição exata para o tema, já que o mesmo permanece em constante construção – é perceptível nos estudos de muitos teóricos um consenso quanto à finalidade da interdisciplinaridade na educação, concordando tratar-se de uma busca pela desfragmentação dos processos de produção e socialização do conhecimento.

A temática da interdisciplinaridade, por mais que apareça nos discursos das universidades e escolas durante a elaboração dos planos de ensino ou nas discussões sobre pesquisa e Prática Pedagógica – PPP, ainda continua a representar um desafio para a superação da construção e socialização do conhecimento. No que tange ao ensino da arte e a Interdisciplinaridade, por sua natureza reflexiva diante da questão do conhecimento, que propõe diferentes formas de ler o cotidiano, pode-se dizer que a arte caminha na interdisciplinaridade. Ambas estão intimamente ligadas, uma vez que a arte auxilia na integração do ser humano com o seu universo. Analisando esta relação (arte e interdisciplinaridade) no âmbito escolar, percebe-se que a disciplina de Arte pode ser muito significativa no processo de desvelamento das fronteiras entre as áreas do conhecimento.

Se o professor não assumir a interdisciplinaridade como primordial para um trabalho de qualidade, obviamente não conseguirá validá-lo na sua prática docente, deixando uma lacuna entre a teoria e a prática, entre o contextualizar e o fazer. Trabalhar interdisciplinarmente requer esforço e mudança de atitudes.

Na Arte estão envolvidos saberes de diferentes áreas do conhecimento como: Educação Física, Música, Matemática, Língua Portuguesa, História entre outros, pois o tempo em que se compreendia a Arte como uma manifestação sobrenatural humana ou como um simples fazer técnico foi superado.

Como arte educadores vivemos angústias na elaboração de planejamentos de nossas aulas, havendo muita resistência de professores de outras disciplinas em colaborar na aplicação e integração de projetos o que demonstra muito individualismo. Sente-se, então, a necessidade de fazer valer a arte como uma disciplina curricular em sala de aula que tem conteúdo a ser trabalhado e não somente como uma forma de distração. A Arte tem combinações possíveis para se trabalhar com qualquer disciplina sem perder a sua especificidade e a sua sequência de conteúdo, pois está sempre buscando relações com todas as matérias e com a própria vida cotidiana. Muitos trabalhos de arte falam de problemas sociais e políticos, de relações humanas, de sonhos, medos e dúvidas, documentam fatos históricos e manifestações culturais e pode-se aproveitar essas produções para inseri-las no conteúdo dos temas interdisciplinares. Para tanto, inicia-se o presente trabalho caracterizando a finalidade do ensino da arte no decorrer dos tempos por meio de uma reflexão sobre o Histórico da Arte. Posteriormente, enfatizamos concepções de ensino que nortearam esta disciplina por várias décadas, a sua incorporação no currículo escolar através das leis que o regem e, na sequência, destaca-se a importância da formação do professor e a qualidade do seu trabalho pedagógico desenvolvido em sala, ressaltando que se faz necessário, hoje, que o professor saiba trabalhar interdisciplinarmente.

Interdisciplinaridade e sua origem

O estudo da interdisciplinaridade exige a compreensão e o sentido da abordagem disciplinar. Recebendo uma primeira acepção na Antiguidade, a divisão do estudo em disciplinas recebe características de sua versão contemporânea na Modernidade com as Revoluções Científicas. Somente na segunda metade do século XX a fragmentação do conhecimento é vista como um entrave e, como alternativa a ela, surge a interdisciplinaridade. Contudo, muitas são as dificuldades de uma abordagem interdisciplinar que exige, além da transferência de métodos de uma disciplina para outra, mudança nos hábitos de alunos, professores, pesquisadores e profissionais. Além disso, são exigidas também modificações no hábito social.

> A integração de conteúdo; passar de uma concepção fragmentária para uma concepção unitária do conhecimento; superara a dicotomia entre o ensino e a pesquisa, considerando o estudo e a pesquisa a partir da contribuição das diversas ciências; ensino aprendizagem centrado numa visão que aprendemos ao longo de toda vida (GADOTTI, 2000, p. 222).

A etimologia do tema interdisciplinaridade, partindo de sua origem, investiga inicialmente o significado da palavra. A palavra interdisciplinaridade é composta por três termos: *inter* – que significa ação recíproca, ação de A sobre B e de B sobre A; *disciplinar* – termo que diz respeito à disciplina, do latim *discere* – aprender, *discipulus* – aquele que aprende. Contudo, o termo disciplina também se refere a um conjunto de normas de conduta estabelecidas para manter a ordem e o desenvolvimento normal das atividades numa classe – dizemos habitualmente que "esta classe é disciplinada, ou aquele aluno é indisciplinado", significando que a classe ou o aluno em questão respeita as normas de conduta estabelecidas. O termo *dade* corresponde à qualidade, estado ou resultado da ação. Desta forma, uma ação recíproca disciplinar – entre disciplinas, ou de acordo com uma ordem – promovendo um estado, qualidade ou resultado da ação equivaleria ao termo interdisciplinaridade.

Em função da interdependência entre a educação e o mundo do trabalho, é clara a necessidade da reconstrução de paradigmas. Isso porque, alguns professores ainda trabalham baseados na crença de que o conhecimento é algo pronto, acabado, perfeito: o aluno é visto como uma *tabula rasa*, uma folha de papel em branco e estruturado para atender a um mercado de trabalho superado, aquele baseado nas necessidades da Revolução Industrial. Tem-se a preocupação excessiva com o treino de habilidades, com a memorização, a repetição e a imitação. A fragmentação dos saberes não permite o conhecimento como uma construção constante e permanente e articular os conhecimentos é fundamental para conceber o que venha a ser nesse momento a interdisciplinaridade.

> Interdisciplina é a interação existente entre duas ou mais disciplinas. Essa interação pode ir da simples comunicação de ideias à integração mútua dos conceitos diretores da epistemologia, da terminologia, da metodologia, dos procedimentos, dos dados e da organização referentes ao ensino e à pesquisa (QUEIROS, 2001, p. 14).

Interdisciplinaridade no ensino da arte

No final da década de 1960, a interdisciplinaridade chegou ao Brasil e logo exerceu influência na elaboração da Lei de Diretrizes e Bases Nº 5.692/71. Desde então, sua presença no cenário educacional brasileiro tem se intensificado e, recentemente, mais ainda com a nova LDB Nº 9.394/96 e com os Parâmetros Curriculares Nacionais (PCN).

Além de sua forte influência na legislação e nas propostas curriculares, a interdisciplinaridade ganhou força nas escolas, principalmente no discurso e na prática de professores dos diversos níveis de ensino. Apesar disso, estudos têm revelado que a interdisciplinaridade ainda é pouco conhecida.

Dizemos que na interdisciplinaridade há cooperação e diálogo entre as disciplinas do conhecimento, na verdade, ela se refere ao elemento (ou eixo) de integração das disciplinas que norteia e orienta as ações interdisciplinares.

> A interdisciplinaridade supõe um eixo integrador, que pode ser o objeto de conhecimento, um projeto de investigação, um plano de intervenção. Nesse sentido, ela deve partir da necessidade sentida pelas escolas, professores e alunos de explicar, compreender, intervir, mudar, prever, algo que desafia uma disciplina isolada e atrai a atenção de mais de um olhar, talvez vários (BRASIL, 2002, p. 88-89).

Segundo Ivani Fazenda (1994),

> [...] há três momentos distintos na história da interdisciplinaridade. O primeiro, na década de 70, é o momento da definição; na década de 80, a explicitação do método; na década de 90, a construção da teoria. Em comum aos três momentos, a interdisciplinaridade apresenta a perplexidade diante da fragmentação do conhecimento e um esforço por buscar alternativas diante da racionalidade herdada.

Quando falamos de interdisciplinaridade no ensino não podemos deixar de considerar a contribuição dos PCN. Uma análise mais cuidadosa desses documentos nos revela a opção por uma concepção instrumental de interdisciplinaridade.

> Na perspectiva escolar, a interdisciplinaridade não tem a pretensão de criar novas disciplinas ou saberes, mas de utilizar os conhecimentos de várias disciplinas para resolver um problema concreto ou compreender um fenômeno sob diferentes pontos de vista. Em suma, a interdisciplinaridade tem uma função instrumental. Trata-se de recorrer a um saber útil e utilizável para responder às questões e aos problemas sociais contemporâneos (BRASIL, 2002, p. 34-36).

Particularmente, essa visão instrumental e utilitarista da interdisciplinaridade é o que tem dado consistência e sustentação a essa abordagem ao longo dos tempos. Há quem defenda que a interdisciplinaridade possa ser praticada individualmente, ou seja, que um único professor possa ensinar sua disciplina numa perspectiva interdisciplinar. No entanto, acreditamos que a riqueza da interdisciplinaridade vai muito além do plano epistemológico, teórico, metodológico e didático. Sua prática na escola cria, acima de tudo, a possibilidade do "encontro", da "partilha", da cooperação e do diálogo e, por isso, somos partidários da interdisciplinaridade enquanto ação conjunta dos professores. Fazenda (1994) fortalece essa ideia quando fala das atitudes de um "professor interdisciplinar".

> Entendemos por atitude interdisciplinar uma ação diante de alternativas para conhecer mais e melhor; atitude de espera ante os atos consumados, atitude de reciprocidade que impele à troca, que impele ao diálogo[1] com pares idênticos, com pares anônimos ou consigo mesmo – atitude de humildade diante da limitação do próprio saber, atitude de perplexidade ante a possibilidade de desvendar novos saberes, atitude de desafio – desafio perante o novo, desafio em redimensionar o velho – atitude de envolvimento e comprometimento com os projetos e com as pessoas neles envolvidas, atitude, pois, de compromisso em construir sempre da melhor forma possível, atitude de responsabilidade, mas, sobretudo, de alegria, de revelação, de encontro, de vida (FAZENDA, 1994, p. 82).

E mais, Fazenda (1994) determina o que seria uma sala de aula Interdisciplinar:

> Numa sala de aula interdisciplinar, a autoridade é conquistada, enquanto na outra é simplesmente outorgada. Numa sala de aula interdisciplinar a obrigação é alternada pela satisfação; a arrogância, pela humildade; a solidão, pela cooperação; a especialização, pela generalidade; o grupo homogêneo, pelo heterogêneo; a reprodução, pela produção do conhecimento. Numa sala de aula interdisciplinar, todos se percebem e gradativamente se tornam parceiros e, nela, a interdisciplinaridade pode ser aprendida e pode ser ensinada, o que pressupõe um ato de perceber-se interdisciplinar. Outra característica observada é que o projeto interdisciplinar surge às vezes de um que já possui desenvolvida a atitude interdisciplinar e se contamina para os outros e para o grupo. Para a realização de um projeto interdisciplinar existe a necessidade de um projeto inicial que seja suficientemente claro, coerente e detalhado, a fim de que as pessoas nele envolvidas sintam o desejo de fazer parte dele (FAZENDA, 1994, p. 86-87).

A Arte em sala de aula

Há um mito de que todo professor de arte seria um artista, que sabe desenhar, pintar e atuar muito bem e que é extremamente criativo. É importante ter claro que nem todo artista é um bom professor e nem todo professor é um artista.

---

[1] CARLOS, Jairo Gonçalves. Interdisciplinaridade no ensino médio: desafios e potencialidades. 2007. 171 f. Dissertação (Mestrado em Ensino de Ciências)-Universidade de Brasília, Brasília, 2007.

O artista não necessariamente é um bom professor. Existe um estudo que defende ter ao lado de um artista um arte educador trabalhando junto. Um profissional que conheça as fases do desenvolvimento da criança. Um arte educador tem o preparo, conhece as fases do desenvolvimento e construção plástica da criança. É necessário que entenda as fases de recepção da obra de arte; entenda como articula o desenvolvimento social e cognitivo da criança (BARBOSA, 2006, p. 2).

Pela arte temos acesso aos pensamentos de toda a humanidade por meio dos tempos, por isso ela é conhecimento. Para se fazer arte, além do domínio de materiais e da criatividade, é necessário saber apreciar, fruir (tirar proveito) daquilo que foi aprendido ou produzido. A arte permite enxergar a vida e fatos do cotidiano como se os tivéssemos visto pela primeira vez, faz-nos repensar sobre o cotidiano e sobre o nosso ponto de vista, causando encantamento ou repulsão, sentimentos que estimulam o observador a transformar o mundo.

Ao compreender a arte nos tornamos mais humanos. Esse processo de humanização por meio da arte se dá na escola onde a criança convive diariamente com a diferença e desenvolve a sua criatividade.

Coleta de dados da pesquisa

Foi realizado um questionário escrito com perguntas abertas e fechadas com três professores de uma Escola Municipal de Educação que aqui leva o nome de PINHA BRASIL. Requer alguns quesitos básicos: diálogo, respeito, interação e cooperação entre os envolvidos. Neste contexto, percebemos pelas declarações dos professores pesquisados um forte apego aos conteúdos de sua área de atuação, como se os conhecimentos de cada disciplina não dialogassem entre si. Tal circunstância muitas vezes é o que distancia o educador de um trabalho em parceria, uma vez que se o professor não percebe a contribuição dos conhecimentos de outras disciplinas na sua área específica, automaticamente não se sentirá motivado a participar de uma proposta interdisciplinar.

O primeiro enfoque apresentado pelos professores refere-se à interdisciplinaridade como um trabalho coletivo em que um mesmo conteúdo, tema ou objetivo é abordado por várias disciplinas. Neste sentido, percebemos que o entendimento destes professores se aproxima da multidisciplinaridade, uma vez que não citaram a relação de diálogo e interação entre as disciplinas, essencial para que um trabalho desta importância aconteça, mas sim a entendiam como um recurso para abordar um mesmo assunto dentro das fronteiras de cada disciplina.

Após observar o entendimento dos professores sobre o conceito de interdisciplinaridade, questionamos sobre se trabalhavam ou trabalharam em projetos nesta perspectiva. Dos professores investigados, dois deles relataram que o faziam sempre que possível, enquanto o outro disse que raramente. Em suma, contrastando as informações adquiridas, pressupomos que nem todos os professores investigados participaram de parcerias interdisciplinares. Um dos professores disse que a falta de tempo e a incompatibilidade de horários entre os professores eram propostas desta importância. Já outros dois professores mencionaram que a falta de conhecimento e habilitação dos profissionais para exercerem práticas deste tipo era o que mais dificultava o trabalho.

Considerações finais

Com a pesquisa realizada para este Trabalho de Conclusão de Curso e do que foi exposto no mesmo, comprova-se que podemos observar dentre os escritos e os fundamentados em autores que ajudaram e ajudam no processo de ensino da Arte Educação com suas variadas formas. Este curso despertou-nos o interesse e a motivação para desenvolvermos estudos sobre interdisciplinaridade. Assim, definimos como tema de pesquisa "Arte Visuais no Ensino Fundamental II, da Escola Municipal de Educação Básica PINHA BRASIL do Município de Lages – SC: Diferentes Conhecimentos e Olhares a Partir da Interdisciplinaridade".

Consideramos, desse modo, a importância de se refletir sobre a Atuação do Professor Arte Educador de Forma Interdisciplinar envolvendo os saberes necessários para que se compreenda a arte dentro de um relacionamento harmonioso entre aluno e professor, sendo assim um desafio para o educador comprometido com a educação. A disciplina de Artes visuais, por si só, contribui com a criança para a criatividade, a liberdade, a imaginação, a responsabilidade e o comprometimento escolar.

Também se constatou sobre as dificuldades e sucessos na educação quando se referem à importância da disciplina no ensino; e para que ela seja valorizada como merece se faz necessário que o profissional que atuar com a mesma tenha um planejamento claro, uma forma de avaliar coerente com os seus objetivos e que todo seu trabalho esteja de acordo com as Leis que regem a Educação e a Instituição onde trabalha.

Nesta visão, ressalta-se que o trabalho do professor pode se tornar um processo de construção do conhecimento compartilhado com outras disciplinas através de um trabalho interdisciplinar e que os educadores responsáveis pelo Diferentes Conhecimentos e Olhares a Partir da Interdisciplinaridade, o saber-fazer em seu contexto educacional, construirão alunos e se construirão numa relação permanente e diária fundamentada no saber reflexivo que transformarão a sociedade, com novos olhares, novos pensamentos apontados para um progresso educacional.

REFERÊNCIAS

BARBOSA, A. M. T. B. (org.). **Arte Educação**: leitura no subsolo. São Paulo: Cortez, 1999.

BRASIL. **Parâmetros Curriculares Nacionais**: arte (1ª. 4ª. séries). Brasília: MEC/SE, 1997.

BRASIL. **Secretaria de Educação Fundamental. Parâmetros Curriculares Nacionais**: arte. Brasília: MEC/SEF, 2001.

CADERNOS DE PESQUISA, n. 114, novembro de 2001. Disponível em: http://www.scielo.br/scielo.php?script=sci_serial&pid=0100-1574&lng=pt n.

FAZENDA, I. C. A. **Interdisciplinaridade**: história, teoria e pesquisa. 4. ed. Campinas: Papirus, 1994. (Coleção Magistério: Formação e Trabalho Pedagógico).

JANTSCH, A. P., BIANCHETTI, L. (org.). **Interdisciplinaridade**: para além da filosofia do sujeito. Petrópolis: Vozes, 2008. 204p. ISBN 978-85-326-1536-7

ARTES VISUAIS NO CONTEXTO EDUCACIONAL

Anderson Eduardo de Barros

As manifestações artísticas estão presentes na vida do ser humano desde a sua formação. No decorrer do tempo, a arte e suas linguagens obtiveram várias funções na sociedade, interferindo politicamente, socialmente, economicamente, religiosamente e culturalmente na vida das pessoas.

O conhecimento comum adquirido por uma criança o possibilita para uma prévia observação artística. Com imagens apresentadas por meio de um televisor, aparelho celular ou até mesmo por um livro, capacita-se tal sujeito a ter uma experiência visual. De acordo com Barbieri, "[...] A experiência pode ser tomada como ato ou efeito de experimentar (se), de provar algo novo, entrar em contato e explorar possibilidades". Conforme o passar dos anos, as funções da arte começam a influenciar tanto no gosto pessoal como no coletivo, pois, em uma escola, a diversidade cultural é predominante e a arte possui um papel fundamental neste processo. Analisar aspectos pedagógicos e de aprendizagem sobre artes visuais conduz o arte educador a possibilidades mais variadas para estimular suas percepções e suas habilidades na arte de ensinar arte. Com isso, respectivamente, valorizando e expandindo o ensino da arte para que, com ela, se notem suas características, fundamentos e importância. Neste contexto, esta pesquisa partiu da problemática: "Quais as contribuições das artes visuais no contexto educacional?"

Analisar e reconhecer a importância da disciplina de artes e suas contribuições para a formação cultural do indivíduo foi o objetivo geral desta pesquisa. Como objetivos específicos, buscamos compreender informações pertinentes ao ensino das artes visuais e sua utilização no currículo escolar.

Por ser uma pesquisa de abordagem qualitativa, a fundamentação teórica é baseada em autores que dialogam sobre o tema em pauta. Livros como Teoria e prática do ensino da arte, de Guerra, Martins e Picosque (2009) salientam experiências didáticas no campo das artes visuais no âmbito escolar, relatando histórias reais para se obter uma arte-educação de qualidade. Ferraz e Fusari (2010), Barbieri, Baroukh e Carapeto (2012) e o PCN – arte (2001) evidenciam características fundamentais para o ensino da arte. Com base nestas linguagens textuais, foram obtidos respostas e esclarecimentos sobre o tema em questão.

Sendo assim, a pesquisa possui uma grande importância, pois aborda conceitos de autores que contribuem para o aperfeiçoamento pedagógico e artístico de professores e atuantes nas várias linguagens das artes visuais.

Arte na escola: o ensino e a importância das artes visuais

A educação é um tema abordado em vários lugares, bem como sua importância para a sociedade. A transformação que o ensino proporciona às pessoas é surpreendente. No currículo escolar, a língua portuguesa, no caso do Brasil, faz com que o sujeito aprenda a identificar palavras, a escrever, ler, reconhecer tipologias textuais, formas de texto, interpretar e muito mais. As ciências exatas estimulam o cérebro a raciocinar por meio de números e exatidões científicas, por sua vez, as ciências humanas propõe aos indivíduos pensarem sobre sua existência e nas suas contribuições para o mundo. E as artes? Quais são as contribuições?

Desde os primórdios da humanidade e do início das atividades humanas o contexto artístico se fez presente nos diferentes meios, épocas e situações de vida das pessoas. A compreensão das relações da arte com sua utilidade deu-se na caracterização de arte como disciplina, dando origem a um reconhecimento prático educacional. De acordo com os Parâmetros Curriculares Nacionais – Arte (2001, p. 19):

> A educação em arte propicia o desenvolvimento do pensamento artístico e da percepção estética, que caracterizam um modo próprio de ordenar e dar sentido a experiência humana: o aluno desenvolve sua sensibilidade, percepção e imaginação, tanto ao realizar formas artísticas quanto na ação de apreciar e conhecer as formas produzidas por ele e pelos colegas, pela natureza e nas diferentes culturas.

O processo de ensino aprendizagem no âmbito artístico é de extrema importância, pois esta área de ensino proporciona ao aluno um ato de criação espontâneo que contribui com tantas outras disciplinas existentes no currículo escolar. Por meio de sua criação, o sujeito desenvolverá automaticamente uma compreensão de valores relacionados às suas raízes e à valorização do conhecimento. Neste sentido, a imaginação humana é explorada, pois é por meio dela que o estudante "[...] torna-se capaz de perceber sua realidade cotidiana mais vivamente, reconhecendo objetivos e formas que estão à sua volta, no exercício de uma observação crítica do que existe na sua cultura, podendo criar condições para uma qualidade de vida melhor" (PCN, 2001, p. 19).

Com o amadurecimento de seu conhecimento prévio, a função da arte começa a estabelecer, no aluno, uma importante dimensão no que se refere às manifestações artísticas. A ação de percepção, sentimentos e emoções são direcionadas pela visão pictórica e resultam numa compreensão ampla dos fatores sociais impostos pelo meio ao qual está inserido. Neste contexto, a percepção se torna algo imprescindível para o ensino de artes. Com isso, alguns autores afirmam que

O olhar da criança no ambiente artístico é primordial para uma efetivação do saber e concretização definitiva para o conceito de arte, pois o homem, naturalmente é um construtor de um mundo simbólico. Nesse sentido, pode-se afirmar que o arte educador possui um importante papel na arte de ensinar, pois é ele quem proporciona aos educandos um contato mais profundo das variadas linguagens artísticas (http://www.academia.edu/7684815/A_pesquisa_sobre_ensino_coletivo_de_instrumentos.)[1].

Repensar nas propostas de ensino da disciplina resulta no professor uma autoanálise e uma reflexão nas produções das linguagens, despertando uma consciência ampla e aprimorando a sensibilidade, gerando uma prática sábia tanto para si como para os quais com quem trabalha e ensina. Com relação ao aluno, cabe ao professor

> Ampliar as possibilidades de pesquisa, valorizando a exploração gráfica, plástica, tátil, sensorial, sonora, corporal, desafiando a criança com projetos propostos a partir da observação atenta e sensível de sua própria ação para criar garatujas sonoras, gráficas, corporais cada vez mais elaboradas e experimentais (GUERRA; MARTINS; PICOSQUE, 2009, p. 93).

Para uma exploração eficaz, o arte-educador busca recursos metodológicos e ou didáticos e sua referência principal para a prática do ensino em sala de aula tornam-se as obras de variados artistas, a contextualização vital de ambos e técnicas utilizadas, inventadas e aprimoradas por tais. Uma prévia do que será pedido ou proposto para a criança é muito oportuno e um exemplo a ser seguido por ela. A criança em sua fase escolar inicial é imitadora das coisas reais e imaginárias ao seu redor e o professor poderá aprimorar-se deste recurso biológico, pois

> [...] a imitação é uma forma importante de aprendizagem. Assim como imita o gesto e o som, a criança imita a ação adulta de riscar no papel. Seu interesse está no gesto, que imita com muito prazer, e não na intenção daquilo que o adulto está fazendo. Imita a ação: o agir, escrever, desenhar, cantar, dançar, tocar. A importância está na própria ação, e é isso que imita (GUERRA; MARTINS; PICOSQUE, 2009, p. 93).

Vale ressaltar que a proposta para o ensino de arte não é fazer com que as crianças se tornem copistas ou mecanizadas, mas é de valorização, tanto no ato de observação quanto de percepção, fazendo com que a criança produza e

---

[1] Entre todas as linguagens, a arte é a linguagem de um idioma que altera ou desconhece fronteiras, etnias, credos, épocas. Seja a linguagem das obras de arte da região, sejam elas de outros lugares, de hoje, ontem ou daquelas que estão por vir, traz em si a qualidade de ser a linguagem cuja leitura e produção existe em todo o o mundo e para todo o mundo.

crie a partir de algo já estruturado. A função é de dar uma base sólida para a criação do estudante, uma orientação prévia. Além do mais, uma excelente e agradável concepção de arte que pode auxiliar na estruturação de uma proposta de ensino e aprendizagem nos campos estético, artístico, cultural e que atenda modernidades conceituais é a que norteia para uma articulação do fazer, do representar e, também, do exprimir.

Para as crianças, o hábito de observação de uma imagem, de uma obra de arte e de um contexto de um artista fortalece o seu processo expressivo e criativo. Essa ação de buscar referenciais por meio de artistas, especialmente se forem da região, é fundamental para a agregação de ideias e valores e para a assimilação cultural e construção do indivíduo na sociedade. A análise e vivência dessas práticas resulta em boas qualidades no ensino da disciplina. A união entre o fazer arte e o ensinar arte é uma práxis que precisa ser estimulada em todo o ciclo educacional, independentemente dos níveis de educação e da unidade escolar.

Em torno das discussões sobre ensinar arte, Ferraz e Fusari (2010, p. 19) destacam que

> [...] a Educação através da Arte caracteriza-se pelo posicionamento idealista, direcionado para uma relação subjetiva com o mundo. Embora tenha tido pouca repercussão na educação formal, contribuiu com a enunciação de uma visão de arte e de educação com influências recíprocas. Quanto à Educação Artística nota-se uma preocupação somente com a expressividade individual, com técnicas, mostrando-se, por outro lado, insuficiente no aprofundamento do conhecimento da arte, de sua história e das linguagens artísticas propriamente ditas. Já a Arte-Educação vem se apresentando como um movimento em busca de novas metodologias de ensino e aprendizagem de artes nas escolas. Revaloriza o professor da área, discute e propõe um redimensionamento do seu trabalho, conscientizando-o da importância da sua ação profissional e política na sociedade.

As variadas nomenclaturas que estabelecem o ensino da arte valorizam a produção artística no contexto educacional, porém, apesar dos esforços, nota-se uma precariedade no ensino e na aprendizagem da disciplina, pois ainda não é suficientemente ensinada e apreendida respectivamente por professores e pelos estudantes brasileiros.

Com base nesta reflexão, uma análise panorâmica do ensino das artes visuais é necessária. Repensar sobre Ensinar Arte é fundamental, e transformar o ensino da arte em uma disciplina que permita ao aluno encontrar um espaço para o seu desenvolvimento pessoal e cultural, com ações predeterminadas pela escola em mediações com o arte educador, poderá fazer com que a disciplina alcance seu objetivo educacional. De acordo com a Proposta Curricular de Santa Catarina (1998, p. 194) esse objetivo é o de que

> [...] a atividade artística do aluno deve ser significativa e progressiva, permitindo-lhe adquirir clareza do modo de construção da obra estudada e da sua própria produção, que possibilite entender a sua instauração dentro de um contexto histórico-cultural, que propicie a oportunidade de vivenciar um encontro ativo com o objeto artístico, que oportunize pensar de maneira inteligente a imagem visual, bem como o som e a música, favorecendo o desenvolvimento do seu pensamento artístico.

Possibilitar conhecimentos específicos aos estudantes dá-lhes a oportunidade de vivenciar o momento artístico, seja com recursos visuais ou musicais. Deste modo, a progressão do sujeito em relação ao entendimento sobre artes refletirá mais favoravelmente em um âmbito escolar ao que ele se insere.

Arte e Currículo: construção e experiências

Nos últimos anos, as indagações sobre currículo têm se instalado nas escolas. Repensar sobre a existência desta ferramenta funcional da educação está se tornando pertinente em todos os níveis de ensino, pois sabe-se que o currículo é o polo estrutural do trabalho educacional. Assim também se caracteriza o definidor da forma de trabalho, o curador da autonomia profissional, a fonte e estruturação dos conhecimentos, conteúdos e das disciplinas. De acordo com Carla Carvalho (2003, p. 117),

> [...] falar de currículo é refletir a cerca de um elemento em constante construção, pois currículo não é um elemento estático e não se resume a uma lista de conteúdos a serem trabalhados. Notamos ainda que, nos locais em que trabalhamos, diversas questões estão presentes em nossas falas, ações e na maneira como as coisas se formam e que esses elementos são instrumentos resultantes das relações construídas histórica e socialmente. São, portanto, "construções sociais".

Uma das causas destas recentes indagações são as novas mudanças ocorridas na educação e de seus participantes. De acordo com o professor da Universidade Federal de Minas Gerais, Miguel Arroyo, a redefinição da identidade pessoal causa estas transformações, pois

> [...] as identidades pessoais vêm sendo redefinidas. Identidades femininas, negras, indígenas, do campo. A identificação de tantas e tantos docentes com os movimentos sociais suscita novas sensibilidades humanas, sociais,

culturais, e pedagógicas, que se refletem na forma de ser professora-educadora, professor-educador. Refletem-se na forma de ver os educandos, o conhecimento, os processos de ensinar-aprender (GONZÁLES, 2008, p. 17).

Buscar compreender estas novas identidades culturais por meio da arte com o auxílio do currículo é pauta de grandes estudos relacionados à educação na contemporaneidade. A pesquisadora sobre desenvolvimento humano Elvira Souza Lima explicita a importância da construção contínua do currículo, pois, segundo ela, "Em um dado momento da evolução cultural da humanidade, marcado pela invenção de sistemas simbólicos registrados, foi necessário introduzir novas formas de atividade humana para garantir a transmissão das novas formas de saberes que estavam sendo criadas" (LIMA, 2008, p. 17).

Para a transmissão de saberes (competências e habilidades), o professor assume um caráter protagonista, o de mediar conhecimentos. Em contextos artísticos, A Proposta Curricular de Santa Catarina (1998, p. 194) explica que

> O professor de arte não precisa necessariamente ser um artista, mas precisa ser alfabetizado esteticamente, compreender o processo de produção do artista, estar atento às questões culturais do seu contexto, e precisa estimular e comprometer seu aluno a também participar ativamente do seu contexto, percebendo as manifestações culturais, através de museus, do cinema, do objeto artístico, de vídeos, de outdoors, de revistas, de jornais, de computação gráfica, de livros, etc.

Contudo, evidencia-se que, para uma preservação do ensino, o professor deverá estar atento às mudanças ocorridas nas áreas educacionais, pois, por ser o mediador do conhecimento, este alternará novas possibilidades de ensino com suas competências para que, no final, ocorra uma transformação sobre ensinar e aprender arte.

Considerações finais

A arte e suas linguagens, desde a pré-história até a contemporaneidade, fizeram-se presentes na vida do ser humano como meio de expressão, socialização e por vários outros fatores determinantes, sempre com a função de dinamizar os aspectos visuais da história.

Com os importantes avanços na área da educação, a arte ganhou espaços para propor ensinamentos, técnicas e experiências artísticas. Repensar de maneira lógica a estrutura pedagógica desta disciplina foi muito importante para a interação professor-aluno, pois didáticas e aprimoramentos de ensino visando à qualidade de aprendizagem do aluno foram priorizadas.

Com isso, vale ressaltar que o processo de ensino aprendizagem nos âmbitos artísticos é de extrema importância, pois esta área de ensino proporciona ao aluno um ato de criação espontâneo que contribui com outras disciplinas existentes no currículo escolar, gerando, deste modo, os padrões modernos educacionais, a interdisciplinaridade.

O ensino das artes visuais possui grande significação para a construção do sujeito e para a formação pessoal, cultural, por isso, a efetivação do saber desta disciplina, bem como de suas linguagens, será valorizada em todos os níveis de ensino e por todos os profissionais da área da educação.

Com estas indagações relacionadas à importância da disciplina da arte no contexto educacional surgiu o interesse de realizar a pesquisa que, por sua vez, por meio de autores, destacou-se ideias e foi solucionado o problema em questão.

Notou-se, então, que as artes visuais e suas linguagens geram conhecimentos, pois, desde a infância e o seu conhecimento comum já somos observadores e praticantes de técnicas relacionadas à arte. Quando a criança se insere no meio educacional, já é direcionada ao campo das artes visuais e suas produções artísticas prevalecem e interferem em seu meio social e cultural, mostrando que arte, como todas as outras disciplinas, possui objetivos específicos na educação que é o de dinamizar os conhecimentos e oportunizá-los ao seu modo de vida.

Ao final de todo o processo da pesquisa ficou evidente que esta será importante para que interessados possam ter uma compreensão mais ampla de como a arte em sua totalidade e isso é importante dentro de um contexto artístico, pois gera conhecimentos, auxilia na formação pessoal e cultural e dinamiza saberes.

REFERÊNCIAS

BARBIERI, S. **Interações**: onde está a arte na infância? São Paulo: Blucher, 2012.

CARVALHO, C. **Sobre a arte e o espaço/tempo escolar**. Joinville: UNIVILLE, 2003.

FERRAZ, M. H. C. T.; FUSARI, M. F. R. **Arte na educação escolar**. 4. ed. São Paulo: Cortez, 2010.

GONZÁLES, M. A. **Indagações sobre currículo**: educandos e educadores: seus direitos e o currículo. Brasília: Ministério da Educação, Secretaria de Educação Básica, 2008.

LIMA, E. S. **Indagações sobre currículo**: currículo e desenvolvimento humano. Brasília. Ministério da Educação, Secretaria de Educação Básica, 2008.

MARTINS, M. C. F. D. *et al.* **Teoria e prática do ensino da arte**: a língua do mundo. São Paulo: FTD, 2009.

MINISTÉRIO DA EDUCAÇÃO. **Parâmetros Curriculares Nacionais**: arte. 3. ed. Brasília: Secretaria de Educação Fundamental: a secretaria, 2001.

SANTA CATARINA, Secretaria de Estado da Educação do Desporto de. **Proposta Curricular de Santa Catarina**: Educação Infantil, Ensino fundamental e Médio: Disciplinas curriculares. Florianópolis: COGEN, 1998.

VIVENCIANDO O MACULELÊ EM SALA DE AULA

Ionara Waltrick Abreu
Karine Miranda Pinheiro
Léo da Luz Moreira
Roseceli Martinhago Vieira

O projeto Maculelê em sala de aula vem ao encontro de uma abordagem ética racial, pois proporciona aos seus integrantes um conhecimento abrangente da história do negro e do índio no Brasil por meio da dança guerreira, o Maculelê.

O projeto Maculelê, o que é? É uma abordagem musical, corporal e artística com alunos, trabalhando o sujeito criativo que possa transformar as coisas do mundo. Ao mesmo tempo, é preciso despertar a autoestima do ser e seu domínio do comportamento humano quanto à cultura afro.

Esta pesquisa também vem a ser um avanço para a educação no currículo escolar, aos professores de artes visuais em práticas em sala de aula de acordo com a Lei 10639/03: O ensino da história e da cultura afro-brasileira e africana nas escolas.

Ensino da arte informal

O projeto "vivenciando o maculelê em sala de aula", que está ligado ao relatório de estágio, foi realizado juntamente com o grupo Planalto capoeira, sob orientação do mestre Sílvio Moreira.

A arte é uma forma de ler o mundo, de expressá-lo e interpretá-lo, portanto, a arte também é uma linguagem.

Arte é construção do conhecimento, é expressão ligada à criação. Revela a capacidade que o homem tem de dominar a matéria, o espaço, os movimentos, pôr em prática uma ideia manifestada por meio de elementos visuais, táteis, sonoros e do corpo.

Entretanto, há de se considerar que o ensino da arte no território nacional passou a ser obrigatório apenas a partir da década de 1970 com a Lei 5692/71, com um ensino bastante indefinido, conforme consta no Parecer 540/77: "Não é uma matéria, mas área bastante generosa e sem contornos fixos flutuando ao sabor das tendências".

A arte revela a capacidade humana de transformar, criar, recuperar, reaproveitar e embelezar. Por meio da arte podemos desenvolver trabalhos na música, na dança, no teatro e nas artes visuais, entre muitas outras linguagens.

Este projeto vem ao encontro da especificidade dessas linguagens. Desenvolver a inteligência múltipla e psicomotora envolvida na prática do Maculelê, compreendê-la e utilizá-la como ferramenta para o desenvolvimento e socialização humana.

Conhecendo as instalações de trabalho

O grupo Planalto Capoeira, sob direção do mestre Sílvio Moreira, realiza suas atividades em diversos lugares, como: escolas academia, salões e até mesmo em praça pública.

Para o entendimento e como desencadeou o projeto "vivenciando o maculelê em sala de aula observamos o grupo planalto capoeira em diversos espaços, com o intuito e um maior aproveitamento do tempo e de uma experiência mais significativa".

Desta forma, visitamos escolas onde realizamos palestras sobre como aconteceu na EEB Lúcia Fernandes Lopes, no bairro São Luiz, de Lages, SC, com a turma do ensino médio inovador, incluindo o 1º ano 01 e 1º ano 02, com cerca de 58 alunos, sob a supervisão da orientadora Roselaine Alves Pereira, do ensino médio inovador, Cristiane da Silva e a direção da escola, Andrei Amaral Ribeiro.

Também participamos das rodas de rua realizadas na Praça João Costa nos finais de semana e em noites aleatórias, onde observamos a participação da população lageana nessa forma de arte brasileiro-africana. Participamos também do congresso regional de capoeira sobre a normatização da regulamentação da capoeira como profissão realizada no SESC de Lages.

Para realização de nossas atividades utilizamos os salões e as acadêmicas do grupo Planalto capoeira, localizado na Avenida Belizário Ramos, Clube dos Oficiais nº 125, Bairro Beatriz e no SESC academia. Para finalizar, com o campeonato de capoeira, cujo grupo Planalto Capoeira foi o coordenador, observamos os mesmos e outros grupos da região da AMURES. Desta forma, aprendemos várias técnicas de conhecimentos e informações necessárias para o enriquecimento deste projeto.

Conhecendo o aluno

Os participantes do grupo Planalto Capoeira têm entre 14 e 45 anos, homens e mulheres que contribuem com uma mensalidade para manter esta arte.

Na palestra ministrada na escola EEB Lúcia Fernandes Lopes para o ensino médio inovador, no primeiro ano 1 e primeiro ano 2, encontramos alunos na faixa etária dos 15 aos 16 anos.

Pensando uma proposta de trabalho

A Pesquisa é de abordagem qualitativa. Trabalhamos com pesquisa bibliográfica a partir de autores que refletem sobre a questão. Para Ramos (2006, p. 80), a pesquisa qualitativa tem um caráter exploratório e pretende diagnosticar, questionar e refletir a influência dos professores e alunos no processo de ensino e aprendizagem. Conforme Pedro Demo (1991, p. 65-6), é projetado um caminho com etapas para realizar a pesquisa que denota sentido e disciplina para o estudo.

O objetivo foi trabalhar a arte do Maculelê levando em consideração a idade e o desenvolvimento de cada aluno, trabalhando alguns aspectos específicos, tais como: a teoria e o conhecimento geral sobre o Maculelê e suas influências na vida social. O Maculelê é uma manifestação cultural oriunda da cidade de Santo Amaro da Purificação – Bahia, berço também da Capoeira. É uma expressão teatral que conta, por meio da dança e de cânticos, a lenda de um jovem guerreiro que, sozinho, conseguiu defender sua tribo de uma tribo rival usando apenas dois pedaços de pau, tornando-se o herói da tribo.

Sua origem é desconhecida. Uns dizem que é africana, outros afirmam que ela tenha vindo dos índios brasileiros, e há até quem diga que é uma mistura dos dois. O próprio Mestre Popó do Maculelê, considerado o pai do Maculelê, deixa claro a sua opinião de que o Maculelê é uma invenção dos escravos no Brasil, assim como a capoeira.

A lenda fala do guerreiro indígena Maculelê, um índio preguiçoso e que não fazia nada certo, por esta razão, os demais homens da tribo saíam em busca de alimento e deixavam-no na tribo com as mulheres, os idosos e as crianças. Uma tribo rival ataca, aproveitando-se da ausência dos caçadores. Para defender a sua tribo, Maculelê, armado apenas com dois bastões, já que os demais índios da sua tribo haviam levado todas as armas para caçar, enfrenta e mata os invasores da tribo inimiga, morrendo pelas feridas do combate. Maculelê passa a ser o herói da tribo e sua técnica se torna reverenciada.

Segundo Mestre Popó, "Maculelê é luta e dança ao mesmo tempo, se um feitor aparecia na senzala à noite, pensava que era à maneira de adoração aos deuses das terras deles (dos negros escravos), as músicas não davam ao feitor entender o que eles cantavam".

A festa era realizada de oito de dezembro (consagração de Nossa Senhora da Conceição) a dois de fevereiro (dia de Iemanjá) em Santo Amaro da Purificação. Acontecia nas praças e nas ruas da cidade e era considerada uma festa "profana" realizada pelos negros escravos. "Em marcha guisada, a "Marcha de Angola", que tem algo de Capoeira e de Samba, tudo isso em Movimentos sempre ao compasso das batidas das grimas (bastões)."

História: serão as várias versões de sua origem e a evolução, enfocando o grande mestre Popó. Cultura-Prática de uma manifestação popular, mantendo as tradições de um povo.

Dança: Contribuir para harmonização do corpo por meio das suas mudanças dentro dos ritmos estabelecidos pelo atabaque e os movimentos estabelecidos pela coreografia conforme a música escolhida.

Arte: O desenvolvimento no mundo cênico do Maculelê foi um dos instrumentos de luta que os escravos tinham a sua disposição, buscamos com isso pôr em prática encenando, com a confecção de painéis que demonstram criatividade através de uma história para atingir a liberdade da criatividade de uma vida escravizada na época.

Música: É um estudo que demonstra a importância da música como um conjunto harmônico na história do Maculelê, utilizando-se cantos de roda, palmas e atabaque, ritmo, poética com a história dos antepassados.

"A música é uma linguagem que atravessa a fronteira estabelecida pela linguagem verbal, entre as proposições e as coisas. Na música a proposição e a coisa são o mesmo. O que é enunciado é conteúdo mesmo (CASTRO, 1988, p. 86-87)".

Experiência no Ensino da Arte

Educação é a aprendizagem orientada que dá à criança as habilidades e compreensão que ela necessita para viver. É nesse momento que a arte pode contribuir para a socialização e desenvolvimento do ser humano.

O desenvolvimento do projeto "Vivenciando o maculelê em sala de aula" constituiu-se em sete intervenções diretas com o grupo Planalto Capoeira e uma palestra de 3 horas com a escola E.E.B. Lúcia Fernandes Lopes, com o ensino médio inovador, nas turmas do 1º ano 1 e 1º ano 2.

O aluno do grupo Planalto Capoeira veio agregar a este projeto com aulas práticas do Maculelê e atividades visuais.

Nossa ideia foi trabalhar com competência e qualidade não só como os educadores, mas abrir os portões da mente por meio de parcerias que podem ajudar o aluno e o professor a ter maior aproveitamento na apropriação do conhecimento de mundo.

A proposta de trabalho para o grupo Planalto Capoeira foi uma contação de sua história de forma visual. Os integrantes do grupo trouxeram sua história da qual a arte do Maculelê faz parte, contando-a em diversas linguagens, dentre elas, poesia, história, frase, prosa etc.

Essas histórias foram trazidas para um plano que reúne diversidade cultural e socialização entre os envolvidos. Pudemos, assim, observar as raízes desse grupo descritas em um grande círculo de convivência, em que cada um

apresentou um pouco de si para contar a história do grupo planalto capoeira e onde "eu" me encaixo nessa história.
De acordo com Andrade (2000),

> [...] a arte salva o homem do dia a dia. Através dela o indivíduo pode dar a sua vida com contexto maior alternando-lhe o ângulo de visão. A arte possui a virtude de aliviar o ser humano, e consequentemente toda a vida desse planeta, da violência, da insensibilidade, do abuso, da loucura, e da miséria em suas diversas formas de expressar. Ela é capaz de unir forças opostas dento da personalidade, bem como fornecer a reconciliação das necessidades do homem com o mundo externo. Daí sua função é tão importante e essencial para o desenvolvimento humano (ANDRADE, 2000).

Destaca-se também a palestra realizada na escola E.E.B. Lúcia Fernandes Lopes, onde os alunos mostraram-se muito interessados. Apalestra foi ministrada na sala de multimídia, com a utilização do *DataShow* e tecnologias de áudio. As relações a partir do cunho imaginativo possibilitam vislumbrar outras realidades, enriquecendo-as. Dessa forma, vivências pessoais contribuem para uma construção de mundo mais sensível e nos desafiam a novas observações e percepções. Assim, através de slides e vídeos, obtivemos um conhecimento sobre a história da arte brasileira/africana, contada com o foco no Maculelê e suas raízes. O processo criativo se fez presente com os alunos através das músicas e do ritmo, do qual todos participaram com palmas e cantos.

Foi possível perceber o quanto foi significativo e afetivo para muitos alunos a aprendizagem sobre o tema, Muitos se identificaram em suas linguagens de mundo por já terem participado de grupos praticantes do Maculelê.

Assim, a cultura afro/brasileira e africana foi aprendida de forma lúdica e criativa para os alunos e demais professores e coordenadores presentes na palestra. Tornou-se, assim, uma experiência específica e muito rica em seu conteúdo, contribuindo para a formação de sujeitos com um senso crítico mais amplo e cidadãos confiantes.

Considerações finais

Com este projeto, obtivemos o resultado esperado, destacando-se com muita influência a questão étnica racial da cultura afro-brasileira que vem se perdendo por falta de interesse dos professores em sala de aula. Assim, despertamos nos alunos a vontade de aprender e resgatar a cultura que faz parte da história de nossos antepassados.

Esperamos que este projeto venha a ser uma fonte de inspiração para os professores de artes trabalharem a cultura afro-brasileira em sala de aula.

REFERÊNCIAS

ALMEIDA, P. de. **Pequena História do Maculelê**. [S.l.: s.n.].

ASSOCIAÇÃO CASA DA PAZ DE DOIS VIZINHOS. **Cidade Dois vizinhos**. Projeto capoeira Menino Pé no Chão 2011.

CARYBÉ. **As Sete Portas da Bahia**. Coleção Recôncavo ed. [S.l.]: Editora Livraria, 1951.

CHIZZOTTI, A. **Pesquisa em ciências humanas e sociais**. 5. ed. São Paulo: Cortez, 2001.

DEMO, P. **Introdução à metodologia da ciência.** São Paulo: Atlas, 1985, p. 13-28

MUTTI, M. **Maculelê**. Bahia: Secretaria Municipal de Educação e Cultura Salvador, 1978.

VERDERI, E. **Dança na Escola uma proposta pedagógica**. São Paulo: Editora Phorte, 2009.

MUSEU DE ARTES EM SÃO JOAQUIM:
espaço para educação não formal

Lucilene Terezinha de Souza
Rosemery da Silva Melo

A motivação para a pesquisa sobre o museu de Artes de São Joaquim – SC surgiu a partir de uma visita feita pelos acadêmicos de Artes Visuais da UNIPLAC. A visita foi organizada pelos docentes do curso, visando maior conhecimento sobre a linguagem visual, haja vista que o Museu guarda obras de artistas joaquinenses e de outros locais do estado catarinense.

Ao observar várias obras, os universitários ficaram encantados com o patrimônio cultural em obras de artes que o museu de São Joaquim possui. Ao mesmo tempo surgiu uma inquietação, principalmente das acadêmicas: como nós, acadêmicas moradoras da cidade de São Joaquim, não temos conhecimento da existência de um acervo cultural de suma importância para seus moradores e visitantes?

Em parceria com a educação escolar, o museu pode exercer um papel complementar nas atividades curriculares. Na área das artes, apropriarem-se de um conhecimento estético mais apurado e, por meio de obras de artistas locais, fazer com que o indivíduo fique mais próximo da sua cultura e, no caso de visitantes, compreenderem a cultura local que está sendo explorada.

O museu é visto como um espaço cultural de educação não formal. Neste sentido, é de suma importância que as pessoas se apropriem de tal conhecimento. Tendo isso em vista e o fato de poucos conhecerem o referido museu, o que nos causou preocupação, optamos por fazer pesquisa sobre o Museu de Artes de São Joaquim: espaço para educação não formal. A pesquisa parte da pergunta problema: Como o Museu de Artes de São Joaquim, SC, contribui para a educação não formal?

Para responder à pergunta, definimos como objetivo geral: Conhecer a história do museu de Artes de São Joaquim, SC, como espaço para a Educação não formal. Tem como objetivos específicos: pesquisar as contribuições do Museu de Artes de São Joaquim, SC, para a educação não formal e formal; investigar a história do Museu de Artes de São Joaquim, SC; conhecer o espaço físico onde estão expostas as obras de artes; identificar artistas e obras expostos no Museu.

A pesquisa foi realizada no Museu de Artes de São Joaquim, SC, em caráter documental, por meio da qual, segundo Barros (1990), procura-se adquirir conhecimentos sobre um objeto de pesquisa a partir da busca de

informações sobre material gráfico, sonoro ou informatizado. A pesquisa é de abordagem qualitativa, contém dados quantitativos obtidos em entrevistas semiestruturadas com a museóloga e o recepcionista que atuam no museu.
Segundo Barros (1990),

> O entrevistador motiva o entrevistado a falar sobre o determinado tema, a fala é livre e não dirigida o que pode permitir ao pesquisador captar informações mais profundas e explorar dados verbalizados, em relação aos modelos culturais na vivência dos indivíduos envolvidos na situação estudada.

Na sequência desenvolvemos reflexão sobre museu a partir do diálogo com autores que tratam da questão e resgatamos a memória histórica do Museu de Artes de São Joaquim.

Pelos caminhos da história do museu

Quando pensamos em museu nos vêm logo a ideia de lugar para guardar coisas velhas. Na verdade, o museu é um espaço cultural e de educação não formal onde se promove o conhecimento histórico da humanidade.

A origem dos museus está relacionada com a vontade dos seres humanos de colecionar objetos, hábito esse encontrado ao longo da história. A palavra museu vem do Latim *museum*, entendido como "biblioteca lugar de estudo". O termo é de origem grega *mouseion*, que significa "templo dedicado às nove musas", filhas do Deus grego Zeus com Mnemósine, que tinham como função guardar as ciências, as artes e os tesouros da cultura (MARTINS, 2013, p. 12). O termo era usado na Alexandria para designar local.

Ainda hoje, o ser humano sente a necessidade de guardar seus registros e sua história, e conforme novas tecnologias e novos objetos vão surgindo, o que guardamos tem relevada importância para a posteridade.

Na Idade Média, no século XV, as catedrais, os mosteiros e os senhores feudais acumularam joias, esculturas, manuscritos e relíquias de santos, além de objetos capturados em expedições militares e religiosas. Essas coleções eram particulares e nem todas as pessoas podiam visitá-las, como acontece atualmente.

> A partir do século XVI passa a ser comum expor esculturas e pinturas em salas de palácios e casas de pessoas ricas, locais chamados de gabinetes de curiosidades, verdadeiros quartos de artes onde continham objetos do mundo natural e cultural expostos lado a lado diferente do que costumamos ver hoje. Os gabinetes guardavam objetos trazidos do Novo Mundo e do Oriente. Além de aumentar o status de seus donos também eram utilizados para estudo. Essas coleções deram origem, mais tarde, aos museus de

história natural, antropologia, tecnologia entre outros (MARTINS, 2013, p. 13).

Ao longo da história, os donos dos gabinetes de curiosidades começaram a permitir que viajantes e estudiosos visitassem o espaço, dando início aos museus públicos que hoje conhecemos (MARTINS, 2013).

No século XVII aconteceu uma mudança importante na forma de expor as coleções. Se antes se misturavam diversos objetos, a partir daí passaram a ser classificados e organizados de acordo com as diferentes áreas do conhecimento (MARTINS, 2013).

No século XVIII, apoiados pelas novas noções de cidadania surgidas com a Revolução Francesa, as coleções passaram a ter um caráter "público" e surgem, então, instituições públicas como o Museu do Louvre, na França, entre outros (MARTINS, 2013).

> Apesar de ter ocorrido uma ampliação do papel educativo dos museus, o público em geral ainda não se situava de forma clara, pois muitas vezes encontrava centenas de objetos sem legenda ou texto de apoio, a comunicação era baseada apenas na observação dos objetos. Com a Revolução Industrial no século XIX outras formas de expor os objetos começam a aparecer, e nesse momento surgem às exposições universais, que divulgam os avanços das áreas industriais e agrícolas de cada país. Essa mudança foi muito importante para o papel educacional dos museus, pois facilitou assim a comunicação com o público. Entre elas se destacam a seleção dos objetos, o aumento do espaço entre os mesmos e a introdução de textos e legendas com mais informações (MARTINS, 2013, p. 15)

Após a Segunda Guerra Mundial surgiram associações internacionais de profissionais de Museus a exemplo do ICOM – Conselho Internacional de Museus -, melhorando ainda mais a comunicação com o público. A modificação maior nesse período foi o papel educacional dos museus, que passou a contribuir na formação dos cidadãos ao longo de suas vidas. Segundo Luciana Conrado Martins, os educadores têm cada vez mais seu papel valorizado dentro dos museus, atuando nas diversas atividades educacionais (MARTINS, 2013, p. 16).

Quanto ao público escolar que visita museus, há relatos desde o final do século XIX, mas foi a partir da década de 1960 que essas visitas se tornaram frequentes. Na atualidade, é basicamente o que move os museus e centros culturais. Grupos de estudos são organizados por professores das instituições educacionais e o sucesso dessas ações depende da boa comunicação entre os profissionais que atuam nessas áreas. As visitas devem ser agendadas previamente e acompanhadas por um guia treinado para garantir êxito nessas programações educativas (MARTINS, 2013, p. 17).

> A Fundação Catarinense de Cultura, a partir da Diretoria de Patrimônio Cultural, estimula o intercâmbio com sistemas e redes nacionais e cria mecanismos de parceria entre a sociedade, os Museus e a Escolas. Esses pequenos visitantes, sentindo-se parte das passagens do tempo, transformam-se na plateia que, depois de conhecer aprende a preservar e a aplaudir os protagonistas e os coadjuvantes que atuam no espetáculo da História (MACHADO, 2005, p. 6).

A informação da existência dessas instituições (museus) é a preocupação que move esta pesquisa, se não há informação, também não haverá visitação. Quando relembramos casos e objetos do passado e os repassamos para as novas gerações, é no museu que se concretizam esses fatos. Assim, por meio de imagens (Obras de arte) e objetos antigos, os pequenos têm a possibilidade de ter contato direto com seu histórico-cultural e social comprovado.

Para que a criança tenha melhor entendimento do que é o Museu, Buchmann (1969) parte do conceito de coleção para relacionar as funções do museu com os cuidados que a criança tem quando coleciona seus próprios objetos. Essa ação já demonstra a importância que os pequenos dão ao coletivo, e na comparação como o museu, concretiza as ações desenvolvidas pela instituição.

> As crianças coletam ou ganham peças, como o museu, que recebe doações, deve pesquisar para encontrá-las; elas guardam seus objetos em caixas, potes ou outro recipiente, que podem ficar sob a cama ou sobre o armário, em defesa dos irmãos ou outros curiosos, assim como o museu, que possui sala especial para armazenar seu acervo, tem alarmes e seguranças; limpam suas peças assim como o museu age na conservação; pesquisam dados perguntando ou lendo enquanto o museu faz projeto de pesquisa sobre seus acervos e, por fim, a criança também pode arranjar esteticamente suas peças, seja para mostrar ou somente para seu prazer em arranjá-las e assim vê-las (BUCHMANN, 1969 p. 29).

Quando o educador percebe o ato de colecionar dos alunos e solicita que apresentem aos colegas, segundo Buchmann (1969), impressionam pelas atitudes, pois parecem pequenos doutores, cheios de saber. Esse primeiro contato com as coleções pode ser o primeiro passo para preparar os discentes para uma visita ao museu.

História contada do Museu de Artes de São Joaquim

O Museu de Arte São Joaquim Martinho de Haro (MASJMH) ocupa um espaço (sala) de 86,94m. Sendo 6,30X13, 80 na Casa da Cultura. É mantido pela Prefeitura Municipal de São Joaquim, SC, conta com uma estrutura técnica administrativa da Secretaria Municipal de Educação, Cultura e Desporto e Diretoria Municipal de Cultura. Possui vínculo institucional com a Fundação Catarinense de Cultura – FCC e tem a especialidade Histórico Cultural. A casa da Cultura está situada na Praça Cezário Amarante, S/N. no Centro de São Joaquim, no CEP 88600-00.

Segundo a entrevistada, museóloga Estela Dalva Hugen Machado (2015),

> O Museu de Artes de São Joaquim SC, teve como idealizadora a senhora Nelza Couto Strichert, que foi Diretora de Cultura, Secretária de Turismo Indústria e Comércio, e Presidente do Centro Cultural de São Joaquim. O museu sempre foi um sonho da D. Nelza que foi realizado com a colaboração do colecionador Joaquim Galéte da Silva, que possuía obras guardadas, que foi adquirindo com o tempo nas suas viagens. Alguma Havia ganhado, outra teria comprado e em determinado momento, queria doar o acervo com oitenta e quatro obras que possuía. Entre elas; Portinari, Martinho de Haro, tanto que o nome do museu "a sala" é Museu Martinho de Haro, pelo motivo ser ele um grande artista Joaquinense, mesmo que tenha saído muito cedo de cidade ainda criança, mas sempre levou o nome de São Joaquim. Foi um dos primeiros grandes pintores de nome reconhecido, depois tivemos D. Suzana Bianchini, Tereza Martorano, Iolanda Bathke entre outros. O museu foi inaugurado com todas as obras do acervo do Sr. Galete.
> Na época da abertura do museu, já existia guardada no Centro Cultural, oito obras que pertenciam à prefeitura, com mais as doações do acervo particular do Sr. Galete, Foi o que deu suporte para abrir um museu de pequeno porte como é até hoje. Como esse foi sempre o sonho da senhora Nelza, vem daí a motivação para abrir o Museu de Arte em São Joaquim SC. Todos os painéis foram feitos pela Área Social através da prefeitura. E em noventa e oito ele doou mais sessenta e uma obras que retratam a arquitetura de São Joaquim. As obras foram pintadas por um pintor Hemos, segundo a museóloga, não tem conhecimento deste pintor. Sabe-se que é de Florianópolis, essas obras foram pinturas feitas através de fotos que o Sr. Galete possuía e mandava para que o pintor retratasse por meio da pintura. Essas obras estiveram muito tempo expostas no auditório da Casa da Cultura e foram retiradas porque estavam se estragando, o local não era adequado. Atualmente o museu possui mais algumas obras doadas. Possui também quatro a cinco obras encostada devido à necessidade de restauração, não tem como colocá-las em exposição, a restauração é cara e o museu não possui recursos para tal investimento. O trabalho não pode ser feito por ela, é museóloga e não possui conhecimento em restauração, a função que exerce é de manutenção, limpeza das peças, conservação de documentos, recebimento de doações de obras e catalogação das mesmas (Entrevista realizada com Estela Dalva Hugen Machado em 2015).

Na parte financeira, o museu é vinculado à secretaria de Educação e Cultura. Quando há necessidade, recorre ao órgão por meio de licitação e a referida Secretaria fornece material necessário para a manutenção do museu, pois recursos diretamente voltados para o museu não existem.

> A limpeza é feita manualmente pelos funcionários do museu, que conta atualmente, com três: museóloga, recepcionista e um serviço geral. Para a museóloga, teria que ser um trabalho mais profissional, mas faltam habilitados na área de limpeza das obras (pintura). Há um cuidado especial, sabe-se que não pode haver umidade, o chão não pode ser varrido não pode passar pano nas peças tem que ser limpo com trincha, pincel, tem todo um processo que é diretamente acompanhado pela mesma (Entrevista realizada com Estela Dalva Hugen Machado em 2015).

Público que visita o Museu de Arte de São Joaquim

Conforme entrevista realizada com o recepcionista do museu, com a pergunta: Qual tipo de público que visita o Museu? o entrevistado relatou que "[...] o número maior de visitantes são turistas que passam pela cidade principalmente na temporada de inverno. Quanto ao público escolar, poucas escolas agendam e os moradores do município pouco o visitam" (Entrevista realizada com o recepcionista do Museu de São Joaquim em 2015).

De acordo com o recepcionista, acredita-se que a baixa procura seja por falta de interesse pela parte, pois muitas pessoas não têm o hábito de contemplá-las.

Na sequência, descrevemos dados biográficos da fundadora do Museu de Artes de São Joaquim Nelza e de Joaquim Galéte da Silva e destacamos aspectos da legislação do museu.

Quem foi Nelza Aparecida Couto?

Nelza Aparecida Couto nasceu em São Joaquim, SC, no dia 06 de dezembro de 1955 e faleceu no dia 08 de agosto de 2014. Filha de Suli de Oliveira Couto e Nelza Nunes Couto, possuía como Formação Acadêmica Graduação em Administração e Gestão em Turismo (Currículo Vitae, 2005).

Dona Nelza dedicou-se exclusivamente ao trabalho cultural no município de São Joaquim, SC, onde ocupou o cargo de presidente do Centro Cultural da cidade, entidade sem fins lucrativos que presidiu de 1994 a 2000, um trabalho voluntário, não remunerado. Desenvolveu projetos na área cultural, como exposições de arte, cursos de artesanato, Festivais, oficinas de estudo de resgate da memória do município, oficinas de cerâmica e artefatos.

Foi diretora executiva do Festival de Inverno por sete anos consecutivos, evento que ocorre anualmente no município e tem por finalidade apoiar e desenvolver a cultura local (Curriculum Vitae, 2005).

As atividades que desenvolveu ao longo da sua história demonstram claramente o gosto pela arte e a cultura, exemplo a ser seguido, e deixou sua marca e dedicação sem medir esforços em um trabalho voluntariado que fazia pelo prazer de ter contato com a Arte.

Conforme o Jornal Mural (1997, p. 34), Dona Nelza tinha uma atuação forte na cultura, mas tinha uma preocupação e por várias vezes pensou em desistir do Centro Cultural, desestimulada perante as dificuldades de conseguir recursos financeiros, mas, com o passar do tempo, foi adquirindo experiência e descobriu melhores caminhos para desenvolver seus trabalhos.

> Me sinto realizada com que faço. Não é um trabalho bitolado, mas sim inovador, buscando e criando coisas novas. É diferente de um trabalho formal, se fundi com a vida pessoal e profissional, pois depende de estar em contato com outras pessoas para alcançar seus objetivos (JORNAL MURAL, 1997, p. 34).

Quem foi Joaquim Galéte da Silva?

Segundo a coluna Mural (2000, p. 17).

> Galéte foi um divulgador histórico, cultural e turístico. Nasceu em seis de julho de 1931, faleceu em 27 de junho de 2000. Filho de Prudente Candido da Silva e Candida Palma da Silva, Galete era conhecido por grande parte dos Joaquinense, devido ao seu jeito descontraído de ser.

A coluna do Mural (2000, p. 17) descreve que "Galéte se destacou também pela sua participação na Cultura e na Política. Na década de setenta foi assessor de relações públicas no governo do Estado e em Brasília coordenou a extinta Arena Jovem Nacional".

Pode-se observar, a partir do depoimento veiculado pela imprensa local de São Joaquim, que Joaquim Galéte da Silva ocupava um lugar de destaque no cenário político de Santa Catarina.

Prosseguindo, com base no referido periódico, Joaquim Galete aponta uma ligação de personagem com as artes, ou seja, se tivesse vivido na época do Renascimento, seria classificado como um mecenas. O que de forma análoga podemos considerá-lo como um grande incentivador das artes plásticas de São Joaquim. "Apreciador das artes, Galéte nem imaginava que o seu 'hobby' de colecionar quadros e esculturas de grandes artistas plásticos, catarinenses e brasileiros, mais tarde se tornaria o seu maior legado para a cultura joaquinense na área das artes plásticas" (MURAL, 2000, p. 17).

Galete, como era conhecido popularmente, também esteve presente no meio jornalístico da região e contribuiu com a imprensa de Santa Catarina. Em outubro de 1978, fundou o jornal "Independente", que editou até início de 1979, e durante sua vida redigiu diversos artigos sobre a política, a história e a cultura de São Joaquim para vários jornais catarinenses, principalmente para o Jornal Mural e o Correio Lageano.

> O que se refere a nossa terra temos que saber", esta é uma das frases que Joaquim Galete mais gostava de dizer. Muitos atos de reconhecimento aconteceram em vida, à última foi em 10 de junho, quando foi homenageado com o nome de uma das salas do Museu Histórico Assis Chateaubriand de São Joaquim SC. O objetivo de Galéte com relação ao seu rico acervo, além da criação de um museu, era de publicar um livro sobre a história Joaquinense (MURAL, 2000, p. 17).

Graças ao espírito empreendedor de Joaquim Galéte da Silva, o Museu de Artes de São Joaquim é, hoje, um dos grandes marcos culturais da comunidade, com obras magníficas que agradam aos olhos do público que visita esse museu.

Aspectos Legais do Museu de Arte de São Joaquim?

No que se refere à origem legal do Museu, a câmara de vereadores aprovou e o prefeito Municipal de São Joaquim, SC, Rogério Tarzan Antunes da Silva, no dia 25 de janeiro de 1983, sancionou a Lei Nº 1212, denominando-o "CASA DA CULTURA GOVERNADOR HENRIQUE HÉLION VELHO DE CORDOVA", construída na Praça Coronel Amarante, que posteriormente veio a abrigar o Museu de Arte.

No decorrer de sua história, na metade da década de 1990, a Câmara de Vereadores aprovou e o prefeito Municipal de São Joaquim SC, em exercício, Lauro Sebastião Zandonadi, no dia 11 de maio de 1995, sancionou a Lei Nº 1980/95 que criou o Museu Municipal de Arte de São Joaquim, SC, vinculado e subordinado à Secretaria Municipal de Educação e Cultura.

No ano de 1997, a Câmara de vereadores aprovou e o prefeito municipal de São Joaquim, SC, João Carlos Pagani, sancionou e promulgou, no dia sete de março de 1997, a Lei Nº 2107/97, instituindo que "O Museu Municipal de Arte de São Joaquim, criado pela Lei Nº. 1980 de 11 de maio de 1995" a denominação de "MUSEU DE ARTE MARTINHO DE HARO".

Inauguração do Museu de Arte Martinho de Haro

Nelza Nelza Aparecida Couto (MURAL, 1997, p. B1) relata que:

> O projeto Museu de Arte Martinho de Haro foi elaborado e implantado com um acervo considerado o 3º Museu do Estado de Santa Catarina, contando com obras importantes de Martinho de Haro, homenageado pelo projeto e um dos mais importantes artistas plásticos de Santa Catarina.

A inauguração do Museu de Arte Martinho de Haro em São Joaquim, SC, aconteceu no dia 31 de outubro de 1997. Em uma retrospectiva do jornal Mural (1997), artistas plásticos, pintores, autoridade e convidados especiais lotaram a Casa da Cultura. A proposta de construção de um museu de artes vinha se arrastando há quase dois anos e meio. Em 11 de novembro de 1995, a Câmara de Vereadores aprovou o projeto de lei que criava o Museu de Obras de Artes de São Joaquim, uma batalha da ex-diretora de Cultura, Tereza Martorano, que não conseguiu concretizar durante sua gestão. A causa também foi abraçada por Dona Nelza e o Museu se integrou ao patrimônio cultural do município, enfim um sonho realizado. O Museu possui as mais variadas artes que retratam gêneros como abstrato, cubismo e paisagismo.

> Dentre os mais de 300 convidados para a inauguração, esteve a superintendente da Fundação Francklin Cascaes, Lélia Pereira Muniz, o pintor e escritor Rodrigo de Haro filho de Martinho de Haro, e a gerente de organização de museus da Fundação catarinense de Cultura, Elisabet Neves Pereira. O museu representa mais cultura ao município, possibilidade de acesso às artes plásticas, o resgate cultural e a oportunizar aos jovens conhecer e interpretar a arte. (NASCIMENTO, 1997 p. 1B).

Segundo o Jornal Mural (1997), o Museu de obras de Arte está cadastrado na Fundação Catarinense de Cultura, o que permite a elaboração de projetos para sua reestruturação. Na opinião de Dona Nelza, na época 30% das obras já necessitavam de reparos e o único meio de viabilizar recursos para as restaurações provinha do nível Federal, notadamente do Instituto Nacional do Patrimônio Histórico (INPH).

Ainda segundo Nelza, restaurar uma obra pode sair mais caro que o próprio valor financeiro da obra. Já na época, Dona Nelza entendia que a sala onde passou a funcionar o museu precisava ser reestruturada para funcionar com iluminação, temperatura e reserva técnica adequada às obras.

Os custos estavam estimados em R$ 50.000,00. Esse fato pode ser constatado a partir da visita para a pesquisa, pois realmente o espaço é pequeno, as obras expostas estão acumuladas, muito próximas uma da outra, o que dificulta a circulação entre elas e a contemplação do observador. Quanto ao fator econômico, o valor atual com certeza vai muito mais além do que foi avaliado na época, lembrando ainda a questão da acessibilidade. Pessoas com deficiência terão mais dificuldades na visita e observação das obras, assim, o *Museu terá que ser repensado nessa questão*.

Diferentes obras de artes são encontradas no Museu de artes de São Joaquim. Entre elas, destacamos a obra Pinheiros de Martinho de Haro que deu origem ao nome do Museu. A obra impressiona por trazer imagens de pinheiros, taipas e um cavalo, elementos que deram origem a maioria dos municípios da serra catarinense.

Encontra-se, ainda, no museu, a obra Balsa do "Riolavatudo" que representa um ícone do passado do qual muitas pessoas só ouviram falar, as balsas. No acervo do museu esse ícone está retratado pelas mãos do artista Emus e pode ser visualizada, assim, o observador perceberá a dimensão e a importância que esse meio de transporte teve para o desenvolvimento econômico da época.

Obras que retratam cenas do cotidiano, como das artistas locais Tereza Martorano, *"Outono"*, que retrata uma vida simples no campo, de Iolanda Bathke Campos, com a obra "Macieira", que lembra a economia atual do município, e de Susana Scóss Bianchini com a obra "Nevada na Serra em São Joaquim", um dos principais atrativos turísticos da região.

Outro grande artista joaquinense que o Museu guarda em seu acervo é João Costa. São obras de grande importância para a história até mesmo nacional, como a obra "Princesa Isabel e a Libertação dos Escravos" doada pelos dirigentes do antigo Clube Centro Operário de São Joaquim. A obra "Cristo com o rosto negro", que segundo o entrevistado é provável que seja o rosto do próprio autor. Casas nativas que retratam fielmente como eram as primeiras moradias dos pioneiros que deixaram sua marca na História e na origem do município também estão presentes nessas obras.

Outra obra importante é a de Ivo Silva, "Vista Parcial de São Joaquim". Com essa obra, o observador poderá fazer um comparativo entre o que era a cidade no passado e o que é atualmente e, assim, acompanhar por meio de imagens seu desenvolvimento.

Para provocar a curiosidade do leitor, além das obras citadas do artista reconhecido como Martinho de Haro, encontram-se no acervo obras de nomes reconhecidos Nacional e internacionalmente, como Willi Zumblich, Eli Heil, Guanabara, Candido Portinari entre outros. Existem muitas outras obras que não relacionamos aqui, mas estão citadas no anexo um.

Considerações finais

O projeto de pesquisa realizado no Museu de Artes de São Joaquim é de relevância e pode contribuir para a educação não formal, feita fora dos espaços sistematizados, haja vista a preocupação e a responsabilidade ética com a coleta de dados realizada na referida Instituição.

Acredita-se que principalmente obras criadas por pintores locais contribuem para contar a História Regional e registrar memórias de um passado por meio de imagens expostas no Museu.

Contos e histórias passadas de geração para geração podem ser comparadas e até mesmo comprovadas por meio das obras, que podem ser visualizadas pelos visitantes do Museu, contribuindo, assim, para o desenvolvimento histórico social dos estudantes e do público em geral.

Com esta pesquisa foi possível comprovar lembranças e memórias encontradas nas obras de arte, feitas em pinturas sobre tela e integrantes do acervo do Museu de Arte de São Joaquim Martinho de Haro MASJMH.

A pesquisa partiu da pergunta: como o Museu de arte pode contribuir para a Educação não Formal em São Joaquim? Ao encerrarmos este trabalho, podemos afirmar que os dados coletados respondem à pergunta e que no museu é possível a educação formal e não formal.

Os objetivos foram alcançados e, assim, a partir dessa iniciação, constatamos que a pesquisa não esgota o assunto, mas espera-se que outras pesquisas possam ser trabalhadas por acadêmicos/as, colaborando com a divulgação e a preservação do patrimônio cultural da região de São Joaquim, bem como podem contribuir para com os visitantes no resgate e no exercício da cidadania.

Conhecer e contemplar as obras que estão expostas no Museu de Artes de São Joaquim nos fascinou pela beleza das pinturas que encontramos na ocasião da pesquisa e podemos relatar com orgulho que São Joaquim possui grandes artistas aliado a outros que compõem o acervo.

As obras estão à disposição do público para visitação, de segunda à sexta-feira, das nove às dezessete horas e trinta minutos, e estão ao alcance do olhar do observador para uma apreciação estética e prazerosa em relação à Arte.

REFERÊNCIAS

ANDRADE, E. (coord.). **Ponto de Cultura do Museu Histórico Thiago de Castro – Cultura, Memória e Desenvolvimento**. Caderno do Museu Histórico Thiago de Castro – Museu, Cidade e Educação. – Gráfica e Editora Inês LTDA, Lages – 2012.

BARROS, A. J. P. de; LEHFELD, N. A. S. **Projeto de pesquisa**: propostas metodológicas. Petrópolis, RJ: Vozes, 1990.

BUCHMANN, L. **Com-Junto**: subsídios ao educador na mediação do encontro da criança com a arte. Curitiba: Ed. do Autor, 2013.

COUTO, N. A. **Curriculum Vitae**. Lages 2005 (Mímeo).

MARTINS, L. C. *et al*. **Formação de públicos de museus e centros culturais**. São Paulo: Percebe, 2013.

NASCIMENTO, A. V. **Jornal Mural 2000**. Editora Portfólio: São Joaquim, SC. 2000.

NAVAS, A. M.; CONTIER, D.; SOUZA, M. P. C. de. **Que público é esse?** Disponível em: http://percebeeduca.com.br/que-publico-e-esse-formacao-de-publico-de-museus-e-centros-culturais/#.VO-fu5RdU80. Acesso em: 26 fev. 2015.

ROSCHINI, B. Museus Vitrines Vitais da Memória. **Vitrines da história**: a passagem do tempo nos museus de Santa Catarina/Editado por Tarcísio Mattos – Florianópolis: Tempo Editorial, 2005.

A ARTE DA CERÂMICA NA EDUCAÇÃO BÁSICA COM O ARTISTA CATARINENSE JOSÉ CRISTÓVÃO BATISTA

Fabiana Marques da Rosa

A arte da cerâmica na educação básica vem expressando suas crenças, ideias, capacidades, desejos, culturas e influências, talvez até por isso ela seja um exemplo de desenvolvimento harmonioso para que os alunos fiquem mais informados de que a história de nosso país também pode ser contada por meio dessa tradição. Isso contribui para que os alunos a arte da cerâmica como importante alicerce da educação e saibam que todas as artes contribuem para a maior de todas as artes, a arte de viver. Isto posto, o como objetivo deste artigo foi estudar a arte da cerâmica com alunos da educação básica a partir das obras do artista José Cristóvão Batista, bem como conhecer a vida e obra do artista e identificar as características históricas da arte com cerâmica, suas tradições, seus valores e sua importância cultural no planalto serrano para refletir sobre as manifestações artísticas na cultura dos alunos da educação básica.

Trabalhar a arte da cerâmica com os alunos requer habilidades e coerência. O uso da argila em sala de aula por meio das técnicas do artista José Cristóvão Batista foi muito bem aproveitado pelos docentes, pois eles puderam conhecer as obras desse artista.

José Cristóvão Batista era conhecido e admirado em outros estados do Brasil é um orgulho saber que este artista lageano fez sucesso para além do lugar onde viveu, pois, nem mesmo no local que escolhido para produzir suas criações artísticas ele foi admirado.

O artista José Cristóvão Batista (1959) acabou gostando e se dedicando à arte da escultura desde quando ele era criança e produzia seus próprios brinquedos de barro. Fazendo brinquedos, ele retratou os símbolos da região na cidade de Lages, SC. Ele fez o homem do campo, cavalo e outros animais. Segundo comentário do próprio artista,

> O forno de tijolo feito por meu pai não servia apenas para assar os pães que minha mãe fazia, servia também para secar os brinquedos que construímos com barro. Brinquedos eram raros, então tínhamos que construí-los com as próprias mãos. O cavalo de madeira, os carrinhos, as vaquinhas, bonequinhos, as mercadorias que usávamos para brincar de tropeiro ou de bodegueiro. A gente catava tudo o que achava, o arame servia para

confeccionar as foices, machado, facão, enxada e lança. [...] O barro servia para fazer as tropinhas e mercadorias da bodeguinha, tatuzinho, e outros bichos que conhecíamos. Algumas vezes meu pai extraia mel de mirim e a cera que parecia uma massa para modelar, servia para fazer várias brincadeiras (JOSÉ CRISTÓVÃO BATISTA, s. d.).

Quando ele deixou a localidade onde nasceu, Serra Grande, em Ituporanga, SC, mudou-se para Lages. O artista lembra o sentimento de profunda tristeza vivido naquele tempo, dizendo: "Nessa época, um grande vazio invadia minha existência, porque apesar do mundo novo, o afastamento do interior, nos afastou do barro e tudo o mais que tínhamos para construir nossos brinquedos" (JOÃO CRISTÓVÃO BATISTA, s/d).

Os sonhos e a criatividade deste artista sempre lhe falavam mais alto. Aos quatorze anos de idade, mesmo trabalhando em um supermercado, encontrava tempo para exercer sua vocação, desenvolver sua atividade, fosse no desenho, na pintura ou entalhando, ou, ainda, confeccionando o próprio material necessário para desenvolver suas técnicas. Segundo o próprio artista, foi na olaria do Sr. Hercílio Melegari, "[...] o meu primeiro contato mais profissional com a escultura. Esculpi algumas carrancas, mas a dificuldade de buscar o material (barro) e posteriormente levar e buscar depois da queima, me afastou da escultura" (JOÃO CRISTÓVÃO BATISTA).

Adulto, o artista passa a pintar quadros com temas da paisagem serrana, no entanto, logo a abandona pela dificuldade de comercialização do que produzia. Segundo ele:

> Não conseguia ver a luz no fim do túnel, nem mesmo o óbvio que passava pelas trapaças da vida, pois neste tempo difícil, mas tão generoso que me tornava cada dia mais duro, me restava apenas a fé em Deus, e em meu enorme pensamento positivo. Fé que embolada pela necessidade de vencer, lapidou aos poucos, meu modo duro como aprendera ver o mundo, as coisas do mundo, as pessoas do mundo (JOÃO CRISTÓVÃO BATISTA).

Entre desistências e recomeços, Batista jamais abandonou seus sonhos. A sua inspiração já havia nascido com ele, somente o tempo e as dificuldades reafirmaram a sua paixão pela arte e continuou a produção artística em paralelo ao seu trabalho. Foi morar na cidade de Tubarão (SC), onde conheceu um oleiro e teve a oportunidade de pesquisar as variedades de argila daquela região. Trabalhava doze horas por dia e, nos finais de semana e à noite, esculpia e confeccionava artesanato sobre o folclore da Ilha de Florianópolis, SC. Fez várias exposições na casa de cultura daquela cidade, onde conheceu Willi Zumblik.

Participou da Fundação da Associação dos Artesãos e Artes Plásticas de Tubarão e na época, ganhou a primeira divulgação no jornal e na emissora de rádio local. Porém, não se sentia feliz, vivia angustiado, pois não podia expressar totalmente seus sentimentos através da arte e isso, segundo ele, lhe fazia muito mal, pois vivia submisso a vontade dos outros. Como ele afirma:

> Hoje, 20 de janeiro de 1990 prometi a mim mesmo [...] após ter trabalhado exaustivos anos resolvi que daquela data em diante ninguém mais ia dirigir meus passos. Ia fazer da minha vida meu roteiro, minha história conforme minha vontade com a ajuda de Deus precisava fazer o que gostava (JOÃO CRISTÓVÃO BATISTA, s/d.).

Nessa data, a arte ganhava mais um discípulo: o artista tomou a decisão de trilhar por esse caminho, sabia dos muitos obstáculos a vencer, mas os enfrentaria pelo amor à arte.

Batista resume sua paixão pela arte como um poeta expressa sua paixão em verso:

> A verdadeira arte não deve ser apenas uma impressão psicográfica do ego, do subconsciente ou marcação de território na autoafirmação em busca de um título. Acima de tudo a arte deve ser embasada no conhecimento, no talento e na paixão pela vida. A verdadeira arte é a sensibilidade de saber, o ideológico do trabalho realizado em benefício da humanidade (JOÃO CRISTÓVÃO BATISTA, s./d.).

Esse amor e realização pessoal estão demonstrados nos monumentos espalhados pela cidade de Lages e outras do Estado de Santa Catarina, além do Rio Grande do Sul, Paraná e São Paulo. Em Lages, destaca-se uma série de monumentos que buscam resgatar parte da história e da cultura lageana.

O Monumento aos Migrantes, que simboliza a bravura e o empreendedorismo italiano que aqui chegou trazendo desenvolvimento para a cidade.

O Monumento a Nereu Ramos, localizado no calçadão da Praça João Costa, é uma homenagem ao lageano que foi presidente da república.

O Monumento Carro de Molas, em concreto armado e implantado no centro de uma piscina com chafariz, medindo 90 metros de comprimento, está no centro da praça do terminal principal de transportes urbanos de Lages. O Monumento À bíblia é constituído por uma bíblia de 2 metros esculpida em metal e está na Praça Joca Neves.

O monumento Boi de Botas, localizado na Av. Caldas Junior – acesso Sul da cidade, fez referência ao povo serrano que, por razões históricas, recebeu a alcunha de Boi de Botas. Conforme a história, durante a guerra Farroupilha que durou dez anos, heróis anônimos marcaram sua valentia e a história de Lages.

> Em 1839, aqui formaram um pelotão de cavalaria, que seguiu serra a baixo, para o combate que objetivava a tomada de Laguna. Ao lado dos farrapos, lutaram Giuseppe e Anita Garibaldi. Em pleno combate, os canhões e carroções puxados por bois, atolaram na lama e foram retirados à força pela comitiva lageana, o que provocou o comentário do comandante David Camoborro ao Coronel Serafim de Moura que chefiava a expedição: Seus soldados se portaram com tal bravura e força como se fossem verdadeiros bois de botas. Em vista do civismo e bravura que originou a alcunha de Boi de Botas que é um sinônimo de heroísmo, do qual se orgulham os lageanos (CORREIO LAGEANO, s./d.).

O monumento O Tropeiro está localizado em frente ao Parque de Exposição Conta Dinheiro, na Av. Luis de Camões. Esse monumento foi construído em homenagem aos tropeiros paulistas que cruzaram o planalto serrano no início do século de povoação de Lages.

Esta pesquisa com certeza irá nos ajudar muito, enquanto docentes, principalmente, por poder trabalhar as obras do artista de nossa região, resgatando a cultura lageana e suas tradições.

É um orgulho para nós lageanos ter este artista, José Cristóvão Batista, como escultor famoso, conhecido em vários lugares. Aqui na cidade ele é pouco conhecido, eu mesma não sabia que ele existia, admirava as esculturas na cidade, mas achava que não fosse ele o autor. Pensava, comigo, "nossa, este artista é mesmo um gênio". Só fiquei sabendo que ele existia por meio de uma visita com a Profa. Nanci à casa do próprio artista. Fiquei admirada quando vi algumas obras que ele estava esculpindo, e nesse dia fiquei sabendo que ele era o verdadeiro artista por trás daquelas obras da cidade. Mas, sem dúvida nenhuma, irei levar suas obras, a vida e a história dele e sua trajetória para sala de aula e falar um pouco mais deste artista simples e tão talentoso que reside aqui, nesta cidade de Lages. E se tiver a oportunidade, levarei a turma para uma visita a sua casa, porque, como ele disse, "[...] as portas da minha casa estarão abertas para quem quiser me visitar e saber um pouco mais sobre José Cristóvão Batista" (JOSÉ CRISTÓVÃO BATISTA, s/d).

REFERÊNCIAS

BATISTA, J. C. J. C. Batista escultor. **Blogspot**. Disponível em: http://jcbatistaescultor.blogspot.com/

CORREIO LAGEANO. Lenda boi de botas. **Portal Lageano. Correio Lageano**, Lages-SC, s./n., s./d/. Disponível em: http://www.portallageano.com.br/lages/folclore-boi-de-botas

SANTA CATARINA. **Lages. SC Turismo**, 09 jul. 2019. Disponível em: https://www.scturismo.com.br/lages/

HISTÓRIA DA VIDA E OBRA DE ROSA WERNER

Geise Aparecida Antunes
Nilceia dos Santos Amaral

O trabalho foi desenvolvido para obtenção do grau de licenciatura em Artes Visuais (FUNDES), com a ideia de pesquisa do projeto comum sobre artistas da região do Planalto Catarinense. Decidimos então que nossa pesquisa trataria sobre Rosa Werner e a arte *naif*, que, para muitos, ainda é pouco conhecida. Este registro do resgate cultural da população lageana tem como intuito valorizar o trabalho da artista que se faz presente em nossa cidade.

Acreditamos que enquanto educadoras da área de artes a pesquisa nos ajudará a buscar elementos contextualizados para facilitar aos alunos a compreensão e o conhecimento da cultura regional.

Por meio desta pesquisa fazemos um resgate da cultural lageana. Com certeza contribuirá com a formação cultural de nossos alunos e ajudará outros educadores que precisam de um embasamento teórico. Com este estudo pretendemos resgatar valores culturais de nossa região através das obras de Rosa Werner.

A arte *naif* de Rosa Werner resgata histórias de vida não só da pintora, mas a de muitos lageanos e a arte *naif* traz o enriquecimento de artistas autodidatas sem necessidade de frequentar cursos, pois tudo é muito natural e a memória é o principal recurso para a criação da obra. Salientamos também que a arte *naif* ou "ingênua" representa a arte popular brasileira.

A arte *naif* é pouco explorada em sala de aula e talvez um dos problemas seja a falta de acesso a este conteúdo ou a falta de reconhecimento deste estilo e, nesse contexto, pensar quais as contribuições que a história da vida e das obras da artista Rosa Werner trazem para a população lageana. O resgate da vida e das obras de Rosa Werner facilita a compreensão dos alunos para com o estilo e o entendimento sobre a artista, pois ela está inserida em nosso contexto social e cultural. Através deste conhecimento, buscamos um resgate da história da vida e das obras da artista para a contemporaneidade, valorizando-a.

Nesse processo de entendimento sobre a arte *naif* também é importante conhecer as obras de Rosa Werner e seu processo de criação, ou seja, sua poética.

Fazer pesquisa sobre a artista lageana Rosa Werner com certeza resgatará valores culturais da população lageana, os quais esperamos sejam cultivados e que se respeite os artistas que se fazem presente em nosso cotidiano, como a artista Rosa Werner.

O resultado esperado é contribuir para que educadores e educandos tenham neste mais um registro artístico para enriquecer ainda mais as aulas de arte e valorizar nossa cultura e nossas tradições.

Arte *naif*

Segundo Costa (2004), o conceito de arte *naif* é originário da França, significando ingênuo. No Brasil, é definido por arte primitiva, ingênua, *naif* ou arte popular. O estilo pertence à pintura de artistas autodidatas sem formação sistemática, as expressões não se moldam ao estilo acadêmico, nem as tendências de estilo moderno, mas é considerada parte da arte popular, significando a arte da espontaneidade e da criatividade autêntica.

> Trata-se do artista ingênuo ou naif, aquele que, sem ter tido escolaridade artística e sem acesso aos círculos dos artistas profissionais ou aos equipamentos eletrônicos da atualidade profissionalizam-se, utilizando técnicas tradicionais, aprendidas de forma indutiva (COSTA, 2004, p. 65).

Quando se diz que o artista "primitivo" opera como se fosse o primeiro a aparecer na terra, isso traduz uma retórica que se usa para assinalar a liberdade dele face aos esquemas da tradição e da cultura artística dominante. Traduz a possibilidade de instaurar um repertório inesperado de imagens visivas que produz o artista quando verte a realidade que o banha ou sua própria condição de fantasista.

Há também nessa cultura de aparentes raízes populares um sotaque que escapa à verdadeira língua do povo, mais "bruta" e inteiriça. Tal sotaque passa pela complexidade das versões individuais. Mais do que isso, há quase tantas tensões quanto são os verdadeiros artistas ingênuos. Os artistas *naifs* são autodidatas, tudo é nato, não precisam de cursos acadêmicos para suas criações nem usam somente as telas como suporte.

> Sendo um dos aspectos da cultura, a arte deve ser estudada e compreendida em termos de sua posição no contexto cultural e global. Isso é valido tanto pra arte primitiva quanto para as artes das modernas civilizações (MARCONI, 1998, p. 2006).

O artista popular conserva uma integridade ideológica. Ao artista *naif*, que se achega a uma extremidade ou a outra da linha, não poucas vezes é inerente o gosto pequeno e burguês. Outras vezes ele procura incorporar uma ideologia de imagem própria da elite, que traduz seu desejo de aparentar sua expressão com a linguagem produzida no circuito dominante e, portanto, modelar. Até a crítica social, que parecia domínio das esferas cultivadas, pode comparecer na pintura ingênua. É, portanto, a arte *naif* uma arte de deslocamentos, atraída por mais de um sistema de valores. A seu modo, essa arte, como as demais, produz-se como reflexão sobre o mundo, mas o próprio dela é não ser absolutamente próprio. Como quer que seja, documentação do desejo, a grande fiança dessa problemática unicidade é a própria razão do produzir-se característica de uma arte capaz de ser ao mesmo tempo local e universal.

Na arte *naif* cada pintor e obra são únicos, por isso não há uma coletividade de artistas *naifs*. O que os une são as diversas expressões de produzir minuciosas linguagens na arte ingênua. Frota (1978, p. 8) afirma que nos anos 1950, no Brasil, o crítico Flavio de Aquino definiu a natureza da arte dos pintores *naifs* como sendo a nossa historiografia.

Rosa Werner

Segundo o site do Museu Tiago de Castro, Rosângela Werner Barp, artisticamente conhecida como Rosa Werner, nasceu no dia 04 de novembro de 1960 em Lages, Santa Catarina. Cursou desenho e pintura com o Professor Moacir Ramos, iniciou na pintura no estilo acadêmico. Com a arte *naif*, Rosa Werner passa a expor suas obras coletivamente e individual e a ter participações em salões de arte.

Segundo uma reportagem do jornal Correio Lageano, a artista Rosa Werner diz que não costuma fotografar nem mesmo filmar algo que lhe é inspiração. "Eu não costumo fotografar nada. Apenas pinto as imagens que ficam guardadas na minha memória. É por isso que a arte *naif* é nata da pessoa", ou seja, "vem da memória, das lembranças de uma vida, é o fluir artístico mais puro, aquele que você expressa retirando lá do teu pensamento as lembranças e passa para as telas com clareza".

Em uma visita da artista à nossa turma, soubemos que ela passou sua infância morando com seus avós em uma fazenda e, como podemos perceber, suas obras estão ligadas a essas lembranças de fazendas. A arte *naif* é isso, traz a realização de pinturas vivas e resgates memoriais da mesma e esse contexto é a poética das obras da artista. A estética, o "belo", está nos olhos de quem pinta e nos de quem observa atentamente e sentimentalmente. Podemos dizer, também, que as obras de Rosa Werner têm intenção, não estão ao acaso, como pudemos perceber. Em nossa cultura, está presente nas obras quando vemos casas de fazendas, quando as vejo, por exemplo, lembro da minha casa quando criança. Essa era a lembrança de Rosa Werner e a de muitos quando observam suas obras.

Leitura de imagem

Com a leitura de imagem podemos compreender melhor a obra e o propósito do artista. Acreditamos que enquanto educadoras devemos pesquisar e entender a obra para, assim, levarmos à sala de aula. Nossos alunos precisam ser instigados não só pela obra em si, mas pelo seu feito, suas formas, o conhecimento estético que ela possui.

Segundo a revista Univille, num primeiro momento, é o professor que potencializa pelos estudos e pela formação de hábito de leitura de imagem a sua junção com ela. Ao observarmos uma obra, é importante fazer uma leitura de imagem para entendermos alguns porquês. Enquanto educadores, precisamos nos aprofundar e ter um conhecimento técnico da obra apresentada, pois é nosso dever passar esse conhecimento para nossos alunos, facilitando o entendimento e aproximando com a criação e o artista, com o contexto social e sociocultural de nossos alunos.

Destacamos duas obras de Rosa Werner para observarmos e fazer uma leitura de imagem. As obras de Rosa Werner fluem de lembranças, de viagens, vivências, enfim.

Paisagem de uma vila num dia de nevasca

Observamos nesta obra um dia de muito frio, flocos de neve caindo, casas com chaminés saindo fumaça e crianças brincando sobre o chão coberto de neve. Há uma harmonia entre formas e cores, casas coloridas transmitindo aconchego e a vida familiar. Também as araucárias deixam uma marca do nosso planalto. A natureza e o homem vivendo em um ciclo de harmonia e paz. Segundo relatos da artista, essa obra nasceu em uma viagem a São José do Cerrito. Era um dia de muito frio e o que encantou a artista foi ver crianças brincando, com pais caminhando sobre a neve, todos bem agasalhados, assim, a cor das vestes traz o aquecimento, "[...] era assim que me sentia quando criança na companhia dos meus avós".

Morro Grande

Observamos nessa obra a essência da vida, a natureza exuberante, o verde se destacando entre as cores, lá no fundo o azul de um céu radiante, crianças e adultos andando na grama limpa, sem poluição, sem lixo, o homem em contato com a natureza, lembrança de uma cidade bem cuidada, sem os maus tratos do homem. As casas coloridas, cheias de vida e harmonia, as araucárias com suas barbas mostrando sua presença há décadas, também as flores enfeitando os belos campos do morro. Segundo a artista, essa obra é uma volta ao passado. A paisagem retrata o Morro Grande, em Lages, em 1969: "Da casa da minha avó eu enxergava toda aquela região, ainda com poucas casas, essa situação ficou na minha memória". Entre tantas, essa é mais uma das ricas memórias da artista.

Conforme Barros (2002), o pesquisador deverá fazer o traçado do caminho, selecionar as principais estratégias para a efetivação do projeto de pesquisa.

Segundo Chizzotti (2001), o uso da história de vida como meio de pesquisa tem uma evolução crescente. A história de vida procura superar o subjetivismo impressionista e formar o estatuto epistemológico, estabelecer as estratégias de análise do vivido e constituir-se em meta de coleta de dados do homem concreto, ou seja, quando escrevemos algo sobre alguém coletamos dados desta pessoa e temos um propósito. Este tende a romper com a ideologia da biografia modelar de outras vidas para trabalhar os trajetos pessoais no contexto das relações pessoais e definir como relatos práticos das relações sociais.

A história de vida e de obras da artista Rosa Werner nos traz emoção, é um exemplo de mulher para nossa cidade. Ao vermos algumas de suas obras, percebemos sua história contada através delas. O estilo adotado por Rosa Werner é um estilo "primitivo" que, com todos os percalços, permanece um nicho indisfarçável e quase autônomo do fazer artístico.

Considerações finais

Pelos dados da pesquisa podemos dizer que a arte de Rosa Werner não é apenas uma simples pintura. Ela tem sentimentos e vida própria. É o resgate de uma memória repleta de sentimentos, composições criativas e equilibradas com um realismo de vivências da artista.

Conhecer a arte *naif* de Rosa Werner foi muito importante para nós, acadêmicas, e para o resgate artístico de nossa cultura lageana. Tratamos essa questão também como importante para a população brasileira, pois a arte *naif*, "ingênua", no Brasil, é conhecida como arte popular brasileira.

A história da arte nos possibilitou diferentes olhares em relação à história artística do Brasil à arte *naif*, que nos era pouco conhecida, e agora sabemos que é arte popular brasileira, então, este é mais um motivo para cultivarmos e resgatarmos essa história. Agora, na arte *naif*, vemos tudo mais colorido e imaginamos que vivência levou tal artista a fazer determinada obra e isso nos instiga. Do mesmo modo, esperamos que instigue também a curiosidade de nossos alunos para que, com uma interpretação de sentimentos e sensações diferentes, sejamos mais criativos e vivos no mundo das artes.

Podemos analisar as obras de Rosa Werner como arte que traz o frescor de paisagens e o registro da memória da artista de viagens e vivências, realmente é assim que somos, guardamos nossas lembranças em álbuns, vídeos etc., mas a artista Rosa Werner guarda as suas em formas artísticas e criativas, tornando-se um suporte memorial e artístico.

Nas leituras das imagens das obras de Rosa Werner as características das figuras são ingênuas, com cores intensas, originalmente figuras regionais relacionadas à origem da pintora. Concluímos que o maior valor que a arte *naif* transmite é a conexão entre pintor e obra.

Com os autores citados, conseguimos compreender melhor a arte *naif* e ter um embasamento teórico mais aprofundado. O que foi difícil neste trabalho foi encontrar a história da artista e suas obras, por isso, nos baseamos bastante em uma visita que a artista fez em nossa turma em 2012, também em entrevistas e reportagem que a artista fez para jornais da região, o que nos permitiu realizar este trabalho.

Acreditamos que com o passar do tempo e levando a arte *naif* e a artista para a sala de aula conseguiremos alcançar os nossos objetivos e resgataremos, juntos com nossos alunos, a nossa cultura, enriquecendo-a cada vez mais. Além disso, também conhecendo e explorando esse estilo de arte brasileira para valorizarmos a arte presente em nossa região e no país.

REFERÊNCIAS

ARCHER, M. **Arte contemporânea**: uma história concisa. São Paulo: Martins, 2001.

AUMONT, J. **A imagem**. Tradução: Estela dos Santos Abreu e Claúdio C. Santoro. 9. ed. Campinas, SP: Papiro, 1993.

BARROS, A. J P. de. **Projeto de pesquisa**: propostas metodológicas. 13. ed. 2002.

CHIZZOTTI, A. **Pesquisa qualitativa em ciências humanas e sociais.** Petrópolis, RJ: Vozes, 2006.

CORREIO LAGEANO. Disponível em: WWW.clmais.com.br/informação/140949/?old.

COSTA, C. **Questões de arte**: a arte do belo, da percepção e do prazer estético. 2. ed. São Paulo: Moderna, 1999.

DEMO, P. **Pesquisa**: princípio científico e educativo. São Paulo: Cortez, Autores Associados.

FROTA, L. C. **Mitopoética de 9 artistas brasileiros**: vida, verdade e obra. Clarival do Prado Valladares. Rio de Janeiro, R. J.: Funarte, 1978.

GIL, A. C. **Métodos e técnicas de pesquisa social.** São Paulo: Atlas, 1999.

MARCONI, M. A.; PRESOTTO, Z. M. N. **Antropologia**: uma introdução. 4. ed. São Paulo: Atlas, 1998.

MUSEU TIAGO DE CASTRO. Disponível em: Mtclages.blogsport.com.br/2009/01/signos-no-naif-rosawerner.html.

PAREYSON, L. **Os problemas da estética.** Tradução: Maria Helena Nery Jarcez. São Paulo: Martins Fontes, 1984.

REVISTA Univille. **Arte e arte na educação.** Santa Catarina, Joinville, 2003.

SANTA, R.; NEREIDE, S. **Arte educação para professores**: teorias e práticas na visitação escolar. Rio de Janeiro: Pinakotheke, 2006.

SILVA, E. L. da; MENEZES, E. M. **Metodologia de pesquisa e elaboração de dissertação**. 3. ed. ver. atual. Florianópolis: Laboratório de Ensino a Distância da UFSC, 2001.

CLÊNIO SOUZA E A ARTE MODERNA NO MUNICÍPIO DE LAGES

Geandria Corrêa
Lurdes Caron

Introdução

Este trabalho é parte de um projeto maior desenvolvido na disciplina de Pesquisa e Prática Pedagógica (PPP), que possui como tema História Artística Cultural Do Planalto Catarinense: Um Olhar Para o Futuro e foi realizado pelos acadêmicos de Artes Visuais e de Música do Curso do Fundo de Apoio e ao Desenvolvimento da Educação Superior (FUMDES) sob a orientação e iniciativa da Profa. Dra. Lurdes Caron.

Tendo em vista que o presente estudo visou colaborar com o tema do projeto mencionado, este consistiu numa pesquisa sobre um artista que iniciou e desenvolveu a maior parte de seu trabalho na cidade de Lages[1].

A modalidade de pesquisa e registros biográficos no campo das Artes Visuais é numerosa e extremamente relevante, pois oferece à sociedade, aos artistas em geral, aos estudantes da área e aos educadores informações essenciais para o desenvolvimento de atividades relacionadas ao artista e oferta, ainda, o conhecimento imprescindível dos contextos específicos em que este esteve inserido em épocas passadas, bem como ajuda a pensar a relação de seu legado artístico com a contemporaneidade.

Esta pesquisa envolve conceitos e manifestações da Arte que perpassam um período de tempo específico e que exigem um conhecimento prévio para melhor compreensão dos acontecimentos que incidiram sobre o objeto de estudo.

Aqui, a pesquisa está centrada em Clênio Souza e a Arte Moderna em Lages. Portanto, destacam-se considerações acerca do modernismo a partir do final do século XIX, relembrando importantes manifestações da Europa ao Brasil a fim de proporcionar uma compreensão a respeito das influências que o artista pesquisado sofreu, bem como permitir-se entender a Arte Moderna em Lages no século XX.

---

1 Lages é um município atualmente com 180.125 habitantes com 2.631.504 Km², sendo o maior do Estado de Santa Catarina em extensão territorial. A temperatura média é de 14,3 °C e o Produto Interno Bruto (PIB) de 2,97 bilhões. O município, no passado, tinha por principal atividade a pecuária, hoje o setor da indústria ocupa 60% da movimentação econômica através das produções no ramo têxtil, metal mecânico, alimentício e de tecnologia. Porém a pecuária ainda é expressiva sendo uma grande produtora de gado do sul do país, conforme Lages, 2015.

Serão mencionados artistas, movimentos, eventos e grupos relacionados às artes plásticas em detrimento de outros por não ser possível um aprofundamento da história da arte, por isso, como explicitamos, prioriza-se a recordação. Não se descarta, contudo, a importância de demais acontecimentos e manifestações.

A problemática insere-se ao pensar a produção e relação de Clênio Souza com o cenário das artes plásticas no município de Lages-SC com enfoque sob o moderno. Seu nome e as fotografias de suas obras são conhecidos por muitas pessoas, e comumente alguma menção com caráter de homenagem surge em artigos no jornal, em revistas, publicações em livros e principalmente na *internet*.

Com isso, levantou-se o problema: Qual o cenário das artes plásticas no município de Lages no XX e qual a contribuição de Clênio Souza para a Arte Moderna neste local e contexto?

Pesquisar dados biográficos sobre o artista mencionado, verificando sua contribuição para as Artes plásticas no município de Lages-SC com enfoque sob o modernismo artístico consiste, portanto, no objetivo geral da pesquisa. Sendo os específicos: Conceituar moderno; identificar as manifestações do modernismo artístico na Europa, em Santa Catarina e no município de Lages; descortinar aspectos do trabalho artístico de Clênio Souza e relacioná-los ao cenário local.

É indispensável ressaltar que não se pretende definir nem limitar a obra e atuação de Clênio sob os parâmetros modernistas e sim encontrar características de possíveis influências e correspondências suas com a tendência. A compreensão de moderno explicitada aqui será discorrida mais à frente e é fundamental de ser revisitada ao longo da leitura.

A pesquisa é de natureza básica e possui abordagem qualitativa. Adotou-se procedimento de análise documental, bibliográfica e estudo de caso. É, ainda, historiográfica, envolvendo aspectos locais e pesquisa documental em museus e arquivos de espaços culturais. O auxílio metodológico dessas modalidades foi encontrado em Oliveira (2012), Souza (2009), Gil (1999), Lakatos e Marconi (1993) e Chizzotti (2001).

As hipóteses da pesquisa giram em torno de que a produção do artista Clênio seja numerosa e representada por meio de várias linguagens, passando pelos estilos regionalista, expressionista e surrealista que dialogam com o modernismo artístico e o lançam à notabilidade como artista da região de maior projeção a nível estadual no campo de sua proposta.

Considerações acerca do termo "modernismo"

As divisões servem para facilitar o entendimento teórico e, muitas vezes, acabam por comprometê-lo na falta de textos que discorram coerentemente sobre a questão. Existem perspectivas e momentos distintos acerca de modernismo que não podem ser confundidos. Silva (2001 *apud* HARVEY, 2002, p. 35) resume em quatro significados:

> O primeiro está relacionado ao estudo etimológico, em que a modernidade significa novo (modus + hodierus). A segunda ligada ao aspecto estético, no qual se chama a atenção para o modernismo (culto ao novo), movimento modernista ocorrido no século XX. Essa perspectiva refere-se às artes, posto que o período moderno na filosofia ocorreu no século XV – XVIII. A outra perspectiva está vinculada à dimensão sócio econômica, que diz respeito à modernização – ao predomínio técnico industrial. Já o quarto e último modo de se ver o significado de modernidade se refere ao aspecto cultural, cujo marco é o iluminismo, que trouxe para o centro o homem, a razão e a liberdade.

A modernidade cultural tem seu início, para alguns historiadores, especificamente em 1453 com a conquista de Constantinopla pelos turcos. Outros estudiosos relacionam esse marco com as expedições de Colombo à América ou ainda com a viagem de Vasco da Gama às Índias. O seu final teria se dado com a Revolução Francesa no final do século XVIII.

As Artes Plásticas nesse período são popularmente conhecidas pelo Renascimento que, aliás, se estendia às outras áreas. Também houve o início e grandes manifestações do Barroco e do Maneirismo.

Costumam ser chamadas de modernistas, na arte, as manifestações de vanguarda da primeira metade do século XX. Tais manifestações receberam essa denominação por terem em comum rupturas com o passado e constantes inovações.

É esse moderno, portanto, que será tratado neste artigo, ainda considerando que mesmo com o início do que muitos historiadores chamam de Arte Pós-Moderna e Contemporânea, o modernismo em sua essência e no conjunto de características por esse ângulo de vista continua a existir na prática e a ser assim designado em sua abordagem teórica.

Assim, é de suma importância, ao pensar movimentos artísticos, considerar que as linhas existentes entre um determinado estilo e outro são tênues, principalmente no que diz respeito às vanguardas artísticas que iniciaram no final do século XIX e se estenderam pelas décadas seguintes.

Também é imprescindível avaliar a possível compreensão do artista ante sua arte, já que são recorrentes as nomenclaturas, tais como os "ismos" surgirem após a execução das obras, sem possibilidade do consentimento daqueles que as produziram.

Final do século XIX e o vislumbre de grandes mudanças

O presente trabalho reuniu informações acerca da vida e obra de um artista local e o entendimento da situação da arte moderna no município de Lages no século XX. Para perseguir tal problema, foi necessário relembrar aspectos importantes do movimento moderno em âmbito mundial, em seu tempo e espaços de maior incidência, para, então, situar-se no cenário das artes plásticas em Lages a partir da segunda metade do século XIX.

Para uma compreensão mais profunda de qualquer tema é necessário historicizar-se, conhecer as origens do estabelecido para aproximar-se tanto quanto puder de sua forma.

Refletindo isso, Jayme (1973, p. 43) comenta que:

> Na realidade, a História, mais que uma simples sucessão de estados reais, é parte integrante da realidade humana. A ocupação com o passado é um ocupar-se com o presente. O passado não é apenas lembrança, mas sobrevivência como realidade presente. As realizações artísticas dos antepassados traçam os caminhos da arte de hoje.

Estudar a história da arte aproxima-se ao suficiente quando aliada às outras ciências de sua especificidade. Num momento de intensa mudança social e econômica, em plena Revolução Industrial, é que surgiu a vontade de inovar nas Artes. Havia, no final do século XIX, um forte incômodo para críticos e artistas em relação à arquitetura.

Conforme Gombrich (1950), as residências, bem como fábricas e demais projetos, eram construídos com impensada rapidez, de modo que lhes fossem postas as funções básicas para, então, ornamentar suas fachadas à moda clássica, atitudes que alguns consideraram despropositadas para o momento.

Vista a necessidade de buscar mais consciência e significado, os críticos passaram a considerar valioso o trabalho de um arquiteto belga chamado Victor Horta (1861-1947), que trazia um estilo absurdamente novo, incorporado à Art Nouveau.

A atmosfera de contradição àquela arquitetura entendida como irresponsável e preocupante atingiu jovens artistas das diversas linguagens das Artes Visuais, "Contudo é importante entendermos as suas raízes, pois foi a partir desses sentimentos que se desenvolveram os vários movimentos a que hoje se dá usualmente o nome genérico 'Arte Moderna'" (GOMBRICH, 1950, p. 536).

Para muitos teóricos, o Impressionismo foi o marco inicial do Modernismo. Proença (1994, p. 207) afirma que este "foi um movimento artístico que revolucionou profundamente a pintura e deu início às grandes tendências da arte do século XX", porém Gombrich (1950) alerta que apesar dos impressionistas terem rompido com os padrões vigentes nas academias (direcionados ao chamado "academicismo" pela literatura), ainda tinham o propósito de copiar o mais fielmente possível a realidade. Seus métodos técnicos foram inovadores, mas não o bastante para suscitarem mudanças mais radicais como o fizera a Art Noveau, que no Brasil persistiria por mais tempo.

No Brasil, Dom Pedro II estimulava a cultura artística conservadora com a supervalorização do academicismo incorporado às tendências neoclássicas vindas com a Missão Francesa. Porém, artistas como Almeida Júnior (1850-1899), Belmiro de Almeida (1858-1935), Eliseu Visconti (1867-1944) e Benedito Calixto (1853-1927) foram os que obtiveram êxito nas técnicas do estilo e rumaram à Europa.

O contato com impressionistas e pontilistas influenciara-os profundamente, foi aí que começaram a ficar famosos com suas telas de inspiração regionalista nas quais os ideais neoclassicistas começaram a desaparecer. O que surgiu foram novos recursos técnicos e temas como tipos humanos populares.

O Brasil da época, pós-abolição, começava a constituir-se de um operariado urbano e um grande contingente de pessoas no campo em situação de pobreza. Do outro lado, havia comerciantes, empreendedores, industriais e banqueiros, tendo como grandes aliados os proprietários rurais.

Para Proença (1994, p. 230),

> [...] a literatura já registrava as transformações sociais pelas quais passava o Brasil, a pintura, a escultura e a arquitetura, apesar de terem rompido com a estética neoclássica, continuavam a expressar a riqueza e a vida tranquila, sem inquietações temáticas mais profundas. Essa preocupação só viria a ocorrer mais tarde, nos anos próximos da década de 1920, com a explosão do movimento modernista.

Invenções e rupturas europeias do século XX

O século XX na Europa foi marcado por descobertas, experiências e inovações nas artes. Porém, cabe aqui apenas mencionar algumas das mais influentes para, então, lembrar aspectos fundamentais que envolveram o Brasil e que incidiram sobre o objeto aqui estudado.

Uma série de acontecimentos sociais e econômicos acometia a Europa e respingava diretamente nas artes. Eventos como a primeira e a segunda Guerra Mundiais fariam com que artistas se posicionassem e envolvessem profundamente. Possuíam não mais somente a intenção de representar, mas também de modificar o meio onde viviam.

Também houve imensas transformações na comunidade filosófica e científica, com Freud, Marx, Nietzche e Darvin lançando ideias que imediatamente os intelectuais, artistas e curiosos se dispunham a estudar.

Existiram artistas que, de tão inovadores, são difíceis de ser enquadrados em movimentos artísticos específicos. É o caso de Paul Gauguin (1848-1903), Paul Cézzane (1839-1906), Van Gogh (1853-1890) e Toulouse-Lautrec (1864-1901).

Suas pinturas mostram novidades quanto ao uso da cor, que a partir dali poderia vir a ser pura e arbitrária ou, ainda, expor a força das emoções. Também lançaram a busca de uma estrutura permanente da natureza e sua geometrização ou, ainda, com traços ágeis, a utilização do mínimo de cor, buscaram escancarar a situação humana. Esta última qualidade corresponde às composições de Lautrec, que também deu grande fama à arte de cartaz (PROENÇA, 1994).

É fundamental situar-se, também, nos acontecimentos concomitantes à primeira metade do século XX. Para isso, vale relembrar o nome das famosas vanguardas europeias, finalizadas com os conhecidos "ismos".

Entre eles o Expressionismo, valorizando justamente a expressão das problemáticas sociais e das emoções humanas, fugindo às regras tradicionais de equilíbrio na pintura. Despontou ao mesmo tempo o Fauvismo, cuja marca está na utilização de cores puras sem mistura e com figuras e formas simplificadas.

Surgiram, ainda, os cubistas bem conhecidos até hoje, e os abstracionistas. O uso das máscaras africanas e o primitivismo extraído de sua essência, pelo cubismo, afetou também a Amadeo Modigliani (1884-1920), que a exemplo de Cézzane, Van Gogh e outros, foi criador de uma arte bem particular, como explica Gombrich (1950).

Sob influência da literatura, artistas fundaram o futurismo, que consiste na exaltação do futuro e da velocidade. Encantados com os estudos psicanalíticos em voga, alguns criaram mais um movimento: o Dadaísmo, combinando em suas obras elementos do acaso, numa referência à consciência, da qual hipoteticamente o ser humano não exerceria controle. Daí também surgiu o Surrealismo, que apesar de não fundado por ele, tem em Salvador Dalí (1904-1989) seu mais popular representante.

Houve muitos outros artistas que interferiram nos rumos da arte. Uma criação trazia um mar de possibilidades à outra, cada vanguarda lançava novas problemáticas e, assim, até hoje as rupturas com o anterior ou a sua reciclagem são o combustível para as subsequentes experiências.

O desembarque do culto ao novo no Brasil

Esta gama ampla de informações que circulava pela Europa chegou ao Brasil e os ideais da Arte Moderna foram amplamente conhecidos através da famosa Semana de Arte Moderna de 22. Foi em torno dessa época que o Expressionismo atingiu o país, através de Lasar Segall (1891-1957).

O artista lituânio morou na Alemanha e lá obteve contato com a vanguarda. Quando expôs aqui, em 1913, demonstrou características expressionistas nítidas. Ainda assim, não causou tanto espanto já que sua arte era vista como a arte de um estrangeiro.

Em 1917, Anita Malfatti (1889–1964) realizou uma exposição bastante comentada. Proença (1995) descreve que ela "[...] apresentou aos visitantes da exposição a ideia de que o artista deve ter total liberdade no uso das cores e na construção de suas figuras e não se deixar limitar pela realidade".

Essas exposições resultaram no encorajamento de vários artistas, que passaram a se reunir para pensar e fazer arte, inspirados nas vanguardas europeias e valendo-se de temas nacionais, além de acrescentarem técnicas e impressões pessoais também inovadoras.

Entre esses, estão Di Cavalcanti (1897-1976), Vicente do Rego Monteiro (1899-1970), Tarsila do Amaral (1886-1973), Vitor Brecheret (1894-1955), entre outros que continuaram a fazer sua arte sem seguir os princípios acadêmicos e valorizando a cultura brasileira.

Outros utilizavam, com esse mesmo intuito, aspectos técnicos específicos de elaboração. São eles: Cândido Portinari (1903-1962), Ismael Nery (1900-1934), Cícero Dias (1908-2003), Guignard (1896-1962) e Bruno Giorgi (1905-1993).

Apareceram, também, vários grupos que atraíam esses e novos artistas para o aprofundamento das questões da arte moderna e seu incentivo, promovendo sua difusão por meio de exposições nacionais e internacionais, bem como atuando na realização de eventos que abrangiam outras linguagens além das artes plásticas. São conhecidos o Núcleo Bernadelli, A Sociedade Pró-Arte Moderna (SPAM), o Clube dos Artistas Modernos (CAM) e o Grupo Santa Helena.

Século XX: cenário artístico de Santa Catarina

Para falar da arte no Estado é fundamental mencionar o Museu de Arte Moderna de Florianópolis (MAMF), que foi inaugurado em 1949 e se tornou o atual Museu de Arte de Santa Catarina (MASC) (ANDRADE FO, 2001).

A idealização do museu surgiu a partir de um contato que integrantes do Círculo de Arte Moderna (CAM) de Florianópolis tiveram com a arte moderna por meio de Jorge Lacerda, jornalista do jornal A Manhã e correspondente responsável em enviar clichês[2] de vários artistas para os membros do CAM.

O grupo, por sua vez, fazia publicações na revista Sul desde 1948, fato que os levou a ser conhecidos por Grupo Sul. Mesmo antes destas, havia nos

---

2 Dic. Sm 1. Placa metálica com gravação (imagens, dizeres), para impressão em prensa tipográfica. 2. O resultado dessa impressão.

jornais locais publicações suas consequentemente contestadoras ao falar de modernismo numa época de enaltecimento do parnasiano.

Por intermédio novamente de Jorge Lacerda, o colaborador da Letras & Artes, Marques Rebelo conheceu o Grupo Sul e aceitou organizar em Santa Catarina a "Exposição de Pintura Catarinense", no ano de 1948.

Tanto a exposição quanto a inauguração do museu constituem importantes marcos para a aproximação do Estado de Santa Catarina com a arte moderna.

Conforme SESC (s./d., p. 3),

> Estes eventos possibilitaram aos artistas locais um maior contato com algumas soluções plásticas adotadas pelo modernismo, como por exemplo, o abandono dos artifícios da representação realística. Muitos daqueles que se identificaram com o movimento, se aproximaram dos membros do Grupo Sul, contribuindo com ilustrações para as suas publicações. Quando, em 1958, as atividades da revista deram-se por terminadas, estes artistas continuaram a divulgar as ideias do grupo através de suas obras. Principalmente no que tangia a busca de um estilo universal, sem que, com isso, abandonasse a temática local.

A partir daí, ocorreram diversas exposições, como a "Exposição de Pinturas e Motivos Catarinense", da qual surgiu o Grupo de Artistas Plásticos de Florianópolis (GAPF) em 1957. Tinha como membros Meyer Filho e Hassis, organizadores da exposição, associados aos artistas modernistas Pedro Paulo Vecchietti, Hugo Mundi Jr., Tércio da Gama, Dimas Rosa, Thales Brognoli, Rodrigo de Haro e Aldo João Nunes, conforme SESC (s./d.).

Contudo, antes das primeiras revelações modernistas iniciadas com Martinho de Haro, em 1927, no século XIX Vitor Meirelhes (1832-1903) já era popularmente atuante nas artes plásticas em Santa Catarina. Foi o primeiro artista do Estado com grande projeção e reconhecimento inclusive internacional (ANDRADE FO, 2001).

Entre outros nomes de relevância estão Eduardo Dias, também num estilo que antecede o moderno, e Franklin Cascaes que em 1931 realizava exposições de cerâmica e desenhos que utilizavam o folclore e o resgate histórico como eixos temáticos.

A arte que foi e é produzida em Santa Catarina, no entanto, não necessariamente se fez e faz de modo exclusivo por catarinenses, mas por moradores e/ou viajantes num intercâmbio onde os daqui vão para trazer novos significados e comunicá-los e os de lá vêm para transformar o conhecido aqui com o seu olhar.

Já havendo uma exploração de linguagens diversas das artes visuais, comunicação entre artistas de vários campos e uma produção genuína, mais artistas vieram lançar-se com seu mundo de ressignificação dos objetos em sua não/relação com o espaço, tempo, mundo e pessoas.

Segundo Bopré (2014), "A partir da década de 1990, instituições culturais e museus foram criados ou se reformularam, tornando-se locais de encontro e de fomento em todas as regiões do Estado". Também no campo acadêmico tanto *lato* quanto *stricto senso*, a arte ganhou espaço e maior produção científica e de experimentação.

Há uma série de artistas vivenciando hoje este contexto, não cabe aqui listá-los, já que são numerosos e cada um com extrema importância colaborativa e representatividade nas artes em Santa Catarina. Mas o trabalho de alguns deles e o comentário crítico de obras específicas são encontradas no volume I (2005) e II (2014) de Construtores das Artes Visuais em Santa Catarina, bem como os Indicadores de Arte do Estado.

Panorama das Artes Plásticas em Lages-SC no século XX

O século XX, em Lages, foi marcado pela atuação do artista acadêmico Agostinho Malinverni Filho (1913–1971), a fundação do Círculo de Cultura de Lages (CCL), pelas edições dos Salões Lageanos de Artes Plásticas e o declínio do fazer artístico devido à intervenção militar e à carência de espaços específicos para a organização de acervos (SESC, s/d).

Malinverni Filho é amplamente conhecido pelos lageanos e há um museu com o seu nome administrado pela viúva e seu filho Jonas Malinverni, também artista plástico. Conforme Mattos (2014), em 1934, já havia sido premiado no concurso estadual de desenho para estudantes e naquele ano ganhou uma bolsa e partiu a estudos para a Escola Nacional de Belas Artes (ENBA), de onde retornou em 1947 para fundar a Escola de Artes de Santa Catarina, que durou apenas quatro meses.

Sua pintura acadêmica incluía retratos, pinturas religiosas, históricas, nus e esculturas em gesso que foram expostas em 1955. Matos (2014, p. 46) afirma que "Ele tem obras adquiridas por Darcy Vargas, mulher do presidente Getúlio Vargas, e pelo milionário norte-americano Nelson Rockefeller". Assim é possível dimensionar a projeção que Malinverni teve no mercado artístico, bem como, o seu reconhecimento e admiração por parte dos lageanos.

No período em que o artista realizava exposições no Palace Hotel, espaço cobiçado por modernistas e acadêmicos, em Lages, no ano de 1940, surgia o CCL, Círculo de Cultura de Lages, fundado por artistas plásticos, jornalistas, escritores e intelectuais da região. SESC (s/d) conta que o grupo "[...] tinha o objetivo de promover uma renovação da literatura e das artes plásticas na cidade".

Um evento importante trazido pelo grupo à cidade de Lages, graças ao contato que tinham com Marques Rebelo, foi sua exposição de pintores modernistas brasileiros e estrangeiros. Esse evento possibilitava aos artistas da região serrana o contato direto com a arte produzida nacional e internacionalmente. Estas produções eram predominantemente de características modernistas e logo o CCL organizou os dois primeiros Salões Lageanos de Artes Plásticas, sendo a primeira edição em 1956 e a segunda em 1957.

Os artistas selecionados por uma comissão presidida por Ernani Corrêa, do instituto de Belas Artes do Rio Grande do Sul, Malinverni Filho, entre outros, foram premiados com quantia em dinheiro e viagens para centros culturais do Rio de Janeiro e para a III Bienal de São Paulo.

O CCL seguiu promovendo reuniões e eventos culturais até o advento do regime militar, que cerceou suas atividades gradualmente a partir da década de 60 (SESC, s./d.). Nessa mesma década, os artistas que constituiriam a próxima (atual) geração de artistas apenas despertavam para o universo de experimentação artística. O escultor Batista[3] fazia brinquedos de barro reproduzindo o seu entorno, Vera Melin[4] iniciava seus estudos de desenho e pintura, enquanto Katja Volkert[5] estava há poucos anos de realizar sua primeira exposição no estilo acadêmico.

Nos anos 80, funcionavam reuniões de artistas na APAP (Associação de Artistas Plásticos) de Lages, presidida por Clênio Souza por dois anos. Participavam artistas como Katja Volkert, Maysa Fernandes, Edela Joeguer, André Luíz, Adilson Guanabara entre outros.

Outros artistas foram surgindo e houve meios facilitadores para pesquisa técnica e teórica, além de influências dos primeiros artistas e sua projeção. O curso de Educação Artística na Universidade do Planalto Catarinense, fundado a partir dos anos 90, aproximadamente, contribuiu muito para esses processos, tanto artísticos quanto condizentes à docência e ampliaram o contato de interessados pela área de toda a região serrana.

Pode-se constatar por meio de catálogos que houve diversas exposições individuais e coletivas de artistas que produziram e produzem arte na cidade. Uma delas reuniu artistas de diversos estilos em torno do pretexto abstrato que envolvia máscara e literatura, é o caso da primeira edição de "Lembranças, Poéticas Lembranças", criada por Rudimar Cifuentes e realizada com a colaboração do SESC Lages, grande fomentador de cultura no município, pela ALE, Associação Lageana de Escritores e pela Associação Planaltina de Artistas Plásticos entre outros, no ano de 2002.

---

3   José Cristóvão Batista (1959) – escultor nascido em Itaporanga/SC, veio à Lages quando criança e passou a produzir monumentos com temas históricos locais.
4   Vera Lúcia Melin artista plástica nascida no município de Lages/SC.
5   Katja Volkert Goulart (1961), pintora, desenhista e gravadora nascida no município de Lages/SC.

Dela participaram representando as artes plásticas, Roseli Vieira, Vera Melin, Sérgio da Silva, Rosa Werner, Agnelo Antunes, Nilce Gevaerd, Wilma Koerich, Kátia Lisboa, Jonas Malinverni, Sandra Oneda, Eliete Melo, Rudimar, Clênio Souza, Marylin Pereira, Alfeu Varela, Angela Waltrick – com duas obras, Marlete Palhano, Rodrigo Sens Burg, Mirian Lopes, Rosecéli Martinhago e Marilda Wolff.

Muitos desses nomes fazem a arte em Lages fluir. Cada um em sua poética bem marcada atravessa linguagens e estilos, sendo crescente o interesse pelo moderno e o contemporâneo em termos de tema e tendência.

Comentários até hoje são recorrentes entre artistas em torno da classificação e opinião sobre produções locais. O caráter das críticas surge muitas vezes de maneira inquisidora. A respeito disto vale o alerta de Gombrich (1950, p. 15)

> Podemos esmagar um artista dizendo-lhe que o que ele acaba de fazer pode ser excelente a seu modo, só que não é ''Arte''. [...]. Na realidade, não penso que existam quaisquer razões erradas para se gostar de uma estátua ou de uma tela. Alguém pode gostar de certa paisagem porque esta lhe recorda a terra natal ou de um retrato porque lhe lembra um amigo. Nada há de errado nisso. Todos nós, quando vemos um quadro somos fatalmente levados a recordar mil e uma coisas que influenciam o nosso agrado ou desagrado. Na medida em que essas lembranças nos ajudam a fruir o que vemos, não temos porque nos preocupar.

Também o Salão dos Pinhais, com organização de Elza Granzoto, realizado em 2004, inclui novos trabalhos destes e de outros artistas. Aparecem Rogério Casagrande, Rafael Constantino, Cristine Ribeiro, Luciane Campanas, João Batista, Algelita Wagner e Jurema Galvani.

Aí reaparece o estilo acadêmico de Malinverni e Casagrande, em contraste com a instalação de Constantino e Marilda Wolff, os objetos ressignificados de Rudi e Vera Melin, alguns motivos Naiff, o Art Box de Cristina Ribeiro, as *assemblages* de Alfeu Varela, Marlete Palhano e Angela Waltrick, o figurativismo de Clênio entre outras tão singulares e manifestas de um fazer que necessita despontar para o público, conversar e promover através dos encontros, impressões adjacentes.

Para Evangelista (2001, p. 11),

> Enquanto houver comunicadores, receptores e coisas a ser comunicadas haverá uma espécie de arte, ainda que ela não venha a ser sempre a mesma coisa, no sentido categorial, pois outras foi o que não é hoje e amanhã outras será, com mudanças até mais rápidas se levarmos em conta a aceleração histórica.

Portanto, segundo esse pensamento, se forem consideradas as características do fazer artístico, movimentação, consumo e interlocução concomitantes, no município de Lages fez-se arte à maneira correspondente.

Clênio Souza: vida, obra e atuação na arte local

Os artistas que romperam com uma tradição estabelecida, sem receio de lançar pinceladas ainda não elencadas nas técnicas conhecidas em sua época, inclusive por eles mesmos, fizeram da arte uma possibilidade para transcender e inspirar as seguintes gerações. O recorrente era explorar todos os elementos possíveis da linguagem visual e transitar até atingir suas obras primas.

Assim foi no início do modernismo na Europa e no Brasil, como visto nos capítulos anteriores. Com o artista Clênio Souza não foi diferente. Rudimar Cifuentes (2006), artista plástico e amigo de Clênio, observa que com particular intensidade, ele buscava inovar tal qual "o garimpeiro a procura do ouro". Rudimar associa-o a Vincent Van Gogh no que tange ao seu interesse pela arte.

Como esse, ou, mesmo artistas brasileiros de renome, ele passou por dificuldades financeiras desde os primeiros anos de sua vida até o início do reconhecimento enquanto artista.

Clênio Tadeu Paz de Souza nasceu no dia 04 de dezembro de 1958 no município de Urubici, Santa Catarina. Era filho de Leontina Andrade de Souza e de Arnaldo Thomaz de Souza. No ano de 1962, toda a família mudou-se para Lages, município vizinho. Seu pai queria alçar melhores condições de vida ingressando como funcionário em uma madeireira.

> Saímos de Urubici porque a agricultura não dava mais. A lavoura de tomates, sabe como é que é? já não sustentava a nossa família. Éramos quatorze filhos, sou o décimo terceiro, e meu pai decidiu tentar a sorte em Lages. Estava seduzido pela promessa de trabalhar em uma madeireira. É claro que deu com os burros n'água (ARRUDA, 2011, s/p).

Clênio, já com sete anos de idade, passou a ir com seu pai até a madeireira. Ali, no ambiente de trabalho, foi onde ele começou a fazer seus primeiros desenhos utilizando sobras de carvão. O suporte eram tábuas de madeira, a calçada, os muros: "Aos quatro anos achei um carvão, desenhei um círculo numa pedra e aí tudo começou" (SOUZA, 2002).

Nesse mesmo ano perdeu seu pai, conforme Visão (2002 *apud* SHIMIDT, 2010, p. 26), Leontina teve de sustentar mais 13 filhos e para isso chegava a caçar pombas no telhado. "Ele dizia que os famintos têm tudo a ver com sua vida, com o que passou, não gostava de como vivia, exteriorizava a revolta contestando".

Sabe-se por meio de currículo organizado pelo artista e sua viúva Carla que em 1978, aos vinte anos de idade, Clênio recebeu a encomenda de um painel para fachada do antigo prédio do Centro de Artes Elusa Bianchini[6], estabelecimento no qual ingressaria em 1980 como professor de desenho e pintura.

Percebe-se por meio dos comentários de Lota, que o conheceu ao final dos anos 70, o fato de haver reuniões com artistas de diversas linguagens da arte nas dependências Centro de Artes. Aparentemente, Clênio preocupava-se com a situação da cultura na cidade, e tomava atitudes para melhorar esse contexto, principalmente no que tangia às artes plásticas. Lota afirma que na época não havia muito reconhecimento em torno da produção de artistas locais.

Lota também explana sobre os objetivos de Clênio com seu trabalho, pois este prezava por obras essencialmente artísticas e que abordassem temáticas sociais locais, não apenas temas facilmente comercializáveis.

> Naquela época a gente via muitos pintores, muitos artistas plásticos pintando quadros, paisagens para vender... O Clênio já queria outra coisa, queria extrapolar isso, e conseguiu com certeza, dá para ver nas obras dele hoje. (LOTAR, 2015)

Conforme encontrado no currículo do artista, em 1979 ele realizou a sua primeira exposição individual, que aconteceu no Centro de Informações Turísticas de Lages. Nesse mesmo ano, fez as ilustrações para o livro Vento Interior, de Fernando Karl. Nas linguagens de desenho, pintura e escultura Clênio era autodidata, segundo afirma Shimidh (2010).

Até a década de 80, já havia realizado encomendas de painéis em nove locais da cidade de Lages, entre eles, ruas, prédios de órgãos públicos, bares e igrejas[7]. Também nesse ano realizou diversas exposições coletivas: na Galeria Embratel de Lages, com Jonas Malinverni[8]; no SESI e no SESC Lages, na Galeria da TELESC de Florianópolis com o artista catarinense Adilson Guanabara e na Estand Art em Florianópolis.

---

6   Órgão da Prefeitura Municipal de Lages através da Secretaria de Cultura (Fundação Cultural de Lages). O Centro de Artes se transformou na Escola de Artes Eleonir Camargo Martins e tem sua sede atual no centro do município, próximo à praça da Catedral Diocesana.
7   Conforme currículo organizado por SOUZA, Carla. 2004 "Painel de Fachada no antigo Centro de Artes de Lages – destruído em1978; Painel de Rua de título "A Última Ceia" e m Lages, destruído em 1988; Painel "A Entrada das Bandeiras" no Ex Bar Gato de Botas, destruído em 1988; Painéis Decorativos na Boate D'Artanham de Lages destruído em 1989; Painéis Decorativos no Bar Picanha na Tábua de Lages , destruído em 1990; Painéis Decorativos no Crig Bar Bandolo, destruído em 1997; Painel Decorativo no Bar Big Bowling de Lages em 1997; Painel "Nossa Senhora Mãe dos Homens" em igreja de Lages 1997; Painel Decorativo para Turismo Rural com a TV Uruguaia e Cultura Serrana de Lages, em setembro de 1999".
8   Artista Plástico Lageano, colega e amigo de Clênio Souza.

Sobre isso, Lota comenta que ele e amigos artistas, através da APAP e tendo Clênio como presidente, a partir de 1981, começaram a organizar diversas exposições. Uma das primeiras foi com as obras do artista e aconteceu no SESC Lages. O ambiente era precário, apenas uma sala pequena embaixo de uma escada, mas que não o impediu de manifestar sua arte com êxito. Lota (2015) comenta que "Ele sempre estava pronto para mostrar o trabalho dele independentemente do local".

Estes amigos da APAP encontravam-se frequentemente para discutir questões sobre a importância da existência de atividades culturais em Lages. Lota comenta que Clênio preocupava-se com a implementação de um movimento cultural amplo, que contemplasse não só as Artes Visuais, mas também a Dança, a Música e o Teatro. Segundo Lota, suas mobilizações junto ao grupo colaboraram com a situação atual do SESC Lages, que passou a oferecer aulas em diversas linguagens da arte.

Arruda (2011) cita:

> Lá pelos anos 80, em plena efervescência cultural, tínhamos um interessante grupo de artistas: Fábio Brüggemann, Fernando Karl, Jonas Malinverni, Adilson Guanabara.... Éramos os herdeiros e, ao mesmo tempo, os remanescentes da administração Dirceu Carneiro. Muitos de nós se reuniam na Biblioteca Pública.
> Na época, não me lembro direito a data, houve um evento cultural (lançamento coletivo de livros, exposição de artes plásticas). Foi ali, no prédio em frente ao Cine Marajoara. Todos participaram da festa. Artista plástico quando se mistura com escritor boa coisa não sai. Tínhamos planejado uma "performance". Na hora de colocar o "happening" na prática, teve gente que "amarelou" e o projeto foi por água abaixo.

Aqui o artista demonstra seu interesse e conhecimento na Arte Contemporânea. Possuía ideias que uniam várias linguagens e que de modo híbrido caracterizam a arte atual.

Um acontecimento tornou o artista amplamente conhecido no Estado de Santa Catarina quando este foi escolhido como Artista-Revelação Geração 80[9]. Conforme Arruda (2011), este reconhecimento o levou a participação em exposição coletiva itinerante promovida pela mesma organização, percorrendo 11 cidades do estado de Santa Catarina.

Mais reconhecimento para Clênio viria com o prêmio-aquisição Jovem Arte Sul-América em 1981. O prêmio foi concorrido por artistas de Santa Catarina, do Paraná e do Rio Grande do Sul. Realizou, ainda no início da década, exposições individuais no SESC – Lages, na Universidade Federal de Santa Catarina (UFSC) e coletivas também na capital.

---

[9] Iniciativa organizada pela Associação Catarinense de Artistas Plásticos (ACAP).

Nesse mesmo ano expôs individualmente algumas vezes no município e coletivamente na Pan Art em Balneário Camboriú, na FAAP de São Paulo, na Sala da Alfândega em Florianópolis e na Mostra Catarinense, Sala Irmão Penteado também em São Paulo.

Como consequência da repercussão na exposição, recebeu no ano seguinte o primeiro prêmio da Pan Arte. Depois realizou exposição individual no SESC Lages e coletivas em Florianópolis, no MASC, no Art Door e no Salão Victor Meirelles. Até meados da década de 80, Clênio seguiu participando de exposições individuais e coletivas.

Entre as especializações realizadas por ele está o curso de litografia no Centro Integrado de Cultura em Florianópolis e no ateliê do artista plástico Martinho de Haro. O seu grande interesse era estar em contato com tudo o que lhe proporcionasse mais conhecimento sobre a arte, em qualquer que fosse a linguagem.

Cifuentes (2006) comenta que "Certamente, ele não tinha tempo para descansar, era preciso pintar, desenhar, fazer humor, escrever, ouvir música, ler, ver bons filmes, e ouvir o que arte tem a oferecer".

Martinho de Haro, referido em SESC (s/d) como o pioneiro do modernismo catarinense, além de mestre foi também incentivador de Clênio. No jornal o Momento, Paulo Ramos Derengoski[10] (2015, p. 2) afirma que "Mestre Martinho de Haro, o maior pintor catarinense, o admirava".

No entanto, apesar de aparentemente reconhecido, a valorização financeira passava longe de Clênio nessa época. Ele desabafa sobre isto em Arruda (2011, s/p):

> Tentei a sorte em Florianópolis. Não deu certo. O único artista que me apoiou, na época, foi o Martinho de Haro – que gostava muito da minha pintura. Morei em hotéis de terceira categoria. Algumas vezes dormia no prédio da Alfândega. Fiquei amigo de um dos guardas. Quando faltava dinheiro para o hotel (para a comida, então, nem vale a pena lembrar), ele me deixava ficar, sob os painéis, em uma cama improvisada. Cansei dessa vida e voltei para Lages. Não dá para sustentar essa aura de perdedor por muito tempo: a fome e o desejo vivem a nos lembrar que somos humanos, cheios de medo e dor.

Tanto esforço e criatividade, o que Picasso chama de transpiração e inspiração, conferiram a Clênio, no ano de 1985, o prêmio "Reinterpretação da Primeira Missa do Brasil", promovido pela Fundação Catarinense de Cultura (FCC) e Museu de Artes de Santa Catarina (MASC). Segundo Arruda (1999), este prêmio significou "a consagração e o reconhecimento estadual do talento de Clênio Souza".

---

10   Jornalista e escritor, membro da Ordem do Rio Branco e do Instituto Histórico e Geográfico de Santa Catarina.

Também recebeu o primeiro prêmio pelo Cartaz da 17ª Mostra de Teatro Amador de Lages e foi escolhido Artista Revelação do Ano pela Associação Catarinense de Artistas Plásticos e pelo Membro do Conselho Consultivo da Mesa em Florianópolis, SC (1985). Participou de uma exposição coletiva em São Paulo, em Curitiba e em Florianópolis.

Conforme Schimid (2010, p. 27), "Suas obras tratam do perfil de personagens característicos da região serrana e da cultura local. Boa parte do seu trabalho foi voltado para a crítica sobre a sociedade lageana". O artista era sarcástico, polêmico, principalmente com os criadores de gado e a cultura pecuarista lageana.

Lota (2015) fala sobre um caso relevante no tocante às obras de Clênio, quando revela que o amigo dizia ter visto um disco voador quando criança. "Não tem como dizer que é verdade, não tem como dizer que é mentira, mas a ideia que passa nas obras dele sempre me remete a isso. A uma coisa extraterrestre, extraterrena".

Em 1986, Clênio foi um dos artistas listados no "Indicador Catarinense", Volume 1. Realizou exposição coletiva no Rio Grande do Sul e outra em Lages, esta última consistia numa exposição de murais.

Não foram encontrados registros de exposições no ano de 1987, mas sim o seu casamento com Carla Alves Lisboa. Para Shimidt (2010, p. 27):

> Carla foi grande incentivadora de sua arte e auxiliava-o na catalogação de suas obras e reportagens ou divulgações de seu trabalho. A viúva Carla fala com carinho, dizendo: "como pessoa ele era maravilhoso, tímido, muito sério. Mas sabia falar na hora certa, ele era muito positivo, muito firme em seus propósitos, tanto como pessoa quanto como artista".

Em 1989, Clênio realizou exposição individual no SESC com o Título de "Recortes". Também realizou trabalhos em publicações literárias: fez a capa para o livro Passagens do Tempo, de Zilda Thereza, e escreveu e ilustrou o livro Farpas. As poesias são conceituais e intimistas, tanto quanto os desenhos e ambas expressam características do artista que estiveram presentes ao longo de todos os seus trabalhos. Não há como omitir: há muita originalidade e a predominante característica moderna de contestação e rupturas.

Segue a transcrição *ipsis litteris* de um trecho da correspondência de Clênio Souza endereçada a Fábio Brüggemann em 1990, encaminhando os textos do seu livro Farpas para edição e impressão:

> caro fábio
> apesar da demora envio conforme o combinado
> as xerox do meu livro pra que você faça as

devidas correções e montagens do mesmo
é claro que você não terá muito trabalho
pois o mesmo não oferece nenhum risco de vida
mas em todo o caso é bom quando o pegar
tomar todo o cuidado afinal nunca se sabe
onde se esconde o vírus da loucura pode
sempre ser na próxima página.

Na década de 1990, Clênio realizou exposição coletiva na 11ª Festa Nacional do Pinhão. Dois anos depois, assumiu o cargo de coordenador de Artes Plásticas do Centro Cultural de Lages, onde ficou por três anos. Concomitante a essa atividade, realizou trabalhos como ilustrador de livros e nunca deixou de pintar e comercializar seus trabalhos.

Entre 1992 e 1996, teve trabalhos publicados em revistas e jornais locais como o Jornal O Momento, Correio Lageano, Jornal O Mural de São Joaquim e publicações nacionais na Folha de São Paulo, Revista Veja, Revista Nacional entre muitos outros, denotando sua projeção e reconhecimento.

Seguiu realizando exposições individuais, curadorias, ilustrações para livros e escrevendo contos, um deles foi publicado intitulado Bacon e o diabo. Em 1996, assumiu o cargo de diretor do projeto Ação Cultural na Fundação Cultural de Lages onde ficou por cerca de um ano.

Em 1997, realizou a curadoria da Amostra "Sebastião Salgado" do Movimento Sem Terra, do qual participaram na organização a Fundação Cultural de Lages e um dos CAIC's – Centro de Atenção Integral à Criança – da cidade. Expôs individualmente, em abril desse ano, Templo de Luz. A exposição foi realizada em Lages em diversos locais, entre eles na Caixa Econômica Federal e na biblioteca UNOESC de Joaçaba no mês de maio.

As coletivas de 1997 foram no 2º Congresso de Turismo Rural do Mercosul, onde expôs criticamente, novamente na Caixa Econômica Federal, no 6º Salão de Artes em Itajaí, no 1º Salão Santos Dumont de Florianópolis e na FCL.

Em 1998, Clênio fez a mediação do acervo do artista plástico Mir Sestrem e da exposição do escultor Jorge Ferro, ambos realizados pela Fundação Cultural de Lages. Iniciou o trabalho de chargista para o Jornal O Momento e criou as ilustrações para seus personagens "Fagundes e Anacleto".

No mesmo ano, realizou as exposições individuais Templos de Luz, no Teatro Herbert de Souza de Lages e As Meninas, no espaço Águas Ouro Fino. Realizou no inverno do mesmo ano uma exposição coletiva de esculturas em concreto celular auto clavadas, em ocasião da X Festa Nacional do Pinhão de Lages. Também se tornou membro consultivo do MASC (Museu de Arte de Santa Catarina).

Sobre Templos de Luz, Arruda (2011, s/p.) comenta

> [...] diversas telas celebravam o conflito entre corpo e alma, entre o mundo material e as riquezas do espírito. Os grandes espaços físicos e seus objetos contraditórios (rodas d'água, punhais, animais antropomorfizados, etc.) tinham a grandeza de catedrais góticas. Além disso, havia a surpresa das cores traduzida em um impressionante jogo de luzes e sombras, ''chiaroscuro'' a desfilar olhares e paixões.

No último ano antes da virada do século XX para o XXI, Clênio teve o reconhecimento simbolizado através de homenagens e troféus concedidos no município de Lages. Recebeu os troféus O Momento; homenagem e troféu especial por serviços prestados à comunidade lageana conferido pelos representantes da prefeitura, secretaria de educação, SESC e Fundação Cultural do Município de Lages, em dezembro deste mesmo ano, e um Troféu Especial da secretária de eventos culturais de Lages, Mirian Koeche.

Realizou por essa época, um curso de Litografia no Centro Integrado de Cultura de Florianópolis – SC, oficinas do 1º Encontro Sul-Americano de Artes Plásticas em Porto Alegre – RS, curso de preparação para projetos culturais ministrados pelo professor Roberto Colasso, em Lages, participou da IV Jornada Acadêmica da Universidade do Estado de Santa Catarina (UDESC) e do Centro de Ciências Agroveterinárias (CAV) e da comissão organizadora do XXV FETEL (Festival de Teatro de Lages).

Concomitante a essas ocupações e investimento em especializações, realizou diversas exposições individuais. A primeira delas foi a repetição da exposição Templos de Luz em Lages, depois em Joinville, na UNIVILE, e em Florianópolis, no hall do TAC (Teatro Álvaro de Carvalho). Expôs também História de Anita Garibaldi e Revolução Farroupilha, ambas ao ar livre, na Praça João Costa, "calçadão" do centro de Lages.

Ainda, inaugurou a exposição de título Da Cor ao Concreto, que possuía esculturas da série Mulheres de Pompéia e pinturas de Catedrais Imaginárias, no SESC Lages.

Sobre a escultura, Clênio falou ao Clmais (2009):

> Esculpir é aproximar cegos. Acredito que a escultura é uma arte especial, onde o tato é mais importante que a visão. Na escultura, o artista deve se deslocar para um plano secundário, deixando que o espectador exerça a tarefa principal, que é a de entender e sentir o volume, as formas, as reentrâncias, os perigos que o prazer representa. E isso só é possível quando os olhos estão vendados.

Essas obras revelam o conhecimento que o artista tinha da história da arte, remetendo às esculturas rupestres estilizadas como preconiza o moderno. A sensibilidade do artista, porém, não se detinha a isto e reinventava poéticas e soluções.

Fez, ainda, na época, capas e ilustrações de livros, entre elas a do livro Bio–Agricultura do Centro Vianei, do Departamento de Agricultura Do Estado; cartazes, a capa do CD da VI Sapecada da Canção Nativa.

Realizou duas publicações enquanto escritor, uma no prefácio do livro Os Vestígios, de Gilmar Antonio, e uma crônica intitulada O Apocalipse Segundo Clênio Souza, para o jornal A Notícia.

O século XX começou com apenas uma exposição coletiva, mas diversas individuais, todas no município de Lages, e muitos trabalhos enquanto escritor, segundo o currículo organizado pelo artista e sua esposa, Carla.

Expôs novamente Da Cor ao Concreto, desta vez na FCL; Jardins Secretos, na mesma instituição, na Biblioteca Municipal de Lages e na UNIPLAC; Mulheres de Pompéia no Teatro Municipal Marajoara e na UNIPLAC e Catedrais Imaginárias no Red Pine Bar, no final do ano.

Apesar de recentes as suas exposições na UNIPLAC, Lota Lotar (2015) revela que há não muito tempo o levaram à UNIPLAC e lhe mostraram uma casa de cachorro feita com uma obra do Clênio. Sobre isso, o amigo comenta preocupado:

> O que me preocupa é que quem fez isso, claro, foi uma pessoa que não sabia o valor que tinha Clênio Souza, não sabia o valor daquela obra. Porque as obras do Clênio tu encontra em vários lugares, ele pintava uma obra sentado, conversando, tomando uma cerveja e produzindo [...]".

Lota ainda conta que Clênio fazia arte o tempo todo, com sua criatividade a pino, tinha uma ideia, rascunhava no guardanapo ou o que tivesse ao alcance e depois transformava em telas.

No ano de 2000, o artista teve participações na Comissão Organizadora do Carnaval da prefeitura do município de Lages e como ouvinte numa palestra sobre dança.

Apesar de não realizar tantas exposições de artes nessa época, escreveu diversos contos para o jornal O Momento, intitulados: Nostradamus, a Profecia e Eu, Por falar em Dogma, É Bom Ser Pequeno, Um Lugar Chamado Urubici e os contos Carta e Um Causo de Política para o jornal O Correio Lageano. Todos publicados em 2000 e os seguintes em 2001: O Coliseu – Dois Mil Anos Depois a História é a Mesma; A Morte; a segunda parte de Um Lugar Chamado Urubici e as crônicas Clones do Lalau; A arte e o Homem; A vida como ela é e Clones de Deus.

Em 2001, paralelo a esses trabalhos, realizou a curadoria da mostra itinerante "Arte Emergente", realizada pelo Museu de Arte de Santa Catarina (MASC) que encerrou em 2002, percorrendo os municípios catarinenses de Lages, Blumenau, Criciúma, Joinville, Indaial, Rio do Sul, Jaraguá do Sul, Chapecó e Tubarão.

Também participou de uma exposição coletiva na biblioteca da UNOESC de Chapecó, SC, ao lado de cerca de 80 obras de artistas catarinenses.

Em 2002, foi listado no Indicador Catarinense de Artes Plásticas, participou da coletiva Lembranças Poéticas, citada no capítulo anterior, das qual participaram diversos artistas lageanos.

Realizou as individuais Marias, série que homenageia mães e esposas serranas, revelando a simplicidade dessas personagens e a candura que dispensam mesmo trazendo as mãos calejadas pelo trabalho duro. Esta série foi exposta na unidade SESC de Lages, no espaço do Perdigão Agroindustrial S.A. de Lages e na UNIPLAC; a exposição de seu acervo pessoal no Armazém Bar Serrano e exposição de quadros e esculturas no SENAC – Serviço Nacional de Aprendizagem Comercial – do município.

Também iniciou como chargista no jornal Diário da Noite, escreveu o conto Gente e realizou uma capa de livro, um cartaz e um encarte de CD para artistas locais.

Em 2003, conquistou o troféu Os Melhores do Ano da ADJORI/SC – Associação de Jornais do Interior na categoria Charge. Também participou da comissão organizadora do 27º FETEL no mês de julho e foi colaborador da Revista Visão com a estória "Ozóide".

Para o jornal O Momento, publicou o conto Alistamento e a crônica Amizade. Escreveu, ainda, o conto Canozzi, os Brocato e Eu, para a revista SKA, e escreveu e ilustrou para a empresa SEMASA de Lages uma revista de conteúdo didático ambiental, intitulada O Lageaninho. Também escreveu e ilustrou para o político Fernando Agustine, conhecido popularmente como Coruja, A Saga de uma Campanha. Também ilustrou o livro: Visão Poética da Natureza do escritor lageano Paulo Ramos Derengoski.

No mês de maio de 2004, assistiu o evento de reinauguração do museu Malinverni Filho. No mês seguinte participou como convidado especial e artista participante no varal literário de Lembranças Poéticas, em ocasião da XVI Festa Nacional do Pinhão.

Realizou a última coletiva que consta nos arquivos documentais. Foi junto ao artista plástico Adilson Guanabara, na UNOESC em Joaçaba.

Sobre o ano de 2005 não foram pesquisados arquivos e documentação que descreva se houve exposições, bem como outros detalhes sobre Clênio.

Dois mil e seis é o ano de falecimento do artista. Foi às 3h30, em 29 de maio, no hospital Nossa Senhora dos Prazeres, em Lages, conforme noticiado em Destaque Catarina, em 2012. Sobre a ocasião, Rudimar Cifuentes (2006) escreve poeticamente:

> No dia 28 de maio (domingo) pela manhã, ainda lúcido no leito do hospital, ele olha para a pequena janela e fala para sua amada Carla "Ai, Carla

como eu amo o céu. Tá tão lindo hoje!" E assim, o dia foi se despedindo aos poucos e dando lugar à noite". Clênio Souza morreu em maio de 2006, em Lages, durante período em que enfrentara uma grave doença.

Algumas exposições, porém, foram organizadas por Rudimar Cifuentes após a morte de Clênio. A última delas está acontecendo atualmente e itinerando pelo SESC Lages, Museu Histórico Thiago de Castro, Biblioteca Uniplac e Espaço Bem-Estar SESC Lages.

No primeiro espaço citado, foi realizada a educação das exposições com Geandria Corrêa enquanto estagiária do setor de cultura da instituição com turmas de CRASS's – Centro de Referência de Assistência Social de Lages e de projetos da AABB – Associação Atlética do Banco do Brasil.

Sobre o trabalho de Clênio para a posteridade, Lota Lotar (2015) considera que o artista contribuiu muito com a arte lageana e que o município, essencialmente as pessoas envolvidas com arte e cultura, devem um museu ao artista. Justifica que suas obras estão espalhadas por aí, muitas sem o cuidado devido. "Nós como cidadãos lageanos eu penso que temos que começar a pensar antes que as obras do Clênio se percam, se espalhem, se diluam".

Considerações finais

Clênio Souza e a Arte moderna em Lages foi idealizado de acordo necessidades hipotéticas: a de não haver nenhum compilado abrangente sobre a atuação de Clênio Souza e de a arte moderna ter incidido, graças à colaboração do artista, sobre o município de Lages.

Para isso, foi necessário compreender as significações complexas de modernidade e pontuar os quesitos que a caracterizam no campo das artes. Com este entendimento nas mãos, foi possível percorrer a história da arte desde a Europa até o Brasil, para poder chegar a Santa Catarina e à Lages relacionando os acontecimentos.

Lages possuiu e possui artistas aventureiros de novas linguagens que, apesar de necessitarem sobreviver da arte, financeiramente desvalorizada atualmente, buscaram e buscam discutir novas técnicas, tendências e poéticas que passam longe do domínio comercial.

Contudo, se voltam a pintar araucárias, por gosto ou obrigação, proporcionam, sem dúvidas, verdadeira fruição a quem se permite olhar com sensibilidade tais composições.

Já a contestação, a denúncia de problemas sociais locais, a crítica a técnicas religiosamente seguidas nem sempre foram bem-vindas. Clênio passou por isso, e sabendo que precisava sustentar-se, pintou, desenhou e esculpiu para vender e para expor. Obteve projeção a nível nacional através de trabalho moroso.

Ao mesmo tempo, esteve à frente de debates sobre a situação das artes no município de Lages e atuou de modo a elucidar estigmas e, junto aos seus colegas, lutar pela transformação, promoção e valorização das artes visuais, cênicas, da música, dança e tudo quanto mais carecesse de mudanças e lhe sensibilizasse.

Isto confirma o que as hipóteses sugeriam: Clênio Souza contribuiu com o cenário atual das artes em Lages e, no seu tempo, esteve ao lado de outros artistas que possuíam o desejo de reformular ideais.

Com a pesquisa, desejamos proporcionar à comunidade, artistas, demais interessados e principalmente educadores, um conteúdo para reflexão e consulta biográfica que facilite o trabalho, em espaços de educação, com artistas locais e tendências incidentes sobre o município de Lages.

REFERÊNCIAS

ADJORISC Jornais. http://www.adjorisc.com.br/jornais/jornalextra/online/geral/cultura-exposic-o-do-cartunista-clenio-de-souza-na-uniarp-1.885785#.VBL_G_ldXX4

ARRUDA, R. **Raul e a Literatura**. http://raulealiteratura.blogspot.com.br/2011/05/clenio-souza-e-o-inferno-colorido.html

ARTES NA WEB. Disponível em: http://www.artesnaweb.com.br/index.php?pagina=home&abrir=arte&acervo=1827

BARROS, A. J. LEHFELD, N. A. S. **Projeto de pesquisa**: propostas metodológicas. 13.ed. Petrópolis: Editora Veja S/a, 2002.

CHIZZOTTI, A. **Pesquisa em Ciências Humanas e Sociais**. 5. ed. São Paulo: Cortez, 2001.

CL MAIS. Disponível em: http://www.clmais.com.br/informacao/148702/?old

COLAFINA. Disponível em: http://colafinaecascagrossa.blogspot.com.br/2009/02/clenio-souza-artista.html

DA HORA. Disponível em: http://dahoraonline.com/index.php?ap=9&coluna=191 Acesso em: 3 abr. 2015.

DEMO, P. **Pesquisa**: princípio científico e educativo. São Paulo: Cortez: Autores Associados, 1991.

DESTAQUE CATARINA. Disponível em: http://destaquecatarina.com.br/noticias/cultura/2434/arte-de-clenio-souza

DIEZ, C. L. F.; HORN, G. B. **Orientações para elaboração de projetos e monografias**. Petrópolis, RJ.: Vozes, 2004.

EMEBDOMDANIEL. Disponível em: http://emebdomdaniel.blogspot.com.br/2009_12_01_archive.html

ESCAVADOR. Disponível em: http://www.escavador.com/pessoas/4696266

FAGUNDES E ANACLETO. Disponível em: http://tonaoto.wordpress.com/2011/05/15/fagundes-e-anacleto/

GOMBRICH, E. H. **A História da Arte**. Rio de Janeiro: Editora Guanabara, 1950.

HISTÓRIA CATARINA: **Centenário de Willy Zumblick**. Editora Leão Baio, ano VII, n. 57, 1998.

JAMESON, F. **Pós Modernismo**: a lógica cultural do capitalismo tardio, 1991.

JAYME, P. **Estética e filosofia da arte**. Ed. Sulina: P.A. 1973.

LAGESCRITORES. Disponível em: http://lagescritores.blogspot.com.br/2011_06_01_archive.html

MUSEU DE ARTE DE SANTA CATARINA. Disponível em: http://www.masc.sc.gov.br/index.php?mod=pagina&id=10857 Acesso em: 28 jul. 2015.

PROENÇA, G. **História da Arte**. São Paulo: Editora Ática, 1994.

SEMINÁRIO ESTADUAL ARTE NA EDUCAÇÃO: Uniplac – Univille – Furb – UnC: **Livro de memórias.** Lages, SC: Editora Uniplac, 2004.

SERRASC. Disponível em: http://www.serrasc.com.br/index.php?option=-com_content&view=article&catid=447%3Anoticias&id=1804%3Afundacao-cultural-abre-exposicao-das-obras-de-clenio-souza&Itemid=54

SESC. **Mostra Clênio Souza** 3 em 1. S/d.

SESC. **Da costa do vale da serra – modernismo em Santa Catarina**. s/d.

SHIMIDT, L. A. **Arte local**: como reconhecer na arte local características da identidade cultura lageana. Lages, 2010.

SILVA, E. L. da.; MENEZES, E. M. **Metodologia de pesquisa e elaboração de dissertação.** 3. ed. Florianópolis: laboratório de Ensino a Distância da UFSC, 2001.

SOLEU FILHO. Disponível em: http://www.soleufilho.com.br/coluna_d.php?cod=2241

WOOD, P.; FRASCINA, F.; HARRIS, C. **Modernismo em disputa**: a arte desde os anos quarenta. 1998.

ANEXO
PROJETO GERAL

Descreve-se aqui um histórico de como e onde surgiu o Projeto Global que acampou sob seu "guarda-chuva" as mais diferentes pesquisas de iniciação científica que fazem parte desse livro sobre **História Artística Cultural do Planalto Catarinense: um olhar para o futuro.**

Justificativa

A motivação para a realização de uma pesquisa de construção coletiva com as acadêmicas e os acadêmicos de Artes Visuais e Música surgiu com a preocupação da Profa. Dra. Lurdes Caron, na disciplina de Pesquisa e Prática Pedagógica (PPP), de envolver e entusiasmar todos os acadêmicos e todas as acadêmicas para fazer um Projeto de Pesquisa que contribuísse no resgate de aspectos da cultura do Planalto Catarinense.

A realização de projeto comum também é resultado do desejo manifesto por acadêmicos/as na avaliação final do segundo semestre de 2013 em resposta à pergunta: *Que sugestões você quer dar para a continuidade da disciplina de PPP a partir do próximo semestre de 2014/1?* Foi unânime a sugestão de um projeto coletivo, a ser construído em sala de aula, do qual todos/as pudessem participar e, assim, aprender a fazer o projeto e a pesquisa propriamente dita.

Com essas motivações e desafios iniciais, a professora Dra. Lurdes escreveu uma primeira ideia para início de conversa e partilhou com o Prof. Andrey – coordenador do curso, no período, que assumiu e se prontificou a dar apoio e parceria com a disciplina que estava ministrando sobre História da Música. A professora Nanci Alves da Rosa, que trabalhava com a disciplina História da Arte, as profas. Roseceli Martinhago Vieira e Isabel Nercoline e outras e outros também mostraram seu interesse. O entusiasmo pela ideia contaminou professores e professoras, e, acima de tudo, despertou interesse, ânimo, alegria, coragem e envolvimento dos/as acadêmicos/as para a construção de um Projeto Coletivo, isto é, feito a muitas mãos.

Assim, no primeiro dia de aula do semestre, 21/02/2014/1, deu-se início à elaboração coletiva do projeto de pesquisa. Na continuidade da etapa de construção, no dia 22 de fevereiro de 2014, ficou definido com o título: **História Artística Cultural do Planalto Catarinense: um olhar para o futuro**. Este ficou o projeto – grande "guarda-chuva" que ampara e engloba todos os subprojetos de cada um dos/acadêmicos/as.

A pesquisa surgiu a partir do interesse em conhecer os e as artistas da região do Planalto Catarinense, compreendendo que a arte está presente no cotidiano da população brasileira, e de modo especial da população lageana, e vai desde um simples rabisco até uma linguagem mais elaborada da expressão cultural, portanto manifesta por diferentes formas e expressões, sensações e sentimentos do fazer artístico.

O Planalto catarinense foi escolhido para ser o campo de pesquisa por possuir uma multiplicidade de artistas e manifestações culturais pouco exploradas e documentadas, e por ser de interesse comum dos/as acadêmicos/as dos cursos de graduação em Arte Educação e Música da Universidade do Planalto Catarinense pesquisar esse campo artístico. A busca por novos elementos culturais do Planalto Catarinense é fundamental na promoção de um olhar contemporâneo. Os acadêmicos e as acadêmicas buscaram os elementos para a realização dessa pesquisa durante os seus estudos acadêmicos na disciplina de PPP entre 2014 e 2015.

Assim, foram resgatados aspectos históricos da arte cultural da região do Planalto Catarinense, especialmente a partir de 1960 até 2015, conforme o tema e o objeto de estudos dos projetos individuais dos/as pesquisadores/as.

O limite de data ficou mais definido tendo em vista a existência de três dissertações de Mestrado: *"Frei Bernardino Bortolotti (1896-1966) e a cena musical em Lages: uma contribuição para a historiografia da música na Serra Catarinense (2009)"*, de Andrey Garcia Batista; *"A voz do progresso: Música e modernização nas ondas da rádio Clube de Lages (2012)"*, de Marcel Oliveira de Souza, e *"Canção popular nas Comunidades Eclesiais de Base: análise do papel educativo e social nas décadas de 70/80 em Lages/SC (2008)*, de Lucia Denise de Souza Costa (defendida pela Universidade Federal de Santa Catarina). Sobre o Teatro, fundamentou-se na visão sociológica de Cezar Lavoura.

Por meio deste projeto, pretendeu-se resgatar valores artísticos culturais com a linguagem própria de cada tempo e a dos/as acadêmicos/as da graduação, buscando compreender a herança histórica da arte da população do Planalto Catarinense para resgatar, ampliar e produzir conhecimentos e, ao mesmo tempo, despertar o interesse para futuras pesquisas, valorização e respeito das práticas culturais vivenciadas desde os tempos mais antigos até a contemporaneidade.

As concepções culturais influenciam nossa visão de mundo e as experiências de seres humanos, nos permitindo aprender e reaprender, transformar e (re)transformar, iniciando uma prática reflexiva de respeito e perpetuação que possibilite a reconstrução da identidade coletiva e o exercício da cidadania a todo o cidadão do Planalto Catarinense, e por extensão a todo o cidadão brasileiro.

A pesquisa é de grande importância para a sociedade e espera-se, com ela, que as gerações futuras se beneficiem em forma de aprendizados com os registros aqui apresentados como memórias. Certos de que o resgate histórico artístico cultural do Planalto Catarinense é a marca de uma sociedade que se ergueu baseada em culturas de sobrevivência, cujas artes formaram um grande alicerce social, entendemos a importância de valorizar os acontecimentos e deixar registradas todas as manifestações culturais e regionais.

Desenvolver o gosto pela apreciação artística da sociedade para a arte e a cultura é algo necessário. A arte, em todas as suas manifestações, tem a força de expressão que dialoga com as tradições culturais de um povo sobre as quais exerce influência – positiva ou negativamente.

Enfim, para entender a nossa cultura e sociedade, e para que, no futuro, possamos ajudar as pessoas na compreensão do que é viver em cidadania, resgatar essa história no Planalto Catarinense foi de suma importância. E neste caso, por ter sido interesse de iniciação à pesquisa de acadêmicos/as de graduação.

Assim, as pesquisas desenvolvidas por acadêmicos/as de música registraram informações concernentes à existência ou não da música nas escolas do Planalto Catarinense: Quem foram os educadores musicais de Lages e região? Havia apresentações musicais em Lages? Havia bandas, orquestras? Quais os recursos utilizados para trabalhar a música? Também consistiu em explorar diferentes estilos musicais e culturais entre 1960 e 2015 e conhecer musicistas, corais, regentes, luthieres, instrumentistas, compositores, educadores musicais, entre outros.

Os e as acadêmicas de Arte em Educação – Artes Visuais estabeleceram como meta conhecer as diferentes formas de expressão cultural da população do Planalto Catarinense produzidas por Artistas plásticos (arquitetura, designer, xilogravura, cerâmica, fotógrafos...) e artes cênicas (danças, contadores de histórias, teatrólogos, dramaturgos, cenógrafos, atores etc.). Desse modo, a História Artística Cultural do Planalto Catarinense é um conhecimento elaborado, que traz culturalmente a visão particular do artista que normalmente tem olhar sensível para o futuro.

Por se tratar de pesquisa, seguindo os procedimentos necessários a um trabalho de tal envergadura, há que se relatar aqui todos os passos. Então, quanto ao **problema de pesquisa**, poder-se-ia levantar inúmeras questões sob essa denominação, no entanto, em vista do caráter de iniciação científica, situaram-se possíveis perguntas. Posteriormente, na escolha do tema individual, foram selecionadas as mais pertinentes ou contempladas outras tantas derivadas da especificidade de cada trabalho. De forma ampla, situamos: Quais as contribuições de artistas na cultura do Planalto Catarinense e como elas estão expressas e/ou presentes na vida da população? Que contribuições dos diferentes aspectos da arte cultural do Planalto Catarinense têm influência na vida e história da população? De que forma a população tem acesso à produção artística cultural do Planalto Catarinense?

Na definição do **Objetivo Geral**, optou-se por: Conhecer a história artística do Planalto Catarinense, resgatando valores culturais vivenciados nas múltiplas formas de interpretação do conhecimento produzido a partir de diferentes olhares em vista da construção da cidadania. Os objetivos específicos consequentes foram: a) resgatar os valores culturais do Planalto Catarinense, buscando contribuições por meio dos diversos artistas; b) investigar características históricas do Planalto Catarinense, suas tradições, seus valores, sua importância cultural, refletindo as manifestações artísticas; c) identificar os artistas e grupos envolvidos com a arte no Planalto Catarinense.

As **Hipóteses** consideraram que: O Planalto Catarinense tem expressões culturais conhecidas e outras que podem estar ausentes do domínio de conhecimento da população. A cultura do Planalto Catarinense se revela de diferentes formas. Será que as novas gerações conhecem, se envolvem e cultivam os bens culturais? Parte da população do Planalto Catarinense tem conhecimento e guarda lembranças de expressões culturais de artistas mais próximos do seu convívio e do seu tempo. Outros, quem sabe, ouviram falar, mas podem pouco conhecer sobre expressões culturais de sua terra natal.

Metodologia

Os caminhos metodológicos foram determinados a partir da disciplina Pesquisa e Prática Pedagógica, iniciada 2014 e finalizada no ano de 2015, sob orientação da professora Dra. Lurdes Caron, apoiada pelo professor Mestre Andrey (Música) e pela professora Nanci (Artes Educação).

A partir do Projeto Global, os acadêmicos e as acadêmicas desenvolveram projetos específicos, alguns individuais e outros em equipe. A avaliação da disciplina, cabe ressaltar, previa aos e às acadêmicas das Artes Visuais a apresentação do projeto final em forma de Trabalho de Conclusão de Curso (TCC). Já para os e as estudantes do Curso de Música, o trabalho final do curso deveria ser apresentado em forma de Relatório. Por essas peculiaridades, este livro compõe-se em capítulos, caracterizados, alguns, como artigos, outros como relatos de pesquisa, todos realizados e redigidos por estudantes de Música e Artes Visuais do curso de licenciatura nessas duas áreas.

A metodologia de pesquisa foi de abordagem qualitativa, sendo que alguns pesquisadores e algumas pesquisadoras também fizeram uso de dados quantitativos. Os procedimentos incluíram, entre outras modalidades, análise documental, pesquisa teórica, bibliográfica, historiografia, histórias de vida, narrativas, entrevistas semiestruturadas e análise crítica.

Para que o olhar diferente também fosse para o futuro, os e as pesquisadoras buscaram dados nas fontes originais, nos acervos históricos, nas narrativas de pessoas (mais antigas), nos registros documentais, em revistas, museus, fontes bibliográficas e outras fontes que colaboram com a especulação em torno dos acontecimentos artísticos culturais das cidades de Lages, São Joaquim, Bocaina, Otacílio Costa e São José do Cerrito, espaços onde os estudos foram desenvolvidos.

Cumpre salientar que a pesquisa está prevista na grade do curso regular de graduação em Artes Visuais e Música na disciplina Pesquisa e Prática Pedagógica (PPP). Assim, quanto aos **Recursos financeiros**, acadêmicos e acadêmicas contaram com recursos próprios e dos provenientes das bolsas de estudos disponibilizadas pelo Fundo de Apoio à Manutenção e ao Desenvolvimento da Educação Superior[1] – FUMDES. Já relativamente aos **Recursos humanos**, a pesquisa desenvolveu-se sob o esforço pessoal de acadêmicos e acadêmicas, de professoras e professores envolvidos, bem como de pessoas que formam o público-alvo das investigações aqui relatadas.

No que tange ao referencial teórico base para a produção de um estudo científico, por se tratar de áreas distintas, porém afins, e em razão das temáticas de cada estudo, para conhecimento de acadêmicos e acadêmicas e com o objetivo de facilitar a orientação, na primeira etapa do Projeto Global da pesquisa, as referências foram separadas por temas, sem a intenção de fazer um Estado da Arte sobre a questão. A proposta foi de apresentar alguns, dentre muitos outros, autores que poderiam contribuir na reflexão e desenvolvimento das pesquisas emergentes. As indicações são listadas na sequência desta apresentação.

---

1   FUMDES = Fundo de Apoio à Manutenção e ao Desenvolvimento da Educação Superior. É um programa de concessão de Bolsas de Estudo, da Secretaria da Educação do Estado de Santa Catarina, previsto no Art. 171 da Constituição Estadual.

SUGESTÃO DE REFERÊNCIAS

Metodologia e conteúdo educacional

ANDRÉ, M. Pesquisa em Educação: buscando rigor e qualidade. **Cadernos de Pesquisa**, n. 113, jul. 2001, p. 51-64.

BAGNO, M. **Pesquisa na escola**: o que é, como se faz. 23. Ed, São Paulo: Loyola, 2000.

BARDIN. L. **Análise de conteúdo.** Tradução: Luis Antero Reto e Augusto Pinheiro. França: Presses Universitaires de France, 1977.

BARROS, A. J. P. de. **Projeto de pesquisa**: propostas metodológicas. 13. ed. Petrópolis, RJ: Vozes, 2002.

CHIZZOTTI, A. **Pesquisa em ciências humanas e sociais**. 5. ed. São Paulo: Cortez, 2001.

CHIZZOTTI, A. **Pesquisa qualitativa em ciências humanas e sociais**. Petrópolis, RJ: Vozes, 2006.

COSTA, M. C. V. **Caminhos investigativos**: novos olhares na pesquisa em educação. 3. ed. Rio de Janeiro: DP&A Editora, 2007. 164 p. ISBN 9788598271378.

DEMO, P. Qualidade e pesquisa na universidade. **Revista Brasileira de Docência, Ensino e Pesquisa em Administração**. v. 1, n. 1, p. 52-64, maio 2009.

GATTI, B. A. Formação de professores, pesquisa e problemas metodológicos. **Contrapontos** (UNIVALI), Itajaí, v. 3, n. 3, p. 381-392, 2003.

GIL, A. C. **Métodos e técnicas de pesquisa social**. 6. ed. São Paulo: Atlas, 2010.

GIL, A. C. **Métodos e técnicas de pesquisa social**. São Paulo: Atlas, 1999.

KRAMER, S. **Histórias de professores**: leitura, escrita e pesquisa em educação. São Paulo: Editora Ática, 1996. 159p (Série Educação Em Ação).

KRAMER, S. **Relatório da pesquisa**: formação de profissionais da educação infantil no estado do Rio de Janeiro. Rio de Janeiro: Editora Ravil, 2001.

LÜDKE, M.; ANDRÉ, M. E. D. A. **Pesquisa em educação**: abordagens qualitativas. São Paulo: EPU, 1986.

MARCONI, M. A.; LAKATOS, E. M. **Técnicas de pesquisa**: planejamento e execução de pesquisas, amostragens e técnicas de pesquisa, elaboração, análise e interpretação de dados. 6. ed. São Paulo: Atlas, 1996.

MINAYO, M. C. S. Ciência, técnica e arte: o desafio da pesquisa social. *In:* MINAYO, M. C. S. (org.). *et al.* **Pesquisa social**: teoria, método e criatividade. Petrópolis, RJ: Vozes, 1994.

MINAYO, M. C. S. **Pesquisa social**: teoria, método e criatividade. 10. ed. Petrópolis: Vozes, 1998.

NÓVOA, A. (org.). **Vidas de professores.** Porto: Porto Editora, 2007.

NÓVOA, A. **Os professores e sua formação.** Lisboa, Portugal: Publicações Dom Quixote, 1992.

NÓVOA, A. **Profissão**: Professor. Porto, Portugal: Porto Editora Lda., 1991.

TOZONI-REIS, M. F. C. **Metodologia da Pesquisa**. 2. ed. Curitiba: IESD Brasil, 2009.

TRIVIÑOS, A. N. S. **Introdução à pesquisa em Ciências Sociais.** A pesquisa qualitativa em educação. São Paulo: Atlas, 1995.

Artes visuais

ARCHER, M. **Arte contemporânea**: uma história concisa. São Paulo: Martins, 2001.

ARGAN, G. C. **Arte Moderna.** São Paulo: companhia das Letras, 1992.

BARBOSA, A. M. **Inquietações e mudanças no ensino da arte**. São Paulo: Cortez, 2002.

CONSCIÊNCIA. **Filosofia da Arte**. Cortes Lacerda. Rio de Janeiro: Bertrand Brasil Editora, 2001.

CUMMING, R. **Para entender a arte**. Tradução: Isa Mara Lando. São Paulo: Editora Ática, 1996.

DUBOIS, P. **O ato fotográfico e outros ensaios**. 6. ed. São Paulo: Papirus, 2003.

FOUCAULT, M. **História da sexualidade I**: a vontade de saber. 11. ed. Rio de Janeiro: Graal, 1993.

FREUND, G. **Fotografia e sociedade**. 2. ed. Lisboa: Veja, 1995.

GULLAR, F. **Argumentação contra a morte da arte**. Rio de Janeiro. Editora Revan. 1993.

HAUSER, A. **História social da arte e da literatura**. Tradução: Álvaro Cabral. São Paulo: Martins Fontes, 1995.

KOSSOY, B. **Fotografia e história**. Cotia, São Paulo: Ateliê Editorial, 2001.

KOSSOY, B. **Realidades e ficções na trama fotográfica**. Cotia, São Paulo: Ateliê Editorial, 1999.

NOVAES, A. (org.). (1994) **Arte pensamento**. São Paulo: Companhia das Letras. NUNES, B. **Introdução à filosofia da arte**. São Paulo: DESA – Editora Universidade de São Paulo, 1966.

PISCHEL, G. **História universal da arte**. 3. ed. v. 3. Tradução: Raul de Polillo. São Paulo: Cia Melhoramentos, 1979.

ZANINI, W. **História da Arte no Brasil**. São Paulo: Instituto Walter Moreira Sales, 1983.

Música

AMARAL, K; F. do. **Pesquisa em música e Educação**. Loyola: São Paulo, 1991.

ARAÚJO, S.; CAMBRIA, V.; PAZ, G. L. **Música em debate**: perspectivas interdisciplinares. Rio de Janeiro: Mauad, 2008.

BATISTA, G. A. **Frei Bernardino Bortolotti (1896-1966) e a cena musical em Lages**: uma contribuição para a historiografia da música na Serra Catarinense. 2009. Dissertação (Mestrado em Música) – Pós-Graduação em Música. Universidade do estado de Santa Catarina CEART/PPGMUS-UDESC. Florianópolis, 2009.

FERREIRA, M. **Como usar a música na sala de aula**. 8. ed. São Paulo: Contexto, 2012.

FREIRE, V. L. B. **Música e sociedade**: uma perspectiva histórica e uma reflexão aplicada ao ensino superior de música. 1992. Tese (Doutorado em Música) – Pós-Graduação em Música. Universidade Federal do Rio de Janeiro, 1992.

FREIRE, V. L. B.; CAVAZOTTI, A. **Música e pesquisa**: novas abordagens. Belo Horizonte: Escola e Música da UFMC, 2007.

GRIFFITHS, P. **A música moderna**: uma história concisa de Debussy a Boulez. Rio de Janeiro: Jorge Zahar, 1993.

HARNONCOURT, N. **O discurso dos sons**. Rio de Janeiro: Editora Zahar, 1988.

ILARI, B.; BROOCK, A. (org.). **Música e educação infantil**. Campinas, SP: Papirus, 2013.

KERMAN, J. Análise, teoria e música nova. *In:* KERMAN, Joseph. **Musicologia**. Martins Fontes: São Paulo, 1987.

PAZ, E. **Pedagogia musical brasileira no século XX**. Brasília: Musimed, 2000\Penna, 2008.

PIANA, G. Tempo. *In:* PIANA, G. **A filosofia da música**. Bauru, SP: EDUSC, 2001.

SWANWICK, K. **Ensinando música musicalmente**. São Paulo: Editora Moderna, 2003. (Capítulos 1 e 3).

Geral

ADORNO. T. W. **Teoria da estética**. Tradução: Artur Morão. Lisboa: Edições 70, 1993.

AGOSTINHO, S. **Confissões**: de Magistro. 2. ed. Tradução: J. Oliveira Santos, A. Ambrósio de Pina. São Paulo: Abril Cultural, 1980.

ARAÚJO, N. **História do Teatro**. Salvador: Fundação Cultural do Estado da Bahia, 1978.

ARCHER, M. **Arte contemporânea**: uma história concisa. São Paulo: Martins, 2001.

ARGAN, G. C. **Arte Moderna**. São Paulo: Companhia das Letras, 1992.

BARBOSA, A. M. **Inquietações e mudanças no ensino da arte**. São Paulo: Cortez, 2002.

CONSCIÊNCIA. **Filosofia da Arte**. Cortes Lacerda. Rio de Janeiro: Bertrand Brasil Editora, 2011.

CUMMING, R. **Para entender a arte**. Tradução: Isa Mara Lando. São Paulo: Editora Ática, 1996.

DUBOIS, P. **O ato fotográfico e outros ensaios**. 6. ed. São Paulo: Papirus, 2003.

FOUCAULT, M. **História da sexualidade I**: a vontade de saber. 11. ed. Rio de Janeiro: Graal, 1993.

FREUND, G. **Fotografia e sociedade**. 2. ed. Lisboa: Veja, 1995

GULLAR, F. **Argumentação contra a morte da arte**. Rio de Janeiro: Editora Revan, 1993.

HALL, S. **A identidade cultural na pós-modernidade**. Rio de Janeiro: DP&A Editora, 1998.

HARNONCOURT, N. **O discurso dos sons**. Rio de Janeiro: Editora Zahar, 1988.

HAUSER, A. **História social da arte e da literatura**. Tradução: Álvaro Cabral. São Paulo: Martins Fontes, 1995.

KERMAN, J. Análise, teoria e música nova. *In:* KERMAN, J. **Musicologia**. Martins Fontes, São Paulo, 1987.

KOSSOY, B. **Fotografia e história**. Cotia, São Paulo: Ateliê Editorial, 2001.

KOSSOY, B. **Realidades e ficções na trama fotográfica**. Cotia, São Paulo: Ateliê Editorial, 1999.

LIBÂNEO, J. C. **Democratização da escola pública**: a pedagogia crítico social dos conteúdos. São Paulo: Loyola, 1990. (Capítulo 1)

NEVES, J. M. Advento da consciência nacional. *In:* NEVES, José MARIA. **Música contemporânea brasileira**. São Paulo: Ricordi, 1981. p. 13-76.

NOVAES, A. (org.). **Arte pensamento**. São Paulo: Companhia das Letras, 1994. NUNES, B. **Introdução à filosofia da arte**. São Paulo: DESA-Editora Universidade de São Paulo, 1966.

PAZ, E. **Pedagogia musical brasileira no século XX**. Brasília: Musimed, 2000.

PIANA, G. Tempo. *In:* PIANA, Giovanni. **A filosofia da música**. Bauru, SP: EDUSC, 2001.

PINTO, T. O. **Cem anos de etnomusicologia e a era fonográfica da disciplina no Brasil**. *In:* Anais do II Encontro da ABET. Salvador: CNPq/ Contexto, 2004. p. 103-124.

PISCHEL, G. **História universal da arte**. 3. ed. Tradução: Raul de Polillo. São Paulo. Cia Melhoramentos. 3 volumes, 1979.

RICCI, Â. São Paulo. **Nova cultural**. Col. Os Pensadores. SCHAFER, M. **O ouvido pensante**. São Paulo: UNESP, 1991. (Capítulo 1)

SOUZA, M. O. de. **A voz do progresso**: música e modernização nas ondas da rádio Clube de Lages. 2012. Dissertação (Mestrado em Música) – Pós-Graduação em Música. Universidade do estado de Santa Catarina – UDESC/CEART/PPGMUS. Florianópolis, 2012.

SWANWICK, K. **Ensinando música musicalmente**. São Paulo: Editora Moderna, 2003. (Capítulos 1 e 3).

TASSARINI, A. **O espaço moderno**. São Paulo: Cosac & Naify, 2001.

ZANINI, W. **História da Arte no Brasil**. São Paulo: Instituto Walter Moreira Sales, 1983.

ÍNDICE REMISSIVO

A

Aluno 19, 21, 38, 39, 40, 44, 45, 49, 50, 51, 52, 53, 54, 56, 57, 58, 59, 64, 65, 66, 67, 68, 69, 121, 122, 124, 125, 126, 137, 149, 150, 153, 163, 164, 165, 170, 177, 181, 182, 185, 189, 192, 193, 194, 195, 196, 197, 200, 201, 202

Aprendizagem 15, 21, 24, 35, 36, 38, 40, 44, 45, 46, 67, 124, 129, 131, 136, 138, 139, 150, 156, 163, 164, 166, 167, 168, 170, 173, 180, 181, 183, 185, 191, 192, 193, 194, 196, 197, 201, 202, 203, 250

Arte da cerâmica 11, 152, 153, 217

Arte moderna 11, 154, 231, 232, 234, 236, 237, 238, 251, 261, 264

Arte na educação 60, 161, 165, 167, 168, 169, 176, 180, 182, 198, 230, 254

Artes cênicas 14, 119, 257

Artes plásticas 78, 154, 177, 211, 212, 213, 219, 232, 233, 234, 237, 238, 239, 240, 241, 243, 244, 247, 248, 250

Artes visuais 10, 13, 14, 15, 40, 147, 149, 150, 151, 154, 155, 156, 158, 163, 168, 169, 170, 173, 174, 175, 176, 177, 178, 179, 180, 181, 189, 191, 192, 194, 197, 199, 205, 223, 231, 234, 238, 239, 244, 252, 255, 257, 258, 259, 261, 276, 277

Artista 11, 28, 29, 30, 31, 152, 153, 154, 187, 188, 194, 196, 209, 214, 217, 218, 219, 220, 223, 224, 225, 226, 227, 228, 229, 231, 232, 233, 234, 237, 238, 239, 240, 241, 242, 243, 244, 245, 246, 247, 248, 249, 250, 251, 253, 257

Atividades 15, 27, 28, 34, 35, 36, 37, 38, 44, 50, 56, 57, 67, 81, 88, 92, 108, 109, 121, 122, 130, 133, 137, 138, 139, 141, 142, 143, 149, 152, 164, 168, 169, 175, 185, 192, 200, 202, 205, 207, 211, 231, 238, 240, 244

B

Bandas e fanfarras 24, 129, 130, 131, 132, 133, 134

C

Cidadania 10, 21, 24, 37, 55, 74, 97, 100, 121, 122, 123, 126, 137, 143, 144, 176, 207, 215, 256, 257, 258

Cidade 20, 22, 53, 55, 67, 74, 75, 76, 77, 78, 81, 82, 83, 89, 90, 92, 93, 96, 99, 106, 107, 108, 109, 110, 111, 119, 123, 129, 132, 133, 145, 151, 152,

153, 154, 201, 204, 205, 209, 210, 214, 216, 217, 218, 219, 220, 223, 227, 228, 231, 239, 240, 243, 247

Conhecimento 19, 21, 22, 23, 33, 34, 35, 36, 37, 39, 40, 44, 46, 50, 63, 66, 67, 68, 69, 73, 79, 80, 84, 98, 99, 100, 101, 121, 126, 143, 150, 151, 155, 157, 158, 159, 160, 165, 166, 167, 168, 169, 170, 173, 176, 178, 179, 183, 184, 185, 186, 187, 188, 189, 191, 192, 194, 196, 197, 199, 201, 202, 203, 205, 206, 207, 209, 219, 223, 226, 231, 244, 245, 248, 257, 258, 259

Conhecimentos 20, 21, 23, 33, 37, 38, 44, 56, 66, 68, 73, 123, 124, 129, 150, 151, 156, 160, 165, 168, 173, 177, 178, 179, 181, 182, 185, 186, 188, 189, 195, 196, 197, 200, 205, 256

Contexto 10, 19, 20, 21, 24, 26, 27, 28, 30, 34, 36, 37, 46, 49, 50, 52, 67, 97, 106, 114, 115, 127, 129, 130, 132, 133, 151, 154, 155, 156, 160, 163, 168, 177, 182, 183, 188, 189, 191, 192, 194, 195, 196, 197, 203, 223, 224, 225, 226, 228, 232, 239, 243, 263, 265

Criança 19, 22, 26, 27, 29, 31, 32, 33, 35, 43, 44, 45, 57, 60, 63, 64, 65, 66, 67, 68, 122, 137, 138, 139, 140, 141, 142, 150, 151, 160, 163, 164, 165, 166, 167, 168, 169, 171, 174, 175, 177, 178, 179, 181, 188, 189, 191, 193, 197, 202, 208, 209, 216, 217, 225, 227, 240, 246, 247

Criatividade 19, 24, 33, 46, 53, 54, 58, 59, 64, 65, 69, 79, 138, 140, 143, 149, 150, 165, 168, 170, 173, 174, 175, 177, 178, 181, 188, 189, 202, 218, 224, 245, 249, 261

Cultura 4, 9, 14, 20, 21, 22, 23, 24, 30, 36, 37, 43, 44, 45, 46, 52, 53, 56, 68, 73, 74, 75, 78, 89, 92, 96, 99, 100, 107, 113, 114, 115, 117, 119, 121, 122, 123, 129, 130, 131, 132, 133, 134, 139, 144, 151, 152, 153, 154, 160, 164, 169, 173, 176, 192, 199, 202, 203, 204, 205, 206, 208, 209, 210, 211, 212, 213, 216, 217, 218, 219, 220, 223, 224, 225, 228, 229, 235, 237, 239, 240, 243, 245, 246, 248, 251, 253, 254, 255, 257, 258, 273

Currículo 10, 20, 33, 34, 39, 40, 54, 144, 150, 151, 155, 157, 165, 173, 174, 177, 181, 182, 184, 191, 192, 195, 196, 197, 198, 199, 210, 243, 249, 275

Curso de música 36, 37, 38, 121, 125, 258

D

Desenvolvimento 13, 15, 19, 20, 21, 24, 25, 26, 31, 32, 33, 36, 37, 38, 39, 40, 43, 44, 45, 46, 50, 71, 74, 78, 79, 98, 100, 103, 105, 116, 117, 118, 123, 124, 125, 126, 130, 137, 138, 139, 140, 144, 150, 152, 155, 158, 165, 166, 167, 169, 174, 177, 178, 185, 188, 192, 194, 195, 196, 198, 200, 201, 202, 203, 214, 215, 216, 217, 219, 231, 259

Disciplina de artes 40, 149, 150, 151, 155, 156, 158, 173, 174, 175, 176, 177, 178, 181, 189, 191

E

Educação básica 11, 20, 23, 34, 35, 37, 38, 43, 67, 123, 125, 137, 150, 152, 153, 169, 174, 181, 189, 198, 217

Educação infantil 10, 60, 71, 128, 144, 149, 150, 163, 164, 165, 166, 167, 168, 169, 170, 171, 198, 261, 263, 277

Educação musical 9, 10, 17, 19, 20, 21, 24, 33, 34, 35, 37, 38, 40, 41, 43, 46, 48, 49, 52, 53, 54, 55, 57, 58, 60, 63, 64, 66, 67, 69, 71, 136, 137, 139, 140, 143, 144

Educação não formal 11, 152, 205, 206, 214, 215

Ensino de artes 10, 149, 155, 158, 163, 167, 168, 169, 170, 192

Ensino e aprendizagem 35, 36, 129, 131, 136, 166, 168, 194, 201

Ensino fundamental 9, 10, 19, 20, 21, 33, 34, 35, 36, 38, 39, 40, 63, 122, 129, 144, 145, 150, 156, 173, 174, 180, 181, 182, 189, 198, 275, 276, 277

Ensino superior 57, 98, 127, 263

Escola 9, 19, 20, 23, 24, 25, 33, 35, 36, 40, 43, 44, 55, 63, 66, 67, 68, 87, 90, 92, 119, 121, 123, 124, 125, 127, 129, 130, 149, 150, 151, 152, 153, 155, 156, 157, 158, 160, 165, 168, 169, 171, 175, 177, 180, 181, 187, 188, 189, 191, 192, 194, 200, 202, 203, 204, 239, 243, 260, 263, 265, 275

Estágio curricular supervisionado 37

F

Folclore 53, 114, 218, 221, 238

Formação de professores 9, 14, 19, 20, 33, 34, 37, 38, 149, 150, 152, 155, 156, 159, 161, 168, 169, 260, 273

H

História da arte 15, 166, 203, 228, 232, 234, 248, 251, 254, 255, 262, 265

História da música 9, 15, 22, 73, 78, 94, 96, 99, 118, 136, 255

I

Influência da música 9, 19, 25, 31

Instrumento musical 10, 23, 24, 34, 39, 121, 122, 123, 124, 125, 126

Interdisciplinaridade 10, 150, 151, 181, 182, 183, 184, 185, 186, 187, 188, 189, 190, 197

L
Lutheria 23, 121, 122, 123, 124, 125

M
Museu de arte 208, 209, 210, 212, 213, 215, 237, 247, 249, 254

Música na educação 20, 34, 46, 60, 67, 71, 137, 144

Música na escola 9, 19, 20, 33, 40, 43, 44, 63, 67, 124

Músicos 22, 26, 39, 40, 53, 73, 74, 78, 80, 81, 83, 85, 90, 97, 100, 109, 111, 117, 131, 134, 140

O
Obras 22, 33, 36, 57, 73, 74, 79, 80, 140, 149, 152, 153, 154, 159, 164, 166, 174, 193, 205, 208, 209, 210, 212, 213, 214, 215, 217, 220, 223, 225, 226, 228, 229, 232, 233, 236, 238, 239, 241, 242, 243, 244, 246, 248, 249, 250, 251, 254

P
Pesquisa e prática 13, 15, 38, 149, 183, 231, 255, 258, 259

Planalto catarinense 13, 14, 15, 20, 33, 34, 37, 38, 39, 40, 121, 125, 152, 154, 163, 173, 223, 231, 240, 255, 256, 257, 258

Prática pedagógica 13, 15, 20, 34, 35, 38, 51, 149, 159, 160, 163, 164, 173, 183, 231, 255, 258, 259

Processo de ensino 38, 64, 156, 166, 168, 183, 189, 192, 197, 201

Professor de Artes 149, 164, 166, 175, 275, 276, 277

Professor de Música 35, 38, 40, 50, 52, 53, 64, 67, 97, 275, 276

Projeto de pesquisa 13, 15, 23, 41, 48, 60, 98, 118, 122, 127, 180, 208, 214, 216, 228, 230, 253, 255, 260

S
Sala de aula 11, 13, 35, 58, 63, 127, 149, 151, 152, 155, 156, 157, 158, 159, 160, 163, 165, 169, 170, 182, 184, 187, 193, 199, 200, 202, 203, 217, 220, 223, 226, 229, 255, 263

Sociedade 13, 14, 19, 21, 22, 24, 26, 27, 33, 36, 37, 40, 45, 46, 49, 54, 55, 56, 57, 58, 68, 70, 73, 74, 75, 80, 81, 82, 97, 98, 99, 113, 114, 117, 121, 122, 123, 127, 129, 130, 131, 132, 133, 134, 135, 140, 151, 153, 159, 175, 176, 178, 181, 189, 191, 192, 194, 208, 231, 237, 246, 257, 262, 263, 264

T

Tempo 22, 24, 28, 29, 45, 49, 54, 63, 70, 73, 74, 79, 81, 83, 84, 85, 90, 97, 99, 115, 122, 123, 125, 126, 128, 129, 130, 132, 138, 140, 143, 149, 152, 157, 158, 164, 167, 174, 183, 184, 189, 191, 198, 199, 200, 201, 205, 208, 209, 211, 216, 218, 225, 229, 231, 234, 235, 236, 239, 244, 245, 246, 249, 252, 256, 258, 263, 265

Trabalho 13, 24, 27, 33, 35, 36, 37, 38, 39, 40, 44, 45, 46, 52, 53, 60, 63, 64, 65, 68, 69, 71, 79, 80, 92, 102, 107, 118, 122, 124, 125, 133, 137, 140, 141, 150, 151, 154, 155, 156, 157, 158, 159, 160, 164, 170, 177, 180, 181, 182, 183, 184, 185, 188, 189, 190, 194, 195, 200, 201, 202, 209, 210, 211, 215, 218, 219, 223, 229, 231, 232, 234, 239, 242, 243, 244, 246, 247, 250, 251, 252, 257, 258

V

Vida 11, 13, 19, 21, 22, 25, 26, 27, 28, 29, 30, 31, 33, 35, 37, 43, 44, 46, 47, 50, 51, 53, 54, 56, 58, 59, 63, 65, 66, 85, 108, 111, 116, 131, 133, 134, 140, 141, 150, 151, 153, 154, 156, 164, 171, 175, 176, 177, 184, 185, 187, 188, 191, 192, 196, 197, 201, 202, 203, 211, 212, 214, 217, 218, 219, 220, 223, 225, 227, 228, 230, 234, 235, 242, 245, 247, 249, 257, 258

SOBRE AS ORGANIZADORAS

Lurdes Caron
Pós-doutora em Educação e Religião pela Pontifícia Universidade Católica do Paraná (PUC-PR), em 2016. Doutora em Educação PUC-SP (2007). Mestra em Teologia Pastoral – Educação Cristã – pelo IEPG/IECLB, São Leopoldo-RS (1995). Pesquisadora do mestrado acadêmico em Educação PPGE/Uniplac e professora no curso de mestrado em Educação e na graduação (Uniplac). Atuou principalmente, com os temas: formação de professores, história da educação e do ensino religioso no Brasil, metodologia do ER., educação especial e gestão. Fez parte da Comissão Institucional de Acessibilidade (CIA) da Uniplac (2013-2020). Participante da Linha de Pesquisa 1 – Políticas e Processos Formativos em Educação do PPGE e Coordenadora do Projeto e Grupo de Pesquisa Formação de Professores: Políticas Curriculares e Práticas Inclusivas para a Cultura da Paz na Educação (Forpaz). Autora de vários Artigos e livros sobre História e Formação de Professores de Ensino Religioso, Educação Especial, Políticas e Práticas Educacionais. É religiosa da Congregação das Irmãs Catequistas Franciscanas. Orcid: http://orcid.org/0000-0001-6968-594X

Carmen Lucia Fornari Diez
Pós-doutora em Filosofia pela Universidade Carlos III de Madrid (2016), no Departamento de Humanidades: Filosofía, Lenguage y Literatura, sob tutoria do Dr. Antonio Gómez Ramos. Pós-doutora em Filosofia pela Universidade de Barcelona (2005-2006), sob tutoria do Dr. Santiago Petit. Possui graduação em Filosofia e em Serviço Social pela Pontifícia Universidade Católica do Paraná, mestrado em Educação pela Universidade Federal do Paraná e doutorado em Educação pela Universidade Metodista de Piracicaba. É aposentada como professora associada da Universidade Federal do Paraná, onde ministrou filosofia no Departamento de Educação Física ? Setor de Ciências Biológicas ? e foi professora integrante do PPGE ? mestrado e doutorado em Educação no Setor de Educação da UFPR. Tem experiência na área de Educação, com ênfase em Filosofia e História da Educação, atuando principalmente com os seguintes temas: ensino de filosofia, educação filosófica, estética, disciplinarização e sexualidade. https://orcid.org/0000-0002-5341-5213

SOBRE OS AUTORES E AUTORAS

Turma de música de 2015

Alexandre Bittencourt Bueno
Currículo: Graduação em Música. Professor de Música. Particular

Andrey Garcia Batista
Currículo: Professor licenciado em Música pela Universidade do Estado de Santa Catarina – UDESC. É musicólogo, mestre em Música pelo Programa de Pós-Graduação em Música/Mestrado do Centro de Artes, também da UDESC, na linha de pesquisa Musicologia/Etnomusicologia.

Antonio Horalcidio Andrade Schilischting
Currículo: Graduação em Música. Coordenador de projeto Cultural do Município de Bocaina do Sul – SC

Guilherme da Rosa Seifert
Graduação em Música. Professor de Música

Jayson Ribeiro
Graduação em Música. Professor de Música

Jeferson da Rosa Seifert
Graduação em Música. Professor de Música

Josias Zanqueti Alves
Graduação em Música. Professor de Música no SESC – Serviço Social do Comércio

Larissa Ribeiro
Professora de Aulas de Música e da Orquestra Sinfônica de Lages – SC

Marcos Antônio Alves da Rosa
Graduação em Música. Professor de Artes e Música, no Ensino Fundamental II e Médio da Escola Irmã Gertrudes em Ponte Alta – Lages – SC.

Rafael Machado
Graduação em Música.

Rauoni Fernando Borba dos Santos
Graduação em Música. Professor

Rodrigo José de Oliveira
Graduação em Música. Professor de Música.

Vando Roberto de Oliveira
Graduação em Música. Professor de Música, Luthier e técnico do Meio Ambiente.

Dados da turma de artes de 2015

Alessandra Marques Machado
Graduação em Artes Visuais e Pós-Graduação em Arte-Educação. Professora na EE.B. Godolfin Nunes de Souza e na EE.B. Francisco Manfrói.

Anderson Eduardo de Barros
Graduação em Artes Visuais. Professor de Artes na EE.B. Isidoro da Silva Bairro: Anita Garibaldi e na EMEB Ondina Neves Bleyer

Cristiane Rodrigues da Silva
Graduação em Artes Visuais e Pós-Graduação. Professora de Artes nos CEIM de Lages – SC

Doriane Mendes da Silva
Graduação em Artes Visuais. Pós-Graduação em Artes Visuais. Professora de Artes Visuais.

Fabiana Marques da Rosa
Graduação em Artes Visuais. Auxiliar de Serviços Gerais.

Franciele da Silva Amarante dos Passos
Graduação em Artes Visuais. Pós-Graduação em Arte – Educação. Professora de Artes.

Geandria Corrêa
Graduação em Artes Visuais. Arte Educadora no ensino fundamental no Colégio Sigma.

Geise Aparecida Antunes
Graduação em Artes Visuais. Professora de Artes.

Gisele de Brito Prestes Neto
Graduação em Artes Visuais. Professora na EMEB Anjo da Guarda – Lages – SC

Ionara Waltrick Abreu
Graduação em Artes Visuais. e Pós-Graduação em Arte Educação. Trabalha na APAE de Lages – SC

Karine Miranda Pinheiro
Graduação em Artes Visuais. Professora de Artes

Léo da Luz Moreira
Graduação em Artes Visuais. Professor

Luciane das Graças Ribeiro da Silva Paim
Graduação em Artes Visuais. Professora de Artes.

Lucilene Terezinha de Souza
Acadêmica de graduação licenciatura Artes Visuais. Magistério: educação Infantil e séries iniciais.

Mayco Elvis dos Passos
Graduação em Artes Visuais. Professor de Artes na EMEB Lupércio e no Mutirão.

Nilceia dos Santos Amaral
Graduação em Artes Visuais. Professora de Artes no Ensino Fundamental.

Rosemery da Silva Melo
Curso de Graduação em Artes Visuais. Pós-Graduação em Educação. Professora de Artes Visuais na Graduação

SOBRE O LIVRO
Tiragem: 1000
Formato: 16 x 23 cm
Mancha: 12,3 X 19,3 cm
Tipologia: Times New Roman 11,5/12/16/18
Arial 7,5/8/9
Papel: Pólen 80 g (miolo)
Royal Supremo 250 g (capa)